赤字迷思

现代货币理论与如何更好地发展经济

［美］斯蒂芬妮·凯尔顿 / 著
Stephanie Kelton

朱虹 / 译

中信出版集团│北京

图书在版编目（CIP）数据

赤字迷思 /（美）斯蒂芬妮·凯尔顿著；朱虹译
. -- 北京：中信出版社, 2022.9（2024.7重印）
书名原文：The Deficit Myth
ISBN 978-7-5217-4250-3

Ⅰ.①赤… Ⅱ.①斯… ②朱… Ⅲ.①财政赤字-通俗读物 Ⅳ.① F810.4-49

中国版本图书馆 CIP 数据核字（2022）第 070310 号

Copyright © 2020 by Stephanie Kelton
Published by arrangement with The Ross Yoon Agency, through The Grayhawk Agency Ltd.
Simplified Chinese copyright © 2022 by CITIC Press Corporation
All rights reserved.

赤字迷思
著者：　　[美]斯蒂芬妮·凯尔顿
译者：　　朱虹
出版发行：中信出版集团股份有限公司
　　　　　（北京市朝阳区东三环北路 27 号嘉铭中心　邮编 100020）
承印者：北京盛通印刷股份有限公司

开本：787mm×1092mm 1/16　　　印张：20.25　　　字数：260 千字
版次：2022 年 9 月第 1 版　　　　印次：2024 年 7 月第 4 次印刷
京权图字：01-2020-6683　　　　　书号：ISBN 978-7-5217-4250-3
　　　　　　　　　　　　　　　　定价：69.00 元

版权所有·侵权必究
如有印刷、装订问题，本公司负责调换。
服务热线：400-600-8099
投稿邮箱：author@citicpub.com

献给布莱德利和凯瑟琳

《赤字迷思》几乎是我读过的最重要的一本书。斯蒂芬妮·凯尔顿详细地传达了一条信息，挑战了关于公共财政的传统经济观念（收入小于支出，赤字是坏事）。凯尔顿的成就可以与达·芬奇和哥白尼相提并论，他们都是证明地球是围绕太阳转动的异端。

——大卫·凯·约翰斯顿，普利策奖、调查记者与编辑协会勋章、乔治·波尔卡新闻奖获得者

《赤字迷思》是一本在内容上和时效性上都非常出色的书，肯定会影响未来决策的许多方面。

——穆罕默德·埃利安，安联集团首席经济顾问

在这个史诗般重大且危机四伏的世界里，斯蒂芬妮·凯尔顿是一个不可或缺的道德清晰的来源。无论你是完全支持现代货币理论，还是仅仅对其感到好奇，她所教授的关于货币、债务和赤字的真相为所有人提供了一个建立安全未来所急需的工具。阅读《赤字迷思》，然后付诸实践吧！

——娜奥米·克莱恩，《刻不容缓：绿色新政的燃烧案例》（*On Fire: The Burning Case for a Green New Deal*）的作者

凯尔顿这本改变"游戏"规则的、关于扭转政府赤字迷思的书，在理论上是严谨的，在实践上是有趣的。《赤字迷思》提醒我们，钱是没有限制的，限制我们的只有想象力。当你读完这本书后，你将不会再认为公共财政是一种家庭经济。阅读它吧！

——玛利安娜·马祖卡托，《万物的价值：全球经济中的制造与接受》（*The Value of Everything: Making and Taking in the Global Economy*）的作者

《赤字迷思》成功了。这本书引人入胜，令人信服，而且最重要的是，它赋予人们力量。斯蒂芬妮·凯尔顿采用了一个经过充分研究的框架，通过聚焦现实世界的实际经济运行方式，提出了一条通往经济真正繁荣的现实道路。这种方式不是只关注华尔街的数字，而是更关注社会民生，使我们不仅能够振兴挣扎中的中

产阶级群体，而且能够解决长期失业、贫困、医疗保健和气候变化等关键社会问题。当然，我们在行动能力上面临诸多限制，但凯尔顿认为，这种由赤字迷思的普遍影响而导致的对我们自身资源的不充分运用，不应成为限制之一。我们太需要这本书了。每个人都应该读一读，然后再读一读，以免为时已晚。

——约翰·T. 哈维，得克萨斯基督教大学经济学教授

凯尔顿这本书铿锵有力，其使命是让我们摆脱关于财政赤字的传统思维，这种思维根植于已逝的金本位时代。她以现代货币理论为基础，解释了一个简单的核心命题：在法定货币的世界里，集体的财务状况并不等同于个人预算限制的总和，因为集体不会破产，集体赤字可能造成过度通货膨胀。在通货膨胀率过低的时代，宏观政策的含义应该是显而易见的：人们目前拥有的财政空间远远超过了那些痛骂赤字、坚持财源的人所宣扬的。凯尔顿是一位有天赋的作家和老师，我自信地预测，《赤字迷思》的写作和论证非常出色，它是一本定义了现代货币理论的著作。

——保罗·艾伦·麦卡利，太平洋投资管理有限公司（PIMCO）退休常务董事兼首席经济学家，康奈尔大学法学院高级研究员

清晰！引人入胜！《赤字迷思》是在预算、就业、贸易、银行以及最重要的货币世界中的一次冒险，它令人信服并让人大开眼界。凭借常识的巨大力量，斯蒂芬妮·凯尔顿和现代货币理论团队已经突破了所谓健全金融的封闭圈子，那种陈旧的正统观念会削弱我们的力量，并使我们所有人陷入贫困。这本书展示了如何开辟一条前进的道路，让我们通向一个建立在更好的理念之上的美好世界。

——詹姆斯·K. 加尔布雷斯，得克萨斯大学奥斯汀分校

《赤字迷思》是一本强有力的、有理有据的、可读性很强的书，解释了许多常见的误区。对于任何想了解政府金融的实际运作方式，以及它如何与经济政策相互作用的人来说，这是一本必读之书。

——法兰克·纽曼，美国财政部前副部长

目 录

序　言　现代货币理论的"不可能三角"与全球实践 / 003

导　读　"现代货币理论"启蒙读物恰逢其时 / 013

前　言　一张车贴的震撼 / 001

第一章　停止家庭预算般的思考 / 013

第二章　注意通货膨胀 / 039

第三章　国家负债（事实并非如此）/ 071

第四章　他们的赤字是我们的盈余 / 097

第五章　在贸易中"获胜" / 123

第六章　你值得拥有！ / 151

第七章　真正重要的赤字 / 185

第八章　建设惠民经济 / 223

致　谢 / 257

注　释 / 261

序　言

现代货币理论的"不可能三角"与全球实践

邵　宇
东方证券首席经济学家、总裁助理

或许是吸取了全球金融危机和欧债危机之后"长期停滞"的教训，美欧等西方主要经济体在应对新冠肺炎疫情冲击时更加积极。根据国际货币基金组织（IMF，2021）的统计，2020—2021年全球财政赤字率合计分别达到了10%和8%。在主要经济体中，美国的财政支出规模最大，从2020年3月到2021年3月，四轮财政救助计划合计达5.9万亿美元[占2021年GDP（国内生产总值）的26.9%[①]]，2020年和2021年的赤字率分别达到了15%和11%，均创下了历史新高。截止到2021年，发达国家和新兴市场国家政府债务杠杆均创了1880年以来的历史新高，前者为124.7%，后者为65.3%。美国联邦政府债务杠杆率也超过了二战时期的峰值，总规模达28.4万亿美元，与GDP的比例为128.4%。因此当前关于财政可持续性、债务货币化及其与通货膨胀的关系再次成为

---

① 2020年3—4月通过的援助法案总额为3.1万亿美元（占GDP的14.8%），2020年12月通过了一项9 000亿美元的联邦支出法案，2021年3月又通过了一项1.9万亿美元的联邦支出法案，总额为5.9万亿美元。

热点话题。

MMT 的"不可能三角"

如同持续的低通胀为宽松的货币政策创造了空间一样，零利率或负利率也提高了积极财政政策的可持续性。两者形成了一个闭环，为 MMT（现代货币理论）及其政策主张——"财政赤字货币化"提供了现实依据。

在 MMT 的理论体系内，货币与货币政策处于从属地位，财政政策才是核心。在 MMT 看来，以平衡预算为特征的"稳健财政"原则是一种教条主义，不能把私人部门的约束套用在政府部门，因为政府垄断了货币发行权。MMT 主张在充分就业目标实现之前，政府应扮演"最后借款人"的角色。即使经济已经实现了充分就业，只要私人部门有降杠杆或积累财富的意愿，而此时国际收支账户又处于逆差状态，财政就应该维持赤字状态。MMT 反对"债务上限"概念。因为在发行主权货币且货币政策有自主权的国家，政府的清偿力几乎是无限的。

顺理成章地，MMT 支持大政府。因为逆周期政策要想发挥"稳定器"的作用，政府的规模就要足够大。以税收占国民收入的比例衡量，大政府的标准在 20%~50%。西方主要经济体基本都超过 25%，欧洲明显高于美国。MMT 的"大政府"主张继承自明斯基，主要出发点是用逆周期政策"稳定不稳定的经济"。明斯基认为，相比居民部门的消费而言，企业部门的投资是经济中最不稳定的部分，政府支出规模至少要与投资相当。

在《赤字迷思》中，以美国为例，凯尔顿极力批判关于财政的六种迷思：政府像家庭一样，支出也受到收入（税收）的约束；赤字是超支的证据；赤字将给下一代造成负担；赤字是有害的；赤字使美国依赖其他国家；社会福利把我们推向长期财政危机。这些迷思都是主流共识，但在 MMT 看来，这却是一种谬论，限制了财政政策的功用，故须要摒弃。因为其政策主张符合美国民主党进步派的政治立场，在 2016 年总统大选中，凯尔顿曾被桑德斯聘为经济顾问。2020 年该书的英文版一经发行，便受到了《纽约时报》等主流媒体的广泛关注和报道。

值得强调的是，不应将 MMT 简化为"财政赤字货币化"。国内的讨论过多地关注作为手段的货币化，而较少关注财政赤字的规模和支出的方式，但后者才是 MMT 的内核。赤字率的大小固然重要，但资金的投向更为关键。MMT 支持的资金用途包括：公共工程、基础设施、社会安全网，目的是创造就业机会，增强收入稳定的预期，提升私人部门的信心。在这种情况下，赤字是自我限制的，因为经济增长会带来更高的税收收入。明斯基曾提出一条公共开支的基本原则：用资源创造型的公共支出代替转移支付和福利，如罗斯福新政时期中的"以工代赈"方案。所以，相比近年来备受关注的全民基本收入（UBI）计划，MMT 更提倡以创造就业的方式实现充分就业，这样才能以扩张赤字的方式降低赤字。

MMT 的软肋是"财政赤字货币化"与通货膨胀的关联性问题。在这个问题上，MMT 的回应略显苍白，也没有充分的经验证据支撑。MMT 不认同菲利普斯曲线显示的充分就业与通货膨胀的替代关系，认为"最终雇主"计划可兼顾物价稳定目标（因为统一的工资标准会显著低于市场平均工资）。MMT 反对货币学派仅仅用"货币太多"来解释高通胀的成因，承认无节制的财政开支会导致通胀，认为削减政府开支或提高税收是对抗高通胀/恶性通胀的方法之一。MMT 也反对将恶性通胀仅仅归因于"财政赤字货币化"，而认为原因是多重的，如社会或政治动荡、战争、弱势政府、以外币或黄金计价的外债的积累等。

在这个问题上，萨金特认为，20 世纪上半叶全球四大恶性通胀——奥地利、匈牙利、波兰和魏玛德国——的罪魁祸首就是滥发钞票和债务货币化，即使债务是以本国货币计价的。波尔多教授等用近两个世纪的经验说明了扩张性财政政策与通胀的因果关系，而美国 1965—1983 年的经验就出现在和平时期。其实，不管是不是 MMT 的政策主张导致了通胀，只要有通胀压力的存在，无论是供应链还是房价上涨压力带来的，MMT 都难以实践。

财政赤字货币化的本质是预算软约束，其对财政纪律、美联储的独立性和美元信用产生的负面影响不可估量。如同物理世界不存在永动机一样，经济世界也没有永动机。一旦通货膨胀最终推动利率中枢的抬升，进而打破"税收—美元—美债"闭环，全球都将为此买单。债务货币化、美联储独立性和美元信用是一个"不可能三角"：维护美元信用要求保持美联储独立性，却与债务货币化不相容。全球金融危机和新冠肺炎疫情时期一系列的紧急信贷支持计划模糊了货币与财政的边界。美联储应警惕财政主导（fiscal dominance）权力的回归，保持货币政策独立性（Waller, 2021），"美联储庞大的和不受货币政策规则约束的资产负债表为政治创造了采取预算外财政和信贷分配政策的机会和动机"。

美国的实践

如果把联邦财政赤字和美联储资产负债表同时上升视为 MMT 的一种实践指标，那么美联储回头看 100 年来有四个案例，也只有四个案例：一战、二战、2008 年次贷危机和近年的新冠肺炎疫情。这四个样本中只有 2008 年持续十年左右没有带来明显通胀压力，其他三个都有通胀，这次通胀再度来临。

为什么 2008 年作为 MMT 实践没有引发通胀？我们理解就是那时候有一个比较好的供给条件，特别是当时全球供应链比较稳定，中国的出口关税很低，也没有贸易战。相对而言能源价格有一段时间高企，但是替代能源特别是危机后的页岩使能源稳定，所以只有这么一段短暂的"甜蜜的时光"。所以，如果只是看需求扩张而忽略了供给条件，可能就会犯比较大的错误，这次大家看到，最近通胀率又刷新到了8.6%。按泰勒规则计算，美联储如果仍然把2%作为目标水平，利率加到9%~10%的水平才能满足泰勒规则的约束，这会使市场上又出现一次沃尔克时刻，如同20世纪70年代末、80年代初保罗·沃尔克执掌美联储时的状态。其实现在的通胀如果折算回来，未必比当时低很多，更不用说欧洲国家由地缘冲突带来的巨大风险。

当然我们也知道MMT的拥护者会反驳是供给侧原因，但必须承认2020年这一轮货币投放从资产负债表净投放来看相当于2008年以来十年的投放同样的量级。所以，同样有供给缺口，但是需求刺激也是通胀的一个重要因素。在此基础上会加深资产价格剧烈波动而导致新一轮衰退。这时候我们要反省，MMT是解决了问题还是创造了更多的问题，如同过度投放货币引发了一场危机或"大火"，但所有救火队员带来的是更多的货币。

日本的实践

在公共政策讨论中，日本往往被视为MMT的经典案例。这种认识即使不算完全错误，也难以准确概括近30年来日本在经济政策领域所做的种种探索，更无法描述观念和政策的动态演化路径。日本是特殊的，也是复杂的。无论是MMT的批判者还是支持者都能从日本经验中找到想要的素材。

自20世纪90年代初房地产泡沫破裂以来，日本经济运行的典型事实包括：高财政赤字率、高政府债务杠杆率、量化宽松的货币政策、低通货膨胀率（甚至是通货紧缩）、低债券利率等。批判者认为，日本经验证明了MMT的无效性，因为日本已经"失去了三十年"。在1990年到2019年的120个季度中，日本的产出缺口有68个季度为负（占比57%）。平均实际GDP增速从1980—1991年的4.53%下降到了1992—

2021年的0.71%。在这个过程中，政府的债务杠杆率从50%上升到了200%，远超其他发达经济体。与经济停滞相关的是，在社会层面日本还面临自杀率和贫困率的提升等问题。

有趣的是，日本政府也站在了批判者行列，表示永远不会采用MMT。时任副首相、财务大臣麻生太郎称MMT是"极端和危险的想法，因为它会削弱财政纪律"。日本央行货币政策委员会成员原田泰认为MMT"肯定会导致失控的通货膨胀"。

一方面，MMT的支持者经常引用日本案例来回应对MMT的诸多批评，指出主流经济学中的谬误。比如，积极的财政政策并没有带来通胀压力，国债利率始终维持在低位，财政仍可持续。另一方面，针对经济增长的停滞，兰德尔·雷（L.Randall Wray）旗帜鲜明地指出，MMT不当"背锅侠"，因为日本没有"谨遵医嘱"。

即使MMT的支持者不认同日本的财政政策是MMT的最佳实践，也不能否认QE（量化宽松）在降低无风险利率和风险溢价方面的积极作用。MMT对日本财政政策的批判很多是不能被证伪的。假如不提高消费税率，赤字率再提高几个百分点，完全按照MMT的方案"花钱"，对于早在2007年就已经步入超老龄社会的日本，经济就能摆脱长期停滞吗？低通胀的事实是否能证明"财政赤字货币化"不会导致通胀的论断？未必。物价涨跌是由多种力量的合力决定的，全球化、老龄化、日元升值和资本外流都能作为日本通缩的成因，中和了赤字货币化带来的通胀力量。同样的政策在同一国家的不同时期或同一时期的不同国家实施效果都可能不同。20世纪八九十年代以来日本和2008年大危机之后全球低通胀的形成，与新自由主义引领下的全球化密切相关，但逆全球化已经成为新的共识。它是通胀的重要动力。此外，MMT关于1997年桥本政府财政整顿导致经济衰退的说法并非无懈可击。按照日本银行前行长白川方明的解释，主要原因有三个：1997年秋季达到高潮的日本国内金融危机、1997年7月爆发的亚洲金融危机和当年4月消费税率的上升，而且前两个方面的影响更大。从财政角度看，社会保障制度改革比增税的影响更大。

总体而言，日本陷入中长期停滞的因素并不在于货币扩张不够，当然它可能有一点对于赤字方面的过虑，但总体而言它的央行规模和国债规模都在不断增长。但有趣的一点是，它的国债大部分购买是通过它的央行完成的，它对外部世界的需求是比较少的。同样做货币扩张，当然这种扩张并不一定让MMT的拥护者完全满意，但更多来自它的供给，就是它的老龄化以及全球化把产业链转给中国或东盟，以及资本外流构成了它的通缩力量的一个来源。所以，不同的MMT以及结合当时供给条件所带来的最终效果完全不可同日而语。

中国的实践

如果用广义MMT更新中国发展的叙事，反而让我们耳目一新，有不同的见解。中国财政赤字增速不低，中国的财政赤字不仅要看中央部门，还要看地方财政，特别是地方融资平台，也就是大家讨论非常多的中国公众部门杠杆率迅速上升。其实我们私营部门的杠杆率以及企业部门杠杆率上升也都不低，特别是自2008年那次危机以来。在我们名义产出高达15%的30年发展历程中，经济增长非常强劲，达到200多倍，这是中国奇迹的来源，但可以视为一个广义的财政积极政策的结果。再看货币，广义货币增速M2增长速度突破1 000倍，同样用MMT角度衡量，正是全力执行了货币和财政双重刺激政策，导致了良好的经济产出，通胀水平才维持在4%~5%。它的供给条件非常支持，因为中国是发展中经济体，迅速刺激了劳动力、土地和其他生产要素包括全球产业链转移。所以在某种意义上可以说中国是MMT良好应用的新版本。

但有非常奇怪的一点，中国的基础货币在很长一段时间中并不是由中国国债，也就是国内债务发行供给基础货币再生成广义货币M2，而是来自外汇储备，更准确地说是来自美国债务，这可能是全球化的一个关键秘密。现在关于财政和货币关系的争论，使其在中国更像是一个原教旨的MMT理论的应用场景——逐渐下降的外汇储备，使内生的来自国债和其他形式的债务反而成了基础货币扩张的一种新的重要来源。

在开放经济体的前提下，考虑MMT使用的另一个约束条件——国际债务危机。除了美国，其他国家没有那么好的运气，因为它的外溢性会影响其他国家，但其他国家特别是发展中经济体，货币是一个风险资产，很可能被债务挤兑，包括欧盟都会出现类似希腊这样的问题，所以MMT适用性要求非常高。每个经济体可能都想用，但如果真用的话，成为日本的概率可能比成为美国的概率更大，我们的约束条件更为明显。除非人民币能再成为储备货币中的一员，否则还是要更多考量约束条件。

总结一下，MMT确实提供了一种有别于主流经济学的世界观或者叙事，非常有助于我们从全局的视野把握经济运行的结构，但是从深层次看，MMT仍然在重复凯恩斯和哈耶克当时的争论，MMT同凯恩斯一样着眼于危机后有效需求的不足，或者类似中国这样一个发展中经济体，他认为政府应该采取扩张的财政货币政策，通过公共的比如大型基建、很多新兴领域的投资来弥补这样一种不足，但不要忘记哈耶克的忠告。哈耶克强调危机前的原因，正是因为积极的政策可能扭曲价格信号，导致产能过剩、资产泡沫和下一次危机的爆发。当然，现在主要政府都是凯恩斯性质的，都采用了有所作为的政策。同时，我们也知道在新时代下的MMT也面临新挑战。比如哈耶克提出的货币非主权化，以及数字货币、比特币、稳定货币，这就废掉了所谓主权货币合法性来源，如果都没有主权货币，其实MMT就失效了。所以，这是一种全新的竞争对手。虽然大家看到MMT在弥补短期产出缺口方面有动力，但受制于通胀、资产泡沫和外部冲击。而且可能最重要的挑战还是货币并非中性。货币在短期、中期、长期都不是中性的，最终会导致贫富分化和长期后续债务的压力，所以还是要跟供给方面的条件，以及它的三个约束条件并行考虑，MMT才能发挥最大的功能，避免可能造成的后遗症。

导 读

"现代货币理论"启蒙读物恰逢其时

李黎力
中国人民大学经济学院副教授
中国人民大学中国经济改革与发展研究院研究员
密苏里大学堪萨斯分校（UMKC）访问学者

从 2019 年美国政治讨论遭受大肆抨击和质疑，到 2020 年全球新冠肺炎疫情引发广泛关注和讨论，"现代货币理论"这种"异端邪说"自始至终面临着各种误解和歪曲。2020 年 5 月以来在我国上演的"财政赤字货币化"争论，则进一步加剧了这些误解。现代货币理论被等同于财政赤字货币化，而近两年来的全球通货膨胀回潮恰恰被归咎于这种赤字货币化实践，因而现代货币理论被斥责应为这次通货膨胀负责。现代货币理论这种忽视或低估通货膨胀风险的"不负责任"和"极端危险"的理论，已然被现实的通货膨胀所证伪，在疫情之初或许有用武之地，但在如今已生不逢时。

事实上，在众多误解中，这个赤字货币化的"锅"可谓对现代货币理论最大的曲解。造成如今种种误解的原因有很多，其中的主要原因或许在于，没有一本入门级的启蒙或科普读物介绍现代货币理论。尽管国内已引进了现代货币理论的相关教材，作为经济思想史研究者的我们也大力通过讲座、报刊文章和微信公众号等形式厘清既有误解，但它们通常过于学术化，因而一般读者更倾向于从各种网络媒体上获取对现代货币理论的片面理解和偏颇评价。而《赤字迷思》这本启蒙读物的出版则适逢其时，有助于我们真正理解现代货币理论。

《赤字迷思》英文版在 2020 年甫一面世，便在亚马逊网站销售一空。该书作者斯蒂芬妮·凯尔顿正是现代货币理论的主要代表和重要贡献者，她在世纪之交发表的关于货币、税收和政府债券的两篇经典论文，奠定了现代货币理论的重要基础。凯尔顿于 1998—2015 年一直在密苏里大学堪萨斯分校担任教职，在这个现代货币理论研究的大本营，与雷、福斯塔特（Mathew Forstater）和切尔涅娃（Pavlina Tcherneva）等共同致力于发展现代货币理论的思想。笔者在 2012—2013 年曾获国家公派资格在该校访问交流，其间听了凯尔顿的课印象深刻——她讲课富有激情，十分具有感染力。2015 年，凯尔顿辞去教职前往华盛顿，在美国参议院预算委员会担任民主党首席经济学家，开启了现代货币理论对政界的影响之旅。在《赤字迷思》一书中，凯尔顿基于自身心路历程和亲身经历体会，向读者娓娓道来，回顾了她是如何从一开始接受和相信主流经济学、抵触和排斥现代货币理论，到后来通过自身的研究和学习转变成一位坚定的现代货币理论经济学家的。

· · ·

《赤字迷思》全书结构清晰，逻辑明确，文笔流畅。除了前言，一共包含八章。前六章依次论述和破除了阻碍一国进步的六个赤字迷思，探究这六个迷思背后的错误思维，并以确凿的证据加以驳斥。第七章论述了我们需要考虑的真正重要的赤字。第八章则讨论如何应对这些真正重要的赤字，建设一个为人民服务的惠民经济。

第一个也是最为根本的迷思在于，主权货币政府应该像制定家庭预算一样编制政府预算；而现实则在于，与家庭预算不同，主权货币政府可以发行自由使用的货币。之所以会产生这样一个迷思，是因为未理解主权货币政府的与众不同这一重要事实。作为货币发行者，它们与家庭、企业和地方政府这些货币使用者存在着根本性区别。这一区分是现代货币理论的核心。不同于传统所理解的适用于货币使用者的先征税和借款、后支出的支出方式，作为货币发行者的主权货币政府则是先支出、后征税和借款，不用依赖税收或借款来为支出融资。征税和借款均承担和发挥着其他非融资性角色。税收扮演为国家提供所需的商品和服务、应对通货膨胀、调节收入分配以及激励或约束经济行为等角色。为借款发行债券则是一种货币政策操作，作用在于稳定利率。因而主权货币政府并不面临预算约束，而是实物约束，真正面临的限制在于通货膨胀。这是现代货币理论揭露的一个基本事实。

第二个迷思在于，公共赤字是政府过度支出的证据；而现实却在于，过度支出的证据是通货膨胀，历史上赤字通常太小，以至于以牺牲就业为代价。传统关于通货膨胀的理解深受货币主义的影响，产生的一个基本判断在于，一定量的失业率是保持通货膨胀稳定所必需的，可依靠中央银行调节基准利率来间接控制通货膨胀压力。该政策框架有赖于对"自然失业率"或"非加速通货膨胀失业率"的估计和发现来调节货币政策，预设失业率存在着最低的安全下限。现代货币理论认为，这让央行承担了太多的责任，基于货币政策的主流宏观经济稳定框架存在重大缺陷，低估和忽视了财政政策的作用。为此，该学派提出了就业保障计划，利用真正的充分就业来帮助稳定物价。就业保障通过提供一个更平稳的宏观经济、固定基本工资和维持充足的就业后备军三个方面，有助于稳定通货膨胀。同时，为了防范过度支出风险，应当将通胀风险而非赤字风险纳入政府预算编制考量。但在不存在通货膨胀风险时却拒绝承担支出责任，同样是对权力的滥用。

第三个迷思在于，国债意味着我们和子孙后代背负着沉重的债务负担；而现实却在于，不管怎样，国债都不构成任何财政负担。传统阵营无论是"赤字鹰派"还是"赤字鸽派"，都将财政赤字和公共债务视作问题，认为它们会给我们的子孙后代带来沉重的负担，分歧仅在于究竟是通过削减社会福利还是增加税收来解决这一问题。而现代货币理论经济学家则持有凯尔顿所创造的所谓"赤字猫头鹰派"的观点，意味着能够从不同的角度、全方位地系统看待赤字问题，既看到国债作为政府债务的一面，也看到国债作为金融资产的一面。面对财政赤字，我们不需要解决债务问题，而是需要解决思维问题。国债本质上是一种类似货币"绿色钞票"的"黄色钞票"，并没有实质性的债务义务，并不存在非自愿违约风险。发行主权货币的国家永远且随时可以偿还这些债务，将这些附息的"黄色钞票"转换为"绿色钞票"。主流经济学家所着眼的财政可持续性条件（$r < g$）本身并不是问题，因为主权货币政府始终可以通过控制和影响利率 r 来保持这一条件，而永远不需要接受市场利率。这无论是在二战期间的美国还是当前的日本都看得很清楚。总之，我们应当换个角度来看待国债，不是从融资角度，而是从货币政策（钉住利率）和宏观经济需要（安全资产）角度来看待。

前三个迷思容易理解和引发共鸣，无需经济学的教育背景，而后三个迷思则没有那么通俗易懂，需要运用主流经济学的专业术语。第四个迷思在于，政府赤字挤出了私人投资，使我们更加贫穷；而现实却在于，财政赤字增加了人民的集体财富和储蓄。传统观点（即挤出效应论）认为，财政赤字需要政府借款，迫使政府与私人部门争夺有限的可用储蓄或降低国民储蓄，从而使利率这种借贷成本上升，导致私人投资下降，经济增长放缓。然而，通过基于宏观经济核算恒等式的部门收支分析，现代货币理论以两个水桶之间的货币流动作为类比说明，财政赤字对应于非政府盈余，因而并没有吞噬我们私人部门的储蓄，反而增加了储蓄，只不过因为不同的赤字开支方式而产生不同的分配效果。挤出效应论所预设的"可贷资金利率理论"并不成立，信贷并不受限于稀缺的金融资源。即便主权货币政府通过发行国债弥补赤字，也可以控制国债利率，而不代表利率上升不可避免。相反，从资产负债表实际操作上看，赤字所产生的"准备金效应"将对隔夜利率产生下行压力，利率最终的变化取决于央行货币政策的干预。总之，挤出效应可能适用于当今的非货币主权国家，而对于货币主权国家更有可能产生"挤入效应"，进而带动经济的良性循环。

第五个迷思在于，贸易赤字或逆差意味着该国是输家；但现实却在于，一国的贸易逆差其实是产品的顺差。人们通常对贸易赤字也充满恐惧，认为贸易赤字意味着外国人把本国人的钱赚走了，会导致一国产业空心化和工作流失，因而应当通过关税保护等方式消除贸易赤字来使产业回流和就业恢复。现代货币理论认为，贸易赤字本身不值得恐惧，从资源的角度而非货币的角度看，进口是收益，出口是成本，因而贸易赤字实际上意味着净收益。并且，像美国这样的主权货币国家不需要发动贸易战将赤字清零来保护就业和重建社区，只要利用其财政能力便可以维持国内充分就业，从而打造一个更好的世界贸易新秩序。凯尔顿将部门收支分析拓展到三个部门，利用三个水桶之间的货币流动来思考贸易差额问题发现，只要政府赤字大于贸易赤字，私人部门就会恢复盈余状态。凯尔顿认为，没有充分就业就没有公平贸易，各国应改变依靠出口导向的"零和"就业政策，转向依托国内的充分就业政策。主权货币政府通过实施上述就业保障计划，自由贸易就不再是对充分就业的威胁，也就不需要通过贸易战来防止失业。这样，我们可以将重点转向贸易的质量，关注劳工基本权益和环境可持续性这些更为重要的问题。

第六个迷思在于，社会保险和医疗保险等福利项目在财政上不可持续，我们再也负担不起了；而现实则在于，只要愿意付钱，主权货币政府总是能够负担得起这些项目，重要的是，我们的经济有能力长期生产人们所需要的真正商品和服务。近几十年来，绝大多数人为社会保险、医疗保险和医疗补助等福利项目的成本感到恐慌，认为它们成本增长太快，正在吞噬政府预算，在财政上不可持续，会让经济破产。这些福利项目一直遭受攻击，并在不断得到削减。本来被视作有权利享有的福利，却被视为道德上的失败或软弱的表现，被贴上负面的标签。这源自对社会保险的重大误解，该误解由罗斯福建立社会保险时将政治重点放在资金来源而创立信托基金所引发，它让人们误以为社会保险依赖于有限的资金池，因而在财务上不可持续。现代货币理论认为，这些福利项目可以持续，只要国会给予政府法律授权，主权货币政府就有财政能力承担，它们并不会耗尽资金。关键问题在于，经济能够提供真正的福利项目的生产能力，确保创造出真实的产品和服务，让福利可以买到这些东西。为此，需要通过正确的投资提高经济的长期生产能力，将注意力转向真实资源限制。

在破除了这六个赤字迷思或"伪"赤字之后，凯尔顿阐述了我们面临的真正重要的赤字。它指的是我们所拥有的与所需要的之间的差距，意味着"数量和质量上的不足"，或"能力或功能上的缺乏和损害"。这些赤字包括在良好的工作机会、储蓄、医疗保健、教育、高质量的基础设施、清洁的环境和可持续的气候，以及民主等方面的不足和危机。这些就业、教育、健康、养老等方面的赤字，才是对民众影响最大的赤字，是任何体面社会的核心之所在，但却因为上述赤字迷思而被忽视了太久。通过将预算的讨论从对债务和赤字的关注转移到对这些真正重要的赤字的关注上，现代货币理论赋予了我们构想新政治和新经济的力量，使我们不再执着于关注缺少了什么，而是更关注于我们有机会能做些什么。

基于对现代法定货币如何运作的现实描述，以及关于如何将其转化为更好的公共政策的启示和构想，现代货币理论破除了阻碍人类社会进步的有关货币、债务、税收和贸易的流行迷思和误解，为构建一个崭新的真正为人民服务的惠民经济打开了一扇窗，开辟了广阔的政策空间，有赖于此可以充分利用尚未开发的潜力。为此，需要将经济的方向盘转交给财政部门，降低货币政策的重要性，将功能财政政策提升为稳定宏观经济的主要工具，并利用某种保险政策来保障政府能够妥善使用主权货币的权力。一方面，增加就业保障这个强大的新型自动稳定器，提升政府强制性自动驾驶支出。这种就业保障计划在罗斯福新政时期就实施过，近年来在现代货币理论经济学家的推广和设计下，也在阿根廷等国家局部实行过。另一方面，筑牢自由裁量权的财政调整防护栏，增加可自由支配的支出，以解决上述真正重要的赤字问题。

· · ·

由上可见，现代货币理论是一场关于对宏观经济运行，尤其是赤字及其与经济的关系的理解的哥白尼式突破或革命。凯尔顿在这本书中致力于围绕各种深入人心的赤字迷思的辨析和破除，来阐释现代货币理论的革命性内涵。主流经济学或流行的迷思如同托勒密的"地心说"，将纳税人或市场视作货币宇宙的中心：政府需要我们的钱提供资金，要么通过征税，要么通过发行债券为支出筹集收入开支，因而必须平衡预算，基于货币收入来编制财政预算，防止赤字问题的发生。相比之下，现代货币理论犹如哥白尼的"日心说"，将主权货币政府视为货币宇宙的中心：我们需要政府的钱来开支，政府征税事实上并没有为政府获得任何货币收入，政府也不需要征税或发行债券来支出，因而应当平衡经济，基于真实资源来开展负责任的财政预算，将财政收支作为功能财政的手段来解决经济问题。

之所以会产生这种"范式转换"，看到其他人没有看到的一个全新的世界，主要是因为现代货币理论意识到"货币的发行者"与"货币的使用者"这二者存在着根本区别。旧世界是从货币使用者角度出发去打量的，新世界则是从主权货币政府这种货币发行者角度出发来审视的。这种简单的视角转换，带来的却是深刻的变化，揭示了我们现实经济当中存在的巨大潜能和机会。为此，现代货币理论将我们面临的真实存在的实物资源限制，与幻想中非必要的、自我施加但却有能力改变的限制区分开来。发行一国货币的主权货币政府并不面临内在的预算约束，钱对他们而言并不是问题，问题在于资源，以至于政府支出会面临通货膨胀约束。因此，与开头提及的误解恰恰相反，现代货币理论将通货膨胀而不是限制支出作为讨论的核心问题，并提供了一系列比当今任何措施都更复杂的方法论来管理通货膨胀压力。

可以说，凯尔顿这本书在传达和普及现代货币理论这一核心要义方面做得十分出色。当然，由于更多从赤字视角出发来启蒙和科普现代货币理论的思想，该书对现代货币理论的阐述也并非面面俱到、详尽无遗。例如，凯尔顿并未在此书中深入讨论税收驱动货币的机制、银行货币在现代货币体系中的运行，以及政府法定货币与银行货币之间的关系等问题。关于这些问题，感兴趣的读者朋友还是需要去阅读现代货币理论的教材。然而，就这本书作者所设定的目标，即为推动视赤字为问题的人群数量趋近于零而打破那些影响公众论述的迷思和误解而论，该书的确是一剂强有力的"清醒剂"和"解毒剂"。

前　言

一张车贴的震撼

让我们陷于困境的不是无知，而是看似正确的谬论。

——马克·吐温

我仍然记得，那是 2008 年，我在密苏里大学堪萨斯分校教授经济学课程。在从堪萨斯州劳伦斯市到学校的一个小时的通勤路上，我看到贴在一辆黑色奔驰 SUV（运动型多用途汽车）保险杠上的车贴。一张贴纸上描绘了一个略微驼背的男人，裤子口袋外翻，空空如也。他穿着红白条纹的裤子、深蓝色夹克，戴着星星装饰图案的高礼帽，表情僵硬且严肃。这就是山姆大叔。很多人和这位贴着车贴的司机一样，都相信我们的政府正在缓慢破产，财政预算已经无法解决这个时代最重要的问题。

不管政策讨论的是医疗保健、基础设施建设、教育还是气候变化，都不可避免地会出现同样的问题：我们拿什么付钱？这个车贴反映了人民对国家财政事务，特别是对联邦赤字规模的沮丧和焦虑。基于各党派政客对赤字的指责，我们不难理解为什么所有人提到政府的这些莽撞行为时都会感到愤怒。毕竟，我们作为个体如果都按照政府的方式行事，就会很快破产，就像这个穷困潦倒的山姆大叔一样。

但是如果联邦预算和你的家庭预算有本质的不同呢？如果我告诉你"赤字恶魔"不是真的呢？如果我能让你相信我们的经济是把人民和地球放在第一位的，同时也不用担心找不到财源的问题呢？

哥白尼和追随他的科学家们改变了我们对宇宙的理解，证明了地球围绕太阳转，而不是太阳围绕地球转。对于我们如何理解赤字及其与经济的关系，也需要一个类似的突破。当谈到增加公共福利时，其实我们的选择远比自己意识到的多，但我们必须认识到，是什么样的"迷思"阻碍了我们的突破。

本书站在现代货币理论的角度来解释这种哥白尼式的突破，而我一直是现代货币理论的主要支持者。我提出的主要论点适用于任何拥有货币主权的国家，如美国、英国、日本、澳大利亚、加拿大，以及任何由政府垄断发行法定货币的国家。[1] 现代货币理论改变了我们对政治和经济的看法，向我们展示了几乎在所有情况下，财政赤字都对经济有利。赤字是必要的，而我们对它的理解和对待方式往往是不完整或不准确的。与其错误地追求平衡预算，我们更应该追求现代货币理论所说的公共货币或主权货币的承诺，以平衡经济，使利益能够被更广泛地共享，而不是只集中在少数人手中。

按照传统的观点，纳税人应该是货币宇宙的中心，因为人们相信政府本身是没有资金的。因此，唯一可以用来资助政府的资金只能来自纳税人。现代货币理论从根本上颠覆了这种观念，它认为应该是货币发行者——联邦政府本身——而不是纳税人，为所有政府支出提供资金。税收固然重要，我将在本书中另做解释。但是，这种税收为政府支出买单的想法纯属幻想。

第一次接触这个理论时，我持怀疑态度，事实上，我非常抵触。在我作为经济学家的早期职业生涯中，我试图通过对美国政府财政和货币运作的深入研究来驳斥现代货币理论的主张。但当我把它写进我的第一篇公开发表的、由同行评审的学术论文时，我意识到我之前的假设是错误的。现代货币理论背后的核心思想最初可能显得有些奇怪，但事实证明它的描述是准确的。从某种意义上说，现代货币理论从一个无党派的视角，解释了货币体系实际是如何运作的。它的解释不依赖于任何意识形态，也不带任何政党色彩。另外，该理论分析了哪些政策或行为在经济上是可行的，从而改变了在财务可行性问题上受阻的政策辩论的局面。现代货币理论不仅聚焦于政策变化给经济和社会带来的狭隘的预算影响，还有更广泛的影响。与凯恩斯同时代的阿巴·P. 勒纳（Abba P. Lerner）就是这个理论的拥护者，他称其为"功能财政"，这个理论是根据政策是否能够有效运行来判断其优劣：它是否能够控制通货膨胀，减少贫困，带来更公平的收入和财富分配？在这些衡量标准下，每年从预算框中超出的具体数字已不再重要。

这样说来，解决所有问题的办法就是简单地多花钱吗？当然不是。联邦预算没有财政限制，并不真的意味着政府可以（和应该）无节制地支出。每个经济体都受其自身内部发展的速度限制，这取决于实际生产资源的可用性——科技发展状况，以及土地、工人、工厂、机器和其他生产资料的数量和质量。如果政府试图在一个已经全速运转的经济体中投入过多的资金，通货膨胀就会加速。总之，限制是必要的，但不应该限制政府花钱的能力或限制赤字，而应限制通货膨胀压力和实体经济的内部资源。现代货币理论将真实存在的限制与幻想中非必要的自我设限区分开来。

你可能见过以现代货币理论为核心见解的实际例子，这点我在美国参议院工作时有亲身的体会。每当提到社会保障的话题，或者国会有人想把更多的钱投入教育或医疗保健时，人们都会谈论用什么来"付钱"，以避免增加联邦财政赤字。但你是否注意到，当涉及扩大国防预算、救助银行或给予最富有的美国人巨额税收优惠时，即便这些措施显著提高了赤字，也从来都不是问题。只要选票还在，联邦政府会永远为最重要的事项提供资金，这就是它的工作原理。赤字并没有阻止小罗斯福（Franklin Delano Roosevelt）在20世纪30年代实施新政，也没有阻止约翰·F.肯尼迪（John F. Kennedy）将人类送上月球，更从未阻止过国会参与战争。

这是因为国会掌管着钱包。如果国会真的想完成某件事，它总会想办法生钱。只要立法者愿意，他们今天就可以通过立法来提高人民的生活水平，立足长远，在教育、技术和多样化的基础设施建设方面提供公共投资。花钱与否，其实是由政治因素决定的。显然，任何法案的经济影响都应彻底被考量，但支出绝不应被局限在简单的预算目标框架内，或被所谓的健全财政的盲目推崇所约束。

· · ·

2008年11月，我并不认为那时在街头看到的"山姆大叔"车贴是一个巧合，在同年发生的金融危机中，有关政府资金耗尽的过时观念又一次受到了关注。我们的国家当时正处于20世纪30年代大萧条以来最严重的经济衰退之中，它让人们切实感受到，美国和世界上很多国家一样，濒临破产。最初，次级抵押贷款市场的混乱蔓延到全球金融市场，并演变成一场全面的经济危机，数百万美国人失去了工作、住房和生意。[2] 仅在2008年11月，就有超过80万的美国人失业，数百万人申请了失业津贴、食品券、医疗补助及其他形式的公共补贴。随着经济陷入深度衰退，税收收入呈断崖式下跌，用来补贴失业者的支出急剧上升，赤字达到了创纪录的7 790亿美元。整个国家陷入恐慌。

现代货币理论的支持者，包括我自己，都认为这是一个向当时即将上任的奥巴马政府提供大胆政策构想的好机会。我们敦促国会制订了一项强有力的经济刺激计划，要求减免工资税，向各州和地方政府提供额外援助及联邦就业保障。但政府对进一步刺激经济的兴趣不大。

到了2009年1月16日，美国四大金融机构的市值已缩水一半，劳动力市场每个月都在流失数十万个工作岗位。和小罗斯福政府一样，奥巴马在1月20日宣誓就职时，恰逢一个历史性的紧急时刻。30天内，他签署了7 870亿美元的经济刺激计划，并获得国会通过，成为法案。一些与他关系密切的顾问极力主张增加赤字，坚持认为至少需要1.3万亿美元才能避免经济长期衰退，但其他人对任何以"万亿"结尾的计划都犹豫不决。最后，奥巴马选择了临阵退缩。

为什么呢？因为在财政政策方面，奥巴马基本上是个保守派。周围的人给他各种眼花缭乱的数字，他只能谨慎行事，总是选择数字较低的提案。白宫经济顾问委员会主任克里斯蒂娜·罗默（Christina Romer）明白，这种规模的危机不可能通过区区7 870亿美元就彻底得到解决。她提出了一个野心勃勃的万亿美元经济刺激计划。她说："好吧，总统先生，这就是你的'至暗时刻'，比我们想象中还要糟糕。"[3]她计算了一下数字，得出的结论是，为了应对日益严重的经济衰退，可能需要高达1.8万亿美元的资金。但这一计划被哈佛大学经济学家、财政部前部长劳伦斯·萨默斯（Lawrence Summers）否决了，萨默斯后来成为奥巴马的首席经济顾问。萨默斯或许也想要一个更大的经济刺激方案，但他担心向国会提出任何接近一万亿美元的要求都会引起嘲笑，他表示，"公众不会支持，而且它永远不会被国会通过"。[4]日后成为奥巴马资深顾问的大卫·阿克塞尔罗德（David Axelrod）对萨默斯的想法表示同意，他担心任何超过1万亿美元的方案将在国会和美国人民中造成"车贴恐慌"。

国会最终批准的7 870亿美元，包括帮助各州和地方政府应对经济衰退的资金、用于基础设施建设和投资绿色产业的资金，以及鼓励民间消费和投资的大量税收优惠。这一切都有所帮助，但还远远不够。经济萎缩，随着赤字攀升至 1.4 万亿美元以上，奥巴马总统面临着赤字上升的严峻挑战。2009 年 5 月 23 日，他在接受美国 C-SPAN 电视台采访时，被节目主持人史蒂夫·斯库利（Steve Scully）问道："我们什么时候会把钱用光？"[5] 他回答说："其实，我们现在已经没钱了。"他的话印证了那个贴着"山姆大叔"车贴的司机一直以来的怀疑——美国破产了。

从 2007 年 12 月持续到 2009 年 6 月的经济危机，给美国及其他国家的社区和家庭留下了永久性的创伤。美国的劳动力市场花了 6 年多才恢复了自 2007 年 12 月至 2010 年初减少的 870 万个工作岗位[6]，数百万人挣扎了至少一年才找到工作，还有许多人再也没有就业。而一些找到工作的幸运儿，往往不得不满足于兼职，或从事比他们以往收入低得多的工作。同时，止赎危机吞噬了 8 万亿美元的房产，2007—2009 年约有 630 万人（包括 210 万儿童）陷入贫困。[7]

国会本可以，也本应该做得更多，但赤字迷思已经深入人心。到 2010 年 1 月，随着失业率达到惊人的 9.8%，奥巴马总统却朝着反方向出手。他在国情咨文中承诺要扭转财政刺激政策，他告诉全国人民："全国各地的家庭都在勒紧裤腰带，做出艰难的决定。联邦政府也应该这样做。"随之而来的，是一段国家持续自我伤害的时期。

据旧金山联邦储备银行（FRBSF）估计，金融危机和经济复苏乏力使美国经济从 2008 年到 2018 年丧失了高达 7% 的产出潜力。我们把这一数字看作是衡量美国在这 10 年间本可以生产的所有商品和服务（以及可获得的收入），但因为我们未能通过保障就业及让人民有房可住来支持经济增长，这层衡量含义也就丧失了。由于没有做好政策应对，经济复苏缓慢而疲软，损害了社区，经济损失达数万亿美元。根据旧金山联邦储备银行的数据，10年来的经济增长低于平均水平，使得美国的男女老少付出了相当于人均7万美元的代价。

为什么我们没有制定更好的政策？你可能认为是因为我们的两党制已经变得如此分裂，以至于即便是面对一场威胁到普通美国人以及大公司安全的国家灾难，国会都无法做出正确的决定。当然，这也有一定的道理。2010年，参议院多数党领袖米奇·麦康奈尔（Mitch McConnell）公开宣称："我们想实现的最重要的一件事就是让奥巴马成为只有一个任期的总统。"但政党政治并不是唯一的障碍。几十年来两党都拥护的对赤字偏执的政治立场，是一个更主要的障碍。

更大规模的赤字本可以加速经济强劲复苏，保护数百万家庭，并避免数万亿美元的经济损失。但是，并没有一个有实权的人争取更大规模的赤字。奥巴马总统没有，他的大多数高级顾问没有，甚至连参众两院中最激进的议员也没有。为什么呢？难道大家真的相信政府已经没钱了，还是害怕触犯选民的敏感神经，就像那个在奔驰车上贴着车贴的人？

如果继续将赤字本身视为问题，我们就无法利用赤字来解决问题。目前，48%的美国人表示，减少联邦预算赤字应该是总统和国会的首要任务。本书旨在推动视赤字为问题的人群数量趋近于零，但这并不容易。要达到这个目的，我们必须小心翼翼地打破那些影响公众舆论的迷思和误解。

· · ·

本书的前六章打破了阻碍我们这个国家进步的赤字迷思。首先，我质疑了联邦政府应该像家庭一样编制预算的想法。也许没有什么迷思比这更恶毒了。事实是，联邦政府与家庭或私人企业完全不同，因为山姆大叔拥有我们没有的东西——发行美元的权力。山姆大叔不需要拿出美元就可以花钱，而我们都需要先有钱才能花钱；山姆大叔不用面对越来越多无力支付的账单，而我们的账单可能会堆积如山；山姆大叔永远不会破产，而我们或许会。当政府试图像管理家庭一样管理预算时，就错过了利用主权货币的力量来大幅度改善人民生活的机会。这本书中会展示现代货币理论是如何证明联邦政府不用依赖税收或借贷来为其支出提供资金的，而且对政府支出最重要的限制因素是通货膨胀。

第二个迷思是，赤字是超支的证据。这是一个很容易得出的结论，因为我们都听过政客们抱怨赤字是政府"入不敷出"的证据。这是一个误区。的确，每当政府的支出超过税收时，赤字就会出现在政府的账本上。但这只是故事的一半。现代货币理论用一些简单的会计逻辑呈现出了故事的另一半。假设政府为经济支出了100美元，但只收到90美元的税，这个差额就是所谓的财政赤字。但还有另一种方式来看待这个差额：山姆大叔的赤字为别人创造了盈余。政府负债10美元，意味着在经济中的其他部分增加了10美元。问题是政策制定者看问题都很狭隘。他们看到了预算赤字，却忽略了相对盈余。由于许多美国人也没有看到这一点，他们最终会对平衡预算的努力表示赞赏，尽管这可能意味着要从他们的口袋里掏钱。政府可能花得太多，赤字可能太大，但超支的证据是通货膨胀。大多数时候，我们的问题是赤字太小，而不是太大。

第三个迷思是，赤字将给下一代造成负担。政治家喜欢搬出这个迷思，宣称我们会通过赤字毁了子孙的生活，使他们背上沉重的债务。这种迷思最有影响力的始作俑者之一是罗纳德·里根。但就连参议员伯尼·桑德斯（Bernie Sanders）也附和了里根的观点，他说："我担心债务问题。我们不应该把它留给我们的子孙后代。"[8]

尽管这种说法听起来很有说服力,但其经济逻辑却并非如此,历史证明了这一点。第二次世界大战之后,作为 GDP 的一部分,国债占 GDP 的比例迅速达到了最高(120%)。然而,正是在这一时期,中产阶级建立起来,家庭实际收入中位值飙升,下一代享受着更高的生活水平,而没有更高税率带来的额外负担。现实情况是,政府赤字不会将财政负担转嫁到未来人口身上。增加赤字不会让后代变得更贫穷,减少赤字也不会让他们更富有。

第四个迷思是,赤字是有害的,因为它们会挤压民间投资,破坏经济的长期增长。这个迷思主要是由学术派中并不了解实际情况的主流经济学家和政策专家散播的,它依赖于一个错误的假设,即为了弥补赤字,政府必须与其他借款人竞争,以获得有限的储蓄供应。这个想法认为政府赤字减少了一些原本可用于投资到私营部门并有利于促进经济长期发展的美元供应。书中将解释为什么情况恰恰相反,财政赤字实际上增加了私人储蓄,而且可以轻易地吸引民间投资。

第五个迷思是,赤字使美国依赖其他国家。这个迷思让我们相信,像中国和日本这样的国家对美国有巨大的影响力,因为它们持有大量的美国国债。我们应该认识到,这是政客有意无意地虚假宣传,并常常将其作为搁置急需资金的社会民生项目的借口。有时候,这些人还把这种迷思比喻成不负责任地办理外国信用卡。这就忽略了一个事实,那就是这些美元并非来自中国,而是来自美国。我们也不是真的从中国借钱,而是向中国提供美元,然后让他们用这些美元换取一种安全的、有利息的资产,即美国国债。这样做绝对没有任何风险或危害。如果我们愿意,我们可以通过一个简单的按键操作立即还清这些债务。将我们的未来抵押给其他国家也是一个错误的观念,可能是出于不理解主权货币的实际运作方式,或出于政治目的而故意曲解。

第六个迷思是，社会福利把我们推向长期财政危机，社会保障、医疗保险和医疗补助是所谓的罪魁祸首。让我来告诉你为什么这种思维方式是错误的。例如，社会保险福利绝对没有理由被削减。我们的政府永远有能力履行未来的义务，因为它永远不可能耗尽资金。与其争论这些项目的货币成本，立法者应该比较的是谁的政策最有可能满足所有人的需求。钱永远在那里，问题是应该用这些钱买什么。人口结构的变化和气候变化的影响是真正的挑战，可能对现有资源造成压力。我们需要确保尽一切努力管理真正的资源，并随着"婴儿潮一代"退出劳动力市场，研究出更多可持续的生产方法。但是，当涉及社会福利支出时，我们一直有能力履行我们对目前的退休人员和今后几代人的承诺。

在充分研究了这六个迷思背后的错误思维，并以确凿的证据加以反驳之后，我们需要考虑那些真正重要的赤字。我们所面临的真正危机与联邦财政赤字或人民应该享有的福利无关。美国有21%的儿童生活在贫困中，这是危机；我们的基础设施建设被评为D+，这是危机；今天的社会不平等程度已经达到了美国"镀金时代"以来的最高水平，这是危机；自20世纪70年代以来，美国普通劳动者的实际工资几乎没有增长，这是危机；4 400万美国人背负着1.6万亿美元的学生贷款，这是危机；如果最终随着气候变化的加剧，这个星球上的生命面临危害，人类最终无法负担任何东西，这可能是最大的危机。

这些都是真正的危机，但国家赤字并不是。

• • •

特朗普总统在2017年签署的税收法案之所以糟糕，不是因为这部法案增加了赤字，而是因为它利用赤字为那些最不需要帮助的人提供了帮助。这个法案扩大了社会不平等，把更多的政治和经济权力放到了少数人手中。现代货币理论说明，建立一个更好的经济并不取决于筹集足够多的收入来支付我们想要的东西。我们可以而且必须对富人征税，但不是因为没有他们就不能做任何事情。我们应该对亿万富翁征税，以重新平衡财富和收入的分配，并保护民主的健康。但是，我们不需要打碎富人的存钱罐来消除贫困，也不需要靠他们获得科丽塔·斯科特·金（Coretta Scott King）当年所争取的有最低工资的联邦工作保障。我们已经有了所需要的工具。这种必须依赖超级富豪的错误信息，使他们看起来比实际情况重要得多。这并不是说赤字不重要，或许我们可以把谨慎抛到九霄云外而不停地花钱。我所倡导的经济框架要求联邦政府承担更多而不是更少的财政责任。我们只需要重新定义什么是基于资源负责任的预算。对赤字迷思的误解使我们在目前的经济中存在大量的浪费和未开发的潜力。

现代货币理论给了我们想象新政治和新经济的力量。它用健全合理的经济学挑战了整个政治领域的现状，这就是为什么它在全世界引起了政策制定者、学者、央行官员、财政部长、活动家和普通民众的兴趣。现代货币理论让我们认识到另一种社会的可能性，在这种社会中，我们有能力投资于医疗保健、教育和有弹性的基础设施。与强调稀缺性的叙述相反，现代货币理论提倡从机会角度看待问题。一旦我们摆脱了这些阻碍我们前进的迷思，接受联邦赤字实际上对经济有利这一事实，我们就可以推行优先考虑人类需求和公共利益的财政政策。除了自我限制和约束，我们没有什么可失去的。

美国是世界上经济最发达的国家。因此，即使在大萧条期间，美国人最贫穷的时候，我们仍设法建立了社会保障体系和最低工资制度，为农村社区供电，提供联邦住房贷款，并为大规模的就业计划提供资金。就像《绿野仙踪》中的桃乐茜和她的同伴们一样，我们需要看穿这些迷思，并始终记得我们一直拥有的力量。

就在本书英文版即将出版之际，新冠肺炎疫情全面暴发，这为我们提供了一个生动的现实案例，展示了现代货币理论思想的力量，以及现代货币理论的思维方式。整个世界陷入停滞，工作机会越来越少，这种可能出现的经济崩溃，会使失业率几乎与大萧条时期不相上下。美国国会已经承诺，将投入超过1万亿美元的资金来应对疫情大流行和正在蔓延的经济危机，但我们未来需要更多的资金。

在新冠肺炎疫情成为真正的威胁之前，联邦赤字预计将突破1万亿美元，而在未来几个月，联邦赤字可能会飙升到3万亿美元以上。历史的教训显示，对预算赤字上升的焦虑和压力，将导致政府减少财政预算以降低赤字。这将是一场无以复加的灾难。现在和未来几个月，政府应对危机最负责任的方式就是增加赤字支出。

2021年对我们所有人来说都会面临前所未有的困难。我们将生活在一种高度焦虑的状态下，直到疫情得到控制、疫苗得到广泛使用。我们中的许多人将经历社交和经济上的困境。这些已经足够令我们烦心的了，无须再对国家的财政状况增加不必要的担忧。但这段时间我们可以学到新知识，可以了解到政府资金来自何处，以及为什么有且只有联邦政府能够站出来拯救经济。

第一章

停止家庭预算般的思考

全国各地的家庭正在勒紧裤腰带，做出艰难的决定。联邦政府也应该这样做。

——美国前总统奥巴马，2010年《国情咨文》演讲

迷思 #1：联邦政府应该像制定家庭预算一样编制政府预算。
现　实：与家庭预算不同，联邦政府可以发行自由使用的货币。

和许多人一样，我是看着动画片《芝麻街》长大的，它帮助儿童培养的技能之一，就是根据物体的相似性和差异性进行分类。"这些东西中的一个和另一些不一样"，当节目中出现这段话的时候，伴随着歌曲开始，屏幕上出现了四张图片：香蕉、橙子、菠萝和三明治。"三明治！三明治！"我和姐姐会对着电视大喊。现在我不再是个孩子了，但每当我听到有人谈到联邦政府预算与家庭预算没有什么不同时，我还是会"对着电视"大喊。

如果你听到有人抱怨说白宫方面需要把它的财政状况搞好，你

就会听到这个关于把联邦政府当成家庭预算的迷思。它源于一个有缺陷的想法，即我们应该用管理自己家庭预算的视角来看待山姆大叔的预算。在我们接下来要探讨的所有迷思中，这无疑是最有害的。

这是政客的最爱，他们倾向于寻找用最简单的措辞来与选民沟通，还有什么比用民众已知的关于家庭预算的术语来描述政府的财政状况更容易的呢？我们都知道，个人支出与总体收入保持一致是很重要的。因此，当我们听到有人用贴近生活的方式来谈论政府财政时，就会感到很亲切，有一种在厨房餐桌前随意讨论的感觉。

我们都见过这种做法。在美国各地的竞选广告和市政厅演讲中，政客们指着小商人或勤劳的女服务员，把他们作为负责任的家庭预算编制的光荣榜样。他们对普通民众日常的痛苦感同身受，时常提醒我们坐在厨房桌前平衡家庭账簿并试图量入为出是什么感觉。然后，他们希望引起民众的愤怒，将话题转移到联邦政府，告诉我们山姆大叔的账本几乎从未平衡过，因为不负责任的支出已经成为华盛顿特区的一种生活方式。

这些故事和语言是如此熟悉，很容易让民众产生共鸣。我们知道，我们应该量入为出，合理安排财务，使支出不超过收入；我们需要为未来留出一些储蓄，在借钱的时候应该格外小心；承担过多的债务可能导致破产、丧失抵押品赎回权，甚至带来牢狱之灾。

我们知道个人可能会破产，即使像RadioShack（美国消费电子产品专业零售商）和Toys"R"Us（玩具反斗城，美国大型玩具连锁店）这样家喻户晓的公司，在无力支付账单时也会被迫破产。即使是城市（例如底特律）和地方政府（如堪萨斯州政府），当没有足够的钱来支付日常开支时，也会遇到大麻烦。每一个坐在厨房餐桌前编制预算的家庭都明白这些，他们不明白的是为什么联邦政府（山姆大叔）与众不同。

要了解其中原因，我们直接来看现代货币理论中的核心理论。

货币发行者与货币使用者

现代货币理论以一个简单而无可争议的事实为出发点：美元作为美国的国家货币，来自美国政府，它不能来自其他任何地方——至少在法律上不允许。美国财政部和其财政代理机构——美国联邦储备银行（美联储）均有权发行美元。它们铸造你口袋里的硬币，印刷你钱包里的钞票，或创造只存在于银行资产负债表电子条目上作为储备金的数字美元。财政部负责制造硬币，其余由美联储负责。一旦你理解了这一现实的重要意义，你就能理解许多关于赤字的迷思。

尽管你以前可能没有考虑过这个问题，但你内心深处可能已经明白了这个基本事实。想想看，你能创造美元吗？当然，你可以赚到美元，但你能制造美元吗？也许有了高科技的印刷设备，你可以在地下室开店，生产一些看起来非常像美元的东西，或者你可以黑进美联储的电脑，按几个键，生出一些数字美元。但我们都知道，如果你在伪造货币时被抓到，那么你就等着穿上橙色的美国监狱制服吧。因为美国宪法赋予联邦政府发行货币的专有权力。[1]正如圣路易斯联邦储备银行所说，美国政府是"美元的唯一制造商"。[2]

当然，"垄断"一词是指在一个市场上某种产品只有一个供应商。由于联邦政府是美元的唯一制造商，我们可以认为它对美元具有垄断地位。这有点像被赋予了一个永不过期的超级版权，可以无限制造更多美元。这是由美国先驱明确赋予联邦政府的一种专属权力，不是家庭、企业、州或地方政府能够做到的。只有联邦政府可以发行货币，而其他所有人都只是货币的使用者。这是一项特殊的权力，必须非常谨慎地使用。

回到《芝麻街》的故事，我们可以轻易发现图 1.1 中哪个和其他三个不一样。

家庭	企业
货币使用者	货币使用者
各州及地方政府	联邦政府
货币使用者	货币发行者

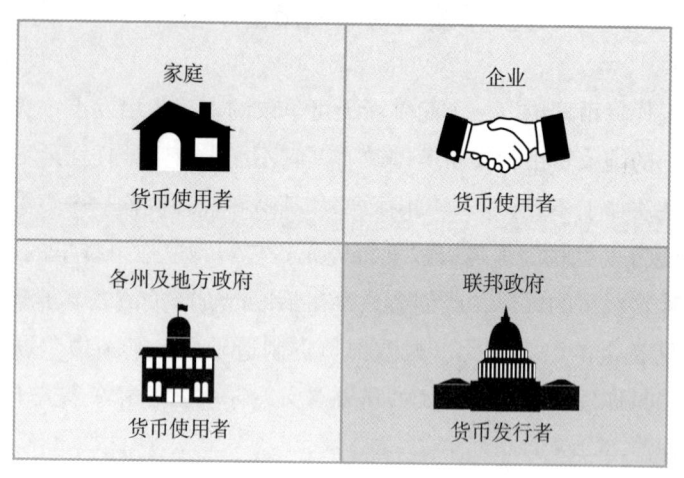

图1.1 货币发行者与货币使用者

货币使用者和货币发行者之间的区别是现代货币理论的核心所在。正如我们在接下来的章节会谈到的，它对我们这个时代一些最重要的政策有着深远的影响，如医疗保健、气候变化、社会保障、国际贸易和社会不平等。

为了充分利用货币发行者被授予的特殊权力，各国需要做的不仅仅是授予自己发行货币的专有权。同样重要的是，它们不能将本国货币过多兑换成可能会用完的东西（例如黄金或其他国家的货币），而且需要避免以非本国货币进行借贷（即承担债务）。[3] 当一个国家发行自己的不可兑换的（法定）货币，并且只用本国货币进行借贷时，这个国家就获得了货币主权。[4] 因此，拥有货币主权的国家不必像管理家庭预算那样管理国家预算，它们可以利用自己的货币发行能力来推行旨在维持充分就业的经济政策。

有时人们会问我，现代货币理论是否适用于美国以外的国家？

当然适用！尽管美元作为全球储备货币被赋予了特殊地位，但其他许多国家也有能力使其货币体系为人民服务。因此，如果你在美国以外的国家读到这本书，请不要认为书里没有对你和你的国家有用的重要指导。其实，现代货币理论可以用来描述和改善拥有高度货币主权的国家的政策选择，如美国、日本、英国、澳大利亚、加拿大等。并且，我们将在第五章看到，现代货币理论还为货币主权很少甚至是没有货币主权的国家（如巴拿马、突尼斯、希腊、委内瑞拉等）提供见解。

现代货币理论帮助我们理解，为什么那些固定汇率的国家（如2001年以前的阿根廷），或大量以外币借债的国家（如委内瑞拉），其货币主权会被破坏，并遭受其他货币使用者如意大利、希腊和其他欧元区国家所面临的种种限制。当货币主权很小或没有货币主权的国家无法自律地控制预算时，它们就会像家庭一样面临无法负担的债务。相比之下，美国从来不需要担心钱不够用，不管金额多大，它总是能够支付账单，即使数字很大。当希腊为了使用欧元而停止发行德拉克马（希腊货币单位，于2002年被欧元取代）时，它放弃了货币主权。美国不会落得像希腊那样，它并不依赖任何国家的融资。最重要的是，拥有货币主权意味着一个国家可以优先考虑其人民的安全和福祉，而不需要担心资金从何而来。

撒切尔夫人的反向言论：(TAB) S

英国第4任首相玛格丽特·撒切尔在1983年的一次著名演讲中宣称："除了人民自己赚的钱，国家没有其他资金来源。如果国家想花更多的钱，那只能通过向民众借钱或征收更多的税来实现。"[5] 撒切尔夫人的立场是，政府财政跟个人财政受到的限制是一样的，要想增加开支，政府必须先筹集资金。她补充道："我们知道,没有所谓的公共资金这回事,只有纳税人的钱。"如果英国人民想从政府那里得到更多,他们就必须自己买单。

这是一个无心的错误,还是一个精心设计的声明,旨在阻止英国人民向政府提出更多要求?我不确定。不管她的动机如何,撒切尔夫人的讲话掩盖了国家拥有货币发行权的事实。30多年后的今天,英国和美国这样的货币主权国家的政治领导人仍然宣称,只有纳税人才是政府资金的最终来源。正如英国前首相特蕾莎·梅所说,政府没有"神奇的摇钱树"(Magic Money Tree)。[6]除非政府从人民手中拿走更多的钱,否则它将无法在现有项目上追加开支,更不用说为目标远大的新项目提供资金了。

对大多数人来说,政府必须征收更多的税来增加支出的想法听起来似乎很合理。政客们也知道这一点,也很清楚大多数民众不希望税收增加,所以他们把自己陷入两难境地,为了赢得选票,要发誓干些大事,但又不能要求大多数人缴纳更多的税。例如,特朗普向美国人民承诺,墨西哥将为边境墙买单,而民主党人则坚称,他们的诸多远大计划来源于亿万富翁和华尔街银行的税收支持。钱总得从哪里来,对吗?事实上,我们根本就是弄反了。但在这之前,让我们先了解一下传统想法,这样会更容易将这种落后的传统思维与实际情况进行对比。

回顾一下,我们最了解的是自己的财务,我们知道得先有钱,才能花钱。因此,从直觉上看,联邦政府必须先筹集资金才能支出的想法似乎是正确的。根据我们的经验来推断,我们知道必须得先付钱,才能拎着新鞋走出百货商店,或者开着新跑车离开汽车经销商门店。根据传统思维,政府依靠两种资金来源:向人民征税,或向人民借款。税收允许政府从有钱人那里收钱,这意味着税收是向联邦政府转移资金的一种方式。如果政府需要支出的钱比它通过征税得到的钱多,那么可以通过向储蓄者借款(发行债券)来筹集更多资金。无论哪种情况，都是指政府必须在花钱之前拿出钱来。这就是大多数人理解的政府财政运作方式：税收和借款是第一位的，之后才能支出。传统思维方式的一个方便的记忆法是（TAB）S：征税和借款（Taxing and Borrowing）先于支出（Spending）。

因为我们已经在潜移默化中相信，像每个人一样，政府必须在花钱之前"找到钱"，所以每个人都坚持问同一个问题：拿什么付钱？对于当选的官员，我们寄希望于他们能够提供一个蓝图，详细描述花的每一分钱的来源。即使是思想最进步的候选人也担心，如果他们的提案增加了赤字，他们就会被民众生吞活剥。因此借款几乎从来不是一个选项。为了证明他们的提案不会增加赤字，他们想方设法从经济中挤出更多的税收，通常针对那些最容易拿得出钱的人。例如，参议员伯尼·桑德斯坚持认为，如果有了金融交易税，就可以免除公立学院和大学的学费，而参议员伊丽莎白·沃伦（Elizabeth Warren）也声称，对超过5 000万美元的财富征收2%的税，将筹集足够的收入，以免除95%的学生贷款，并支付普及儿童保育和免费大学的费用。这两种政见都是为了证明只要向最富有的人群征税，就可以支付一切费用。但我们在接下来的几页会看到的是，我们可以通过不增加税收，就有空间为新项目提供资金。增加赤字不应被视为一种禁忌。税收至关重要，但没有理由认为政府必须通过增加税收来投资经济。

在实践中，联邦政府几乎从未征收到足够的税收来抵销所有支出。在支出上的赤字是常态，联邦政府的每个人都知道这一点，选民也是如此。这就是为什么这么多政客抱怨说，国会需要抓紧处理财政问题，避免为时已晚。为了表明他们对这种传统的家庭预算的遵循，美国联邦政府于2018年恢复了一项被称为现收现付（Pay As You Go，简称PAYGO）的预算规则。有了PAYGO，为了新的支出而借款在技术上变得不可能实现，将（TAB）S简化为仅有税收和支出，即（T）S。立法者面临着巨大的压力，需要用新的税收收入来支付任何拟议的新支出。[7]

这是一个好的政治策略吗？这是好的经济学吗？这听起来是一种健康的预算编制方法，但其根源在于对联邦政府实际支出方式的理解存在缺陷。事实上，它把一切都弄反了。

货币发行者的支出方式：S（TAB）

作为主流的思维方式，大多数人可能都信奉（TAB）S模型。即使从未花时间想过联邦预算的内部运作方式，我们也可能认为政府需要我们的资金来帮助支付账单。甚至，在每年4月给国税局（IRS）寄送支票时，我们都有一种自豪的爱国感，认为我们为国家做出了贡献，帮助建造低收入者的住房，支付为国奉献的军人工资以及补贴农民。我不想戳破你的幻想，但事实并非如此，如果你还没有准备好，那我建议你先坐下来想想。你的税金实际上没有支付任何东西，至少在联邦政府层面上没有。政府不需要我们的钱，我们需要的是政府的钱。我们把整件事情弄反了！

当我第一次遇到这种理解税收和支出在实际工作中如何运作的方式时，我感到不可置信。那是1997年，在我攻读经济学博士课程时，有人与我分享了一本名为《软货币经济学》(*Soft Currency Economics*)的书。[8]这本书的作者沃伦·莫斯勒（Warren Mosler）并不是经济学家，而是一位成功的华尔街投资者，他的书是关于经济学界是如何把几乎所有的事情都搞反了的。我读了这本书，但当时的我并不信服。

根据莫斯勒的说法，政府应该先支出，然后再征税或借款。这个顺序完全颠覆了撒切尔夫人的言论，重新排列了记忆法，把（TAB）S变成S（TAB）：先支出，然后才是征税和借款。莫斯勒的推理发现了大多数经济学家所忽视的东西，即政府不会到处去找别人来承担 TAB，而只是要用支出保证货币的存在。对许多人来说，他的想法最初听起来是彻底的创新，但其实对我们来说只是陌生而已。事实证明，这些想法都可以在经典书籍中找到，如亚当·斯密的《国富论》或约翰·梅纳德·凯恩斯的两卷经典著作《货币论》。人类学家、社会学家、哲学家和其他学者早就对货币的性质和税收的作用得出了类似的结论，但经济学界在很大程度上落后了许多。

莫斯勒被视作现代货币理论之父，因为他在 20 世纪 90 年代就把这些想法带给了一部分人。他说，他不知道自己是如何想到这种理解征税和政府支出的方式，他只是在多年的金融市场工作经验中突然领悟到的。他一直在从事金融交易工具的工作，观察银行账户之间的资金转移，习惯于用借方和贷方的方式来思考问题。有一天，他开始思考所有这些美元最初是从哪里来的。他想到，政府在从我们这里减去（借记）任何美元之前，必须首先增加（贷记）美元。因此他推断，政府是一定先有支出的，否则人们从哪里得到美元来缴税？虽然这个逻辑听起来无懈可击，但那时候的我觉得他的想法不可能正确。怎么可能呢？这颠覆了我对金钱、税收和政府支出的所有理解。我曾在剑桥大学读书，在世界知名的经济学家指导下学习经济学，我的老师们从未说过这样的话。事实上，他们教给我的所有模型都符合撒切尔夫人的言论，即政府必须先征税或借款，才能支出。[9] 真的有可能几乎所有人都错了吗？我必须弄清楚。

1998 年，我到位于佛罗里达州西棕榈滩的莫斯勒家中拜访，他花了几个小时解释他的想法。他首先将美元称为"一种简单的公共垄断"。由于美国政府是美元的唯一来源，他认为山姆大叔需要从民众那里获得美元是一种愚蠢的想法。很明显，美元的发行者想要多少美元就可以拥有多少美元。"政府想要的并不是美元，"莫斯勒解释说,"它想要其他东西。"

"政府想要什么?"我问。

"它想要自给自足,"他回答,"税收并不是为了筹集资金。政府征税是为了让人们工作,为政府生产东西。"

"生产什么样的东西?"我问。

"军队、司法体系、公共公园、医院、公路、桥梁,所有这类东西。"

为了让民众做这些工作,政府征收税款、费用、罚款或让民众履行其他义务。税收的目的是为政府的货币创造需求。在任何人支付税款之前,必须先通过工作来赚取货币。

我脑子里一片混乱。然后他给我讲了一个故事。

莫斯勒有一处带游泳池的美丽的海滨房产,过着任何人都渴望享受的奢侈生活。他家里有两个年幼的孩子,有一天,他让孩子们坐下来,告诉他们,他希望孩子们可以尽自己的义务,帮助保持家里清洁宜居的环境。他希望孩子们能够打理院子、整理床铺、洗碗、洗车等。为了奖励他们付出的时间,莫斯勒提出支付劳动报酬。整理床铺可以得到3张名片,洗碗可以得到5张,洗车价值10张,打理院子25张。数周后,房子变得越来越脏乱,院子里的草长到膝盖高,盘子在水槽里堆积如山,汽车上覆盖着一层海风吹来的沙子和盐。莫斯勒问孩子们:"为什么你们什么都不做?我说过我会付给你们名片的。"

"爸爸,"孩子们轻声说,"我们为什么要为了你的名片而工作?名片一点都不值钱!"

这时,莫斯勒突然醒悟。孩子们没有做家务,是因为他们不需要爸爸的名片。于是,莫斯勒告诉孩子们,他根本不要求他们做任何工作,他要的只是孩子们每个月支付给他30张名片。如果不付名片,孩子们就会丧失一些特权,比如不能再看电视,不能使用游泳池,也不能去商场等。这是一个神来之笔,莫斯勒征收了一项只能用他的名片来支付的"税收",现在,这些名片有了价值。

在几个小时内,孩子们到处乱窜,整理他们的卧室、厨房和院子。曾经被认为是毫无价值的名片突然变成一种有价值的货币了。为什么呢?莫斯勒是如何在不强迫孩子们做任何家务的情况下让他们做这些工作的?这很简单。他把孩子们放在一个需要赚取他的"货币"来避免麻烦的环境中。每当孩子们做了一些工作,就会得到一张证明工作所得的"收据",也就是名片。月末,孩子们把名片还给父亲。正如莫斯勒解释的那样,他实际上并不需要从孩子们那里拿回自己的名片,他说道:"我要自己的名片做什么?"他已经从这笔交易中得到了他真正想要的东西——一个整洁的房子!所以,他为什么还要费力地从孩子们那里征收名片呢?他为什么不让他们将这些名片当作纪念品?答案很简单。莫斯勒拿回名片是为了让孩子们下个月再去主动赚取。他建立了一个良性的供给系统,在这种情况下,良性意味着它可以不断重复。

莫斯勒用这个故事说明了关于主权货币发行者实际筹资方式的一些基本原则。税收的存在是为了创造民众对政府货币的需求,政府可以用独特的记账单位来定义货币,例如美元、日元、英镑、比索等,然后要求民众支付税款或履行其他义务,为这些本来毫无价值的纸张赋予价值。正如莫斯勒开玩笑所说,"税收将垃圾变成了货币"。说到底,作为货币发行者的政府想要的是真实的产品,而不是货币本身。政府想要的不是我们的税款,而是我们的时间。为了让我们为国家生产,政府发明了税收或其他类型的支付义务。这与你在大多数经济学教科书中学到的理论恰恰相反,在教科书里,人们更倾向于用一个肤浅的故事来解释货币的发明,用来解决以物易物的、低效率的商品交易方式。在这个故事中,货币的出现让贸易变得更有效率、更方便。但是,尽管书本教导我们说,以物易物的贸易曾经非常普及，是一种自然状态，但研究古文明的学者发现几乎没有任何证据表明社会曾经是围绕着这种贸易方式发展起来的。[10]

现代货币理论没有使用这种无历史依据的、关于以物易物的叙述，而是借鉴了"货币固定论"的大量的学术成果，这些成果表明，税收是古代统治者和早期国家引入自己货币的工具，在货币慢慢流通之后，才成为在私人之间进行交换的媒介。从一开始，纳税义务使民众开始寻找能够赚取政府货币的有偿工作（即不能失业），政府（或其他当局机构）通过支出，让人们获得所需的货币，以履行对国家的义务。显然，在政府首先提供货币之前，没有人能够支付税款。莫斯勒解释道，这是一个简单的逻辑，但大多数人搞错了顺序：纳税人不是在为政府提供资金，而是政府在为纳税人提供资金。[11]

我从理论上理解了现代货币理论的意义，把政府看作垄断的货币发行者。莫斯勒的论点勾起了我的童年回忆，当我还是个孩子的时候，就和家人一起玩棋盘游戏《大富翁》，当我思考其中的游戏规则时，我清楚地看到了二者的相似之处。首先，在有人控制货币之前，玩家无法开始游戏，因为他们根本还没有拿到钱。必须由银行先发行货币，游戏才能开始。在进行了最初的货币分配之后，玩家在棋盘上移动，购买房产、支付租金、坐牢或抽到一张要向国税局支付50美元税金的卡片。每当玩家绕过棋盘一圈，他们就会从控制货币的人那里获得200美元。玩家只是货币的使用者，因此他们可能会破产。然而，货币发行者永远不可能没钱。事实上，这个游戏的官方规则[12]明确指出："银行永远不会'破产'。如果银行的钱用完了，银行家可以通过在任何普通的纸上写字，继续发行所需的钱。"当我带着孩子参观位于华盛顿特区的美国印钞局时，我想到了这个在纸上写字来发行货币的规则。如果你还没有去过那里，我强烈推荐，你一定会大开眼界。你可以在政府官方网站上预约参观（网址：www.moneyfactory.gov）。这是一个比"在普通的纸上写字来发行货币"复杂得多的操作，但其实本质相同。美国印钞局是货币发行者制造货币的地点之一。[13] 在这里，我首先注意到的是一个巨大的霓虹灯招牌被高高地悬挂在印刷设备上，牌子上写着："我们用传统的方式赚钱。我们印刷钞票。"每个人都想给这个灯牌拍照，但参观时不允许拍照。当一沓沓未经裁剪的 10 美元、20 美元和 100 美元在机器上高速旋转被印刷出来时，人们惊叹道："我也想这么做！"但为了避免牢狱之灾，我们最好还是把这个工作留给美国印钞局来完成。

这些钞票构成了美国货币供给的一部分。同时，正如你祖母架子上那些装满一美分、五美分和十美分钢镚儿的旧玻璃罐所证明的，政府也以硬币的形式发行美国货币。美联储将自己描述为"所有联邦钞票的发行机构"，而美国铸币局将自己描述为"国家法定硬币的唯一制造商"。另外，美联储也发行数字美元，被称为"银行准备金"。[14] 这些完全是通过在美联储控制的电脑上敲击键盘而创造的。2008 年，当华尔街的银行需要数万亿美元来挺过金融危机时，美联储毫不费力地在纽约联邦储备银行的键盘上敲了几个键，就把它们变成了现实。

对普通人来说，政府似乎是用这些从印钞机中滚落的钞票或从造币机中倾倒出的硬币来支付账单。电视节目特别喜欢这种大规模生产货币的画面，在播放有关政府支出的报道时，用新制造的美元从印钞机上喷涌而出的视频作为背景。但其实美联储的纸币和硬币主要是为了方便民众使用。如果联邦政府用大量的实物货币向波音公司购买新战斗机机群，那可就太笨重了。这可不是政府的运作方式。

联邦政府不是像大富翁游戏那样交出一大堆现金，而是以桥牌游戏中记分员分配分数的方式支付大部分款项。只不过，美联储不是把分数写在记分卡上，而是简单地在键盘上敲打进行付款。下面我来解释一下。

我们以军费开支为例。2019 年，众议院和参议院通过了增加军费开支的提案，共获批了 7 160 亿美元，比国会在 2018 年批准的金额多出近 800 亿美元。[15] 关于如何支付这笔开支，没有任何争议，也没有人质疑我们要从哪里得到这额外的 800 亿美元。立法者没有加税，也没有额外借款，相反，国会承诺花费其尚未拥有的款项。国会之所以可以这样做，是因为政府对美元有特殊权力。一旦国会授权支出，像国防部这样的机构就被允许与波音、洛克希德·马丁（Lockheed Martin）等公司签订合同。为了购买 F-35 战斗机，美国财政部指示其银行——美联储，代表政府进行支付。美联储向洛克希德·马丁公司的银行账户打入一定数字，工作就完成了。国会不需要先"找到钱"来支出，它只需要赢得选票！一旦有了选票，它就可以授权支出，剩下的只是会计相关事务。一旦支票签发，美联储就将适当数量的数字美元（称为银行准备金）记入卖家的账户来结算付款。[16] 这就是为什么现代货币理论有时将美联储描述为美元的记分员，因为记分员手上的分数不会耗尽。

想一想，当你玩纸牌游戏或去看篮球比赛时，分数是从何而来的？它们只是由记分员创造出来的，不是从其他地方来的。当篮球运动员从三分线外投中一球，球队的总得分会增加三分。记分员是把手伸进桶里拿到的这三分吗？当然不是。记分员实际上并没有任何分数，为了记录这个三分球，记分员只需要修改记分牌上亮起的数字，让它越变越大。现在，假设裁判需要重新审查刚才这个进球，最后判定进攻时间已到，进球无效，那么分数就会被扣掉。但请注意，此时在赛场上也并没有收回任何东西。只是分数在增加和减少，就像联邦政府在征税和支出时从经济中增加和减少美元一样。山姆大叔在花钱时不会损失任何美元，在征税时也不会得到任何美元。这就是为什么美联储前主席本·伯南克（Ben Bernanke）驳斥了"用纳税人的钱拯救金融危机后的银行"这种说法。他解释："银行在美联储开设账户，我们只是用电脑标记账户的资金。"华尔街并不是纳税人拯救的，而是记分员做到的。

伯南克的评论可能会让一些人想起一档流行的电视节目《谁的台词？》（Whose Line Is It Anyway?），主持人德鲁·凯里（Drew Carey）在每一集的开头介绍说："这档节目一切都是虚构的，分数无关紧要。"节目由即兴喜剧构成，所以一切都是虚构的。在整个节目中，凯里根据他和观众被其他喜剧演员逗乐的程度，给予想象的分数。分数完全没用，所以真的不重要。然而，政府的分数确实重要。

首先，你我都需要用美元来缴税。由于税收（和死亡）是生活中不可避免的事实，政府的货币在我们的经济生活中占据了核心地位。像美元这样的货币，一旦被赋予了税收支持意义，通常就会成为商品定价的标准单位。走进美国的任何一家餐馆或购物中心，所有的卖家都以美元售卖商品；进入一个法院，你会发现法官用美元裁决赔偿；线上订购比萨，要用美元付款。我们需要美元，但我们只能从货币发行者那里得到美元；比萨店和百货公司也需要美元，因为最终它们也要缴税；甚至各州和地方政府也依赖美元，因为其必须支付教师、法官、消防员和警察的工资，所有这些人都希望收到美元。只有记分员是不同的，山姆大叔不需要美元，当他向我们收税时，他只是扣除了我们的一些美元，而他实际上一分钱都没有得到。

虽然听起来很不可思议，但这就是我们的第一个哥白尼式的突破。这就是为什么《金融时报》的一位记者将现代货币理论描述为一个三维立体图。[17]当你把目光聚焦在某个点后，就能突然看到一些乍看之下并无相似之处的二维图像背后，显示出一个复杂的三维视觉，可能变成一片沙漠或一条大白鲨。一旦你能够看到政府的支出能力并不因为纳税人所缴纳的美元而有所改变，你了解的整个财政框架就会发生转变。或者正如那位记者所说："一旦你明白了这个事实，你就不会再以同样的方式看待问题了。"

为什么还要费力征税和借款

如果联邦政府真的可以制造它需要的所有美元，那么为什么还要费力征税或借款呢？为什么不完全取消税收呢？这么做人们会非常高兴！即便只是一美元，如果你不需要，为什么要借呢？如果我们停止借款，国债也就消失了。那么，为什么不完全跳过征税和借款，而只是通过支出来解决我们的问题？当有人意识到货币主权政府不需要依靠税收或借款来支出时，这些重要的问题就会经常出现。

2018 年，来自英国布里斯托的一个名叫艾米的 13 岁孩子给一档名为《货币星球》（*Planet Money*）的流行播客的主持人打电话，提出了以下建议：

艾米：我有一个想法，既然政府印钱，那么与其把钱交给银行，使通货膨胀加剧，倒不如只把钱用于公共服务支出，这样简单得多。总体来说，这将是一个非常好的办法，因为社会上有很多问题，比如没有足够的税收来满足所有的学校和医院的需求。所以我想这也许会有所帮助。感谢你的聆听，谢谢，再见！

虽然是童言童语，但艾米看到了需要解决的问题：学校资金不足且国家卫生服务的公共投资十分匮乏。艾米还目睹了英格兰银行开动数字印钞机，凭空制造出4 350亿英镑，作为金融危机后量化宽松政策的一部分。对艾米来说，解决方案似乎是显而易见的——忘掉税收，只为人们开动印钞机！

播客的主持人很感兴趣，他们找到我，提出了以下问题：既然政府可以制造货币，那么税收的意义何在？为什么政府需要通过征税拿走我们的钱？[18]

我告诉《货币星球》的人，现代货币理论认为税收的存在至少有4个重要原因。[19]

第一个重要原因：税收使政府能够在不使用强制武力的情况下，为国家提供所需。如果英国政府不再要求人们用英镑履行纳税义务，那么将很快破坏国家供需能力。既然没人需要赚取英镑来缴税，政府就很难找到愿意提供服务、工作和生产以换取货币的教师、护士等。

艾米谈到了征税的第二个重要原因：通货膨胀。如果政府像艾米建议的那样，只通过印钱来支撑支出，不向人们征收任何税款，就会造成通货膨胀问题。我们在第二章就会讨论到，重要的不是印钱的问题，而是花钱的问题。如果政府想增加医疗和教育方面的支出，可能需要从一些人手中拿走一定消费能力，以防止政府的大笔支出把物价抬高。另一个方法是通过加税，用更高的税收协调更高的政府支出，使一些人被迫削减一些支出，为额外的政府支出创造空间。[20]通过平衡国家经济实际生产的压力，可以有效控制通货膨胀的压力。与其他任何经济学派相比，现代货币理论强调了何时增税、何时增加新的支出，以及哪种税收能够最有效地抑制通胀压力的重要性。在不必要的情况下加税会破坏财政刺激政策，而加错税容易让一个国家受到通货膨胀加速的影响。我们将在下一章了解原因。

第三个重要原因：税收是政府平衡财富和收入分配的一个有力

途径。例如，共和党人在2017年12月通过的减税政策，在结构上扩大了贫富差距，为大公司和社会中最富有的人带来了巨大的额外收益。现今社会上收入和财富的不平等现象，比美国历史上的任何时期都严重。大约一半的新收入所得被最上层的1%的人占有；收入最高的三个家族拥有的财富超过了美国一半的底层人口拥有的财富。这种财富和收入的极端集中造成了社会和经济问题。首先，当大部分收入流向顶端的少数阶级时，经济很难发展，因为这些人把大部分收入存了下来，而不是消费。资本主义是靠消费运行的，需要合理的收入分配，以便企业有足够的客户来保持足够的利润，提供足够的就业来保持经济的良好运行。财富的极端集中对我们的政治进程和民主产生了腐蚀性影响。正如减税会加剧贫富差距一样，政府也可以行使其征税权来扭转这些危险的趋势。加大执法力度，堵塞漏洞，提高税率，以及建立新的税收形式，都是使政府能够实现更可持续的收入和财富分配的重要杠杆。因此，现代货币理论认为，税收是帮助纠正几十年来的经济停滞和不平等现象加剧的重要手段。

第四个重要原因：政府可以利用税收来鼓励或阻止某些行为。为了改善公共卫生、应对气候变暖，或阻止金融市场的风险投机，政府可以征收烟草税、碳排放税或金融交易税。经济学家经常把这些称为"罪恶税"（sin taxes），因为它们被用来阻止人们从事有害活动。现代货币理论认识到，在任何情况下，征收罪恶税的目的是阻止不良行为——吸烟、环境污染或不当投机，而不是主权货币发行者需要筹集资金。事实上，在阻止这些行为方面，征税越有效，政府最终收取的税款就越少，因为只有在这些有害行为继续存在的情况下，才需要缴税。如果碳排放税成功地杜绝了所有的二氧化碳排放，那么就不会产生任何税收收入，但税收已达到了其真正的目的。相反，税收也可以被用来鼓励人们的行为。例如，为了鼓励人们购买节能电器或电动汽车，政府可以采用退税政策。

出于以上原因，我们了解了税收是一个不可或缺的政策工具，不能因为政府可以制造货币就放弃征税。不过，艾米的说法确实触及了一些事实。大多数政府，包括她所在的英国政府，通常都是支出多于税收收入，年复一年，但却没有造成通货膨胀问题。事实上，世界上最大的几个经济体一直在积极努力地尝试提高通货膨胀率。那么，为什么不直接花更多的钱，而不用担心加税呢？而且，如果你能自己制造货币，那么借款还有什么意义？我们接下来会讨论这些问题。

借款在现代货币理论中的作用

在我把自己的思维从家庭预算模式切换到货币发行者模式S（TAB）之前，我无法清楚地看到征税和借款的真正含义。转换这种思考模式并不容易，我最初抵制莫斯勒的排序方式，因为这让我感觉不对，但有些东西在我的大脑中纠缠不清。我那时候努力想要成为一名专业的经济学家，对我来说，把事情搞清楚，比坚持传统的思维方式更重要，不能因为教科书上说纳税人是货币世界的中心，就简单地接受这个答案。因此，我开始去寻找答案。

我花了几个月来研究政府复杂的财政。在翻阅了所有美联储和美国财政部的官方文件，阅读了无数关于货币体系运行的书和文章，并与许多政府内部人士讨论之后，我开始了写作。我围绕着一个直接命题开展研究：税收和借债是否为政府支出提供资金？之前所学到的一切都表明，这是一个毫无意义的研究，因为每个人都"知道"征税和借款的目的是为政府支出提供资金。这时，我想到了马克·吐温的一句话："让我们陷于困境的不是无知，而是看似正确的谬论。"于是我决定对这个研究持开放的态度。当我开始写作时，真的不知道结果将会如何，只是致力于让研究指引我前进。1998年，我发表了论文初稿。两年后，我出版了修订稿，这成为我的第一篇公开发表的、由同行评审的学术出版物。[21] 对于我提出的这个命题，答案是否定的。

要厘清这其中的道理并不容易。事实上，我们不可能将政府的货币运作切分成独立的时间区块。每一天都有成千上万的程序运行着，一整年下来，美联储要处理数万亿美元的政府支付。每个月，数百万个美国家庭和企业签发税款支票给山姆大叔，这些款项在商业银行和美联储之间进行结算。[22] 财政部、美联储和一级交易金融市场的交易商协调何时拍卖政府国债、提供什么样的投资期限组合，以及在每次拍卖中提供多少总量的债券等。整个过程就像一场精心编排的水上芭蕾表演，税收支付、联邦支出和借款，这些程序像一台永动机一样完美地不断运转。

乍看之下，政府从纳税人和债券购买者那里收取美元，然后用这些美元来支付账单。从这个角度看，税收和借款的目的确实是为政府支出提供资金。这就是撒切尔夫人希望我们用家庭预算的视角理解的方法。现代货币理论通过货币发行者的角度来看待所发生的事情。政府不需要我们的钱。正如征税不是为了给政府提供货币一样，拍卖美国国债进行借款，也不是为了给山姆大叔筹集美元。

那政府为什么需要借款呢？答案是，其实它根本不需要。政府只是选择向人们提供另一种政府资金———种附带一点利息的资金。换句话说，美国国债只是带利息的美元。要从政府那里购买这种带利息的美元，你首先需要政府的货币。我们可以把前者称为"黄色钞票"（指代债券），把后者称为"绿色钞票"（指代美元）。当政府的支出超过税收时，我们就认为政府出现了财政赤字，这种赤字增加了"绿色钞票"的供给。100多年来，政府一直选择出售与财政赤字数额相当的美国国债，因此，如果政府花费了5万亿美元，但只征收到4万亿美元的税款，那么它将出售价值1万亿美元的美国国债。我们所说的政府借款，不过是山姆大叔允许人们把"绿色钞票"变成带有利息的"黄色钞票"。

现代货币理论表明，通过家庭视角来看待政府借款是错误的。如果民众要借钱买房或买车，我们不会走进银行，把一沓现金交给工作人员，然后要求附带利息地再借一笔钱来支出。我们之所以借钱，是因为我们没有钱。与家庭预算不同的是，政府先进行支出，然后提供美元用来购买政府债券。我们将在第三章了解到，政府这样做是为了稳定利率，而不是为支出提供资金。

保持限度，量入为出

一旦了解了货币发行者和货币使用者之间的区别，就可以通过这个全新的视角看到，为什么这么多的政治论述完全失灵了。美国早已摆脱了金本位制的束缚，现在可以不用像家庭一样，而是更灵活地运作其预算，从而真正为人民服务。

为了达到这个目的，我们必须打破撒切尔夫人的言论，也就是摆脱"政府没有自己的钱，最终必须从纳税人那里获得它所需要的钱"这样的迷思。现代货币理论表明，事实正好与撒切尔夫人的言论相反，从纯粹的财务角度来看，我们的政府有能力以其自身货币购买任何在市面上出售的东西，也绝不会像奥巴马总统曾经声称的那样，说不定哪天政府就会"没钱了"。

这意味着政府支出可以完全没有限制，我们可以通过不断印钞来实现经济繁荣吗？绝对不是！现代货币理论不是免费的午餐，而是有非常真实的限制，如果不能正确地认识和尊重这些限制，可能会付出巨大的代价。现代货币理论可以帮助我们区分真正的限制和我们有能力改变的自我限制。

国会似乎在无限制地支出。美国将会出现数万亿美元的财政赤字，国债从 2019 年的 16 万亿美元，预计上升到 2029 年的 28 万亿美元。从许多方面来看，没有什么能阻止国会的步伐。但从技术层面上讲，其实是有的。

国会已经通过了一系列的技术程序和预算准则，旨在减缓或阻碍新的联邦支出，让我们看看其中的一小部分。第一，如前所述的现收现付规则是目前在众议院运行的一项预算规则，这项自我强加的限制规则使立法者更难批准新的支出。如果你想把更多的联邦资金投入教育领域等，不仅要在国会赢得足够多的选票将其优先级提高，还必须赢得对增税或削减开支的支持，以保证有足够多的钱"支付"这笔额外投入。根据现收现付规则，增加赤字不是选项，而是迫使国会像家庭一样进行预算。第二，另一个自我强加的限制，是在参议院运行的"伯德规则"（the Byrd Rule）。根据伯德规则，赤字可以增加，但不能在十年预算窗口之后继续增加。第三，众议院和参议院都要求立法者在对重大法案进行投票之前，必须从国会预算办公室（CBO）或税收联合委员会（Joint Committee on Taxing）等机构寻求预算评分。如果其中任何一个机构的评分不高，法案就不能继续推进。第四，国会面临着债务上限的限制，因而政府产生的联邦债务总额在法律上就有了限制。

所有这些限制都是由国会施加的，国会也有权随时放弃或中止。[23] 换句话说，只有当国会希望进行约束时，这些限制才具有约束力。国会也可以经常改写游戏规则。例如，众议院共和党人迅速终止了现收现付规则，以便在 2017 年通过其《减税和就业法案》。为了通过这个版本的法案，参议院共和党人还必须处理伯德规则。他们假设经济增长足够乐观[24]，并安排个人所得税削减政策在 2025 年后到期。这些技巧使共和党人能够绕过伯德规则，制造相应的"证据"显示减税政策不会在十年预算窗口之后增加赤字。当然，我们都目睹了在债务限制问题上反复上演的剧情。从理论上讲，这个在 1917 年就首次颁布的限制条款，只是为了限制国债的规模；但在实践中，每当债务接近上限时，立法者总会将其视为一个政治机会，以哗众取宠或争取立法上的让步。最终，国会会通过取得提高债务上限的共识来避免违约。自债务限额颁布施行以来，国会已经这样调整了约 100 次。

如果国会经常自定规则，再自我解除，那么所有这些没有约束力的限制有什么意义呢？为什么不取消现收现付规则、伯德规则、债务限额和其他对政府开支的自我限制？为什么不能阻止国会像家庭一样做预算？事实是，许多立法者认为自我限制在政治上是有用的。

国会议员面临来自选民的持续压力，选民要求更多的资金支持医疗保健、教育等公共项目，而预算规则为国会议员提供了政治掩护。与其费心地从哲学上解释他们为何反对增加佩尔助学金（Pell Grant）以帮助低收入学生上大学，立法者可以假装同情他们的选民，同时声称因为财政赤字而束手无策。不拿赤字迷思当作挡箭牌，议员们能用什么借口来证明拒绝支持的合理性？总有人要出来唱白脸。

其他一些国会议员则利用这些预算限制寻找新的政治机会，这就好像把柠檬变成了柠檬汁，将挑战变成了机遇。他们不是为推翻这些限制而斗争，而是想方设法将他们的支出目标与其他政策目标结合起来。例如，一个进步的民主党人可能会拥护现收现付规则，以呼吁对富人征收一系列新税来"支付"。毕竟，侠盗罗宾汉总是深受人们的喜爱。

我们真正的限制

从现代货币理论的视角来看，我们看到美国政府与家庭或私营企业完全不同，其中关键的差异是简单但无法忽略的。政府发行货币（美元），而其他所有人——家庭、私营企业、各州和地方政府以及外国人——只是使用货币。这使山姆大叔较我们有一个难以比拟的优势：山姆大叔在消费之前不需要先有美元，而我们则需要；山姆大叔不会面对他无力支付的、堆积如山的账单，我们会面对；山姆大叔永远不会破产，我们可能会。

那么，为什么不让国会持续支出，直到解决所有的问题呢？如果有这么简单就好了。我们下一章的主题——通货膨胀，才是真正的危险。明确来说，现代货币理论不是要解除所有的限制，天下没有免费的午餐，现代货币理论是要把当前对预算结果过分关注的痴迷转变为在承认和尊重真正的经济资源限制的前提下优先考虑人类福祉的做法。换句话说，现代货币理论重新定义了什么是负责任的财政预算。套用民主党政治战略家詹姆斯·卡维尔的话（James Carville，他在比尔·克林顿1992年的总统竞选期间创造了一个著名的短语："愚蠢！这实际是经济的问题！"），现代货币理论指出："愚蠢！这实际是经济的资源问题！"我们是一个拥有丰富资源的国家，有先进的技术、受过良好教育的劳动力、工厂、机器、肥沃的土壤和丰富的自然资源，很幸运地拥有充足的重要资源，因此可以建立一个为所有人提供美好生活的经济体系，前提是我们对真正拥有的资源进行良好的预算规划。

第二章

注意通货膨胀

迷思 #2：赤字是过度支出的证据。
现　　实：过度支出的证据，是通货膨胀。

2015 年，我辞去了在密苏里大学堪萨斯分校教授经济学的工作，来到华盛顿特区，在美国参议院预算委员会担任民主党的首席经济学家。我以为，走出理论上一切皆有可能的学术界，进入制定预算和支出决策影响人们生活的"香肠工厂"，会很有意思。我不确定我到底在期待什么，但我发现的事实令人难以置信地沮丧。在强大的预算委员会任职的参议员们似乎没有意识到，联邦预算并不像家庭预算那样运作。

该委员会的最高共和党人是来自怀俄明州的参议员迈克尔·恩兹（Mike Enzi），他也是委员会的主席。恩兹有会计背景，在从政之前曾经营一家鞋店。他做了十年的州议员，曾任职于怀俄明州的众议院和参议院。在所有这些工作经历中，他都在有限的预算下运作。作为一个商人，他必须控制成本、支付工资、实现盈利，以维持生存。作为怀俄明州立法机构的成员，他在宪法要求州长每年提交平衡预算的环境中工作。在来到华盛顿之前，他只能从货币使用者的角度看世界。

委员会定期举行与预算有关的听证会，我经常坐在恩兹参议员和委员会中排名靠前的民主党成员伯尼·桑德斯参议员身后，是他聘请我担任这项工作的。每次听证会开始时，主席都会花几分钟大声宣读准备好的发言稿。恩兹参议员的评论从来没有什么变化，他看着联邦预算，就好像看着自家鞋店的收入报表。对他来说，问题很明显：山姆大叔是在亏损中运作的，赤字和债务已经成为一种生活方式，整件事情简直是不负责任的。你不需要会计学位（如参议员恩兹自己）就能看出这个问题。他一次又一次地将情况简单化地总结为"赤字是过度支出的证据"！

我心里那个经济学家想从椅子上跳起来，但身为首席经济学家的我被迫静静地坐着，希望预算委员会的其他21名参议员中有人有经济学的背景。正如我们教给大一新生的那样，过度支出表现为通货膨胀。赤字只有在引发通货膨胀时才是过度支出的证据，由于物价没有加速上涨，赤字不可能太大。

令我非常失望的是，其他参议员没有一个人对恩兹的说法提出质疑，他们都从同一个有缺陷的角度，认为支出需要与收入相匹配。共和党人在支出方面看到了太多，认为这是一个支出问题；民主党人在收入方面看到的太少，认为这是一个收入问题。每个人都相信赤字过大，而争论的焦点变成到底是削减支出以配合收入还是增加收入以配合支出。这是典型的厨房餐桌上编制的预算。

他们错过了什么？

三件大事。

首先，正如我们在第一章中所了解的，货币发行的垄断者并没有面临与货币使用者（家庭、企业或州和地方政府）相同的限制。1971年8月15日是美国货币史上的一个重大转折点，尼克松总统暂停美元兑换的决定增强了美国的货币主权，从而永远改变了联邦支出的相关限制体系。在布雷顿森林体系（指二战后以美元为中心的国际货币体系）下，联邦预算必须得到相当严格的控制，以保护国家的黄金储备。现在我们有了一个纯粹的法定货币，这意味着政府不再承诺将美元兑换成黄金，也意味着政府可以发行更多的美元，而不用担心曾经支付相应美元的黄金会耗尽。有了法定货币，山姆大叔就不可能没钱了。然而，这些参议员说的好像过度支出会导致破产一样。他们需要用新的货币视角来看待问题。

其次，政府的预算不应该是平衡的，我们的经济才是。预算只是一个工具，可以用来减少或增加人们手中的美元。财政赤字，是指政府花出去的美元比收回的多，而财政盈余是指收回的美元比花出去的多。现代货币理论提供的证据表明，两种结果没有绝对的好坏，只是一个平衡的行为，目标是让政府的预算能够为它所服务的人们提供一个广泛平衡的经济环境。

最后，联邦政府在历史上几乎总是将其赤字保持得太小。是的，太小了！赤字过小的证据是失业率。当然，现代货币理论承认，赤字也可以过大，但恩兹参议员完全搞错了。财政赤字并不是过度支出的证据，对于过度支出的证据，我们必须考虑通货膨胀。

对通货膨胀的一般认知

没有人愿意生活在一个通货膨胀失控的国家。通货膨胀意味着价格水平持续上升，小幅度通货膨胀被认为是无害的，甚至一些经济学家喜欢在一个健康增长的经济中看到这种小幅度的通货膨胀。但是，如果物价比大多数人的收入上升得更快，这意味着购买力普遍丧失。如果不加以控制，社会实际生活水平就会下降。在极端情况下，物价可能会失控，使一个国家陷入恶性通货膨胀。

通货膨胀可以用一种甚至多种方法来衡量。在美国，劳工统计局制作消费者物价指数（CPI-U 和 CPI-W）、生产价格指数（PPI）和链式消费者物价指数（C-CPI-U）等。美国经济分析局制作 GDP 价格平减指数（GDP price deflator），也被称为个人消费支出平减指数（PCE），以及其他更多指数。美联储更喜欢用所谓的个人核心消费支出平减指数来衡量通货膨胀。官方雇用很多统计学家来制作广泛的估计值，以帮助政策制定者、投资者、企业、工会和其他人了解经济中的物价变化情况。

我们只能对物价变化有一个大致了解，因为我们不可能追踪经济中每件物品的价格变化。早晨的咖啡、一加仑的汽油或每月的有线电视费可能越来越贵，但这不意味着整体物价水平在加速上升。为了从宏观层面上了解发生了什么，我们必须依靠上述的价格指数。像 CPI 这样的指数可以告诉我们，随着时间的推移，一篮子商品和服务的价格是否会变得昂贵，这其中包括从住房、医疗保健到食品、交通、娱乐、服装等。显然，不是所有的家庭都消费相同的一篮子商品，所以像 CPI 这样的指数是用来反映典型家庭的消费习惯的。在典型家庭预算中占有较大比例的支出（例如住房），比那些对典型家庭不太重要的项目（例如娱乐）在 CPI 中所占的比重更大。因为住房的比重比娱乐大，住房成本上升 5% 对 CPI 的影响要比娱乐成本上升 5% 的影响大。在现实世界中，某些类别的商品和服务变得更加昂贵（例如住房、教育和医疗保健），而另一些则随着时间的推移变得更加便宜。重要的是，篮子里的整体物价水平如何逐月逐年地变化，以及平均收入的增长是否足以跟上物价上涨的步伐。

我们担心通货膨胀，因为它会降低我们的实际生活水平。今天，你可以负担典型的一篮子商品支出，但如果这个固定的篮子商品价格开始上涨，你可能会发现你不再有能力购买它了。这取决于你的收入发生了什么变化。如果这篮子商品的价格每年持续上涨5%，而你的年收入只上涨2%，那么按实际物价（经通货膨胀调整后）计算，你每年的收入将下降3%。这意味着你在实际数量上损失了原本能买得起的东西——真正的商品和服务。

那么，是什么导致了物价上涨？我们如何避免通货膨胀长期降低我们的生活水平？

在我们讨论这些问题之前，值得注意的是，数十年来，世界上许多主要国家都在试图拼命解决一个相反的问题——通货膨胀不足。通货膨胀太少，而不是太多，这个问题一直困扰着美国、日本和欧洲。在这些地区，官方认为2%是"正确"的通货膨胀率，所以这也是美联储、日本银行和欧洲中央银行一直在努力实现的目标。但是，他们都没有将通货膨胀率成功提高到2%的稳定水平。日本经历了尤其艰难的时期，不仅要与低通货膨胀率斗争，还要处理周期性的通货紧缩：整体物价水平的下降，这也是20世纪30年代大萧条期间笼罩在美国的罕见现象。你可能想知道为什么有人会担心通货膨胀率过低，这明明听起来很好！然而，经济学家担心的是，当通货膨胀率很低或趋近于零时，经济通常表现为广泛的疲软。

大多数经济学家认为与低通货膨胀率的长期斗争是一个谜题。一些人认为，很多因素结合在一起才导致了世界上大部分地区的低通货膨胀率，一些人认为技术、人口和全球化的迅速改善才是低通胀的可能原因，其他人认为中央银行只是没有积极地使用财政工具，低通胀是因为欧洲央行、日本央行和美联储的人没有做好工作来改变人们心理，使人们持续期待通胀率保持在低水平。对这一部分人来说，只要让人们期待通货膨胀，就能实际上提高通胀率。如果央行能够让人们相信通胀率会上升，人们就会花更多的钱（如果物价在上升，为什么不早点买东西呢？），这些额外增加的需求会真正推动物价的提高。还有人认为社会不平等和工资停滞是经济增长缓慢、工资与物价增长维持在最低限度的关键因素。一些人说，工资增长和更公平的收入分配将有助于增加中低收入家庭的需求，从而产生通货膨胀压力。

没有人知道目前的低通胀会持续多久，以及最终什么会导致物价上涨。[1]经济学家通常将造成通货膨胀压力的原因分为成本推动型和需求拉动型。正如得克萨斯州基督教大学的经济学家约翰·T.哈维（John T. Harvey）所说，成本推动型通货膨胀可能由于"上帝的行为"或"权力的行为"上涨。[2]例如，严重的干旱可能导致大规模的农作物歉收和粮食短缺，使物价因供应短缺而飙升；或者是强大的风暴摧毁了炼油厂，导致能源价格飙升。因此，一方面，食品和能源成本的持续增长，直接导致CPI上涨，从而引发通货膨胀；另一方面，当工人获得议价能力来提高工资时，物价也可能上升。为了防止工人的工资增长挤压利润空间，企业可能会以提高价格的形式将这些成本转嫁给消费者，提高物价。随着收入份额之争的来回激荡，工资和商品价格可能都会螺旋式上升，导致通货膨胀加速。最后，拥有足够市场占有率的公司也可以单方面提高价格，以追求更大的利润。例如，享有专利保护的制药公司可以提高处方药的价格，增加整体的医疗成本，这些都导致了通货膨胀。[3]

当企业因购买习惯的改变而提高价格时，就会发生需求拉动型通货膨胀。最常见的情况是，人们的消费速度超过经济能够生产的新商品和服务。每个经济体都有自己的内部速度限制。在任何时候，考虑到当下可用的实际资源——工人、工厂、机器、原材料等，生产力是有限的。在经济衰退期间，人们失去了工作，工厂关闭并闲置了机器，在这种环境下，企业可以安全地增加支出，因为可以重新雇用工人，重新让机器恢复产能，甚至增产。这就是为什么2009年通过的7 870亿美元的经济刺激计划没有引发通货膨胀。

大衰退使数百万人失业，企业运营远远低于实际产能，当经济如此疲软时，企业很容易通过增加支出来增加供给。但是，当随着经济体接近充分就业时，实际资源就会变得越来越稀缺，不断增长的需求可能对物价产生压力，而承受了最大产能压力的行业就可能出现瓶颈，通货膨胀会上升。一旦经济体充分就业，其他支出（不仅仅是政府支出）就会引发通货膨胀。这就是过度支出，甚至在政府预算平衡或有盈余的情况下也会发生。

另一种思考通货膨胀的常见方式与被称为货币主义（Monetarism）[4]的经济学说密切相关。这种说法之父是诺贝尔经济学奖获得者、经济学家米尔顿·弗里德曼（Milton Friedman）。货币主义在20世纪70年代主导了经济思维，而其炮轰的论述如今仍渗透在各种经济辩论中。弗里德曼认为："通货膨胀在任何时间、任何地方都是一种货币现象。"他的意思是，货币过多是任何通货膨胀的罪魁祸首。物价如果不稳定，那是因为中央银行试图通过借由加快货币供应的速度来迫使经济创造过剩的就业机会。

在弗里德曼出现之前，凯恩斯主义思想主导着宏观经济学。[5]凯恩斯主义经济学家认为，扩大货币供应量是中央银行为降低失业率而使用的完全合法的工具。更多的钱意味着更多的支出，这意味着企业需要雇用更多的工人，创造更多的产能以满足更高的需求。失业率会下降，而通货膨胀的可能性会增加，雇佣变多导致工资和物价上涨。人们得到了更多的好处——获得工作，但相应地付出了代价——通货膨胀。[6]由中央银行决定在一段时间内如何利用这种权衡机制。

弗里德曼对凯恩斯主义的范式提出了挑战。在他看来，一定数量的失业基本上是不可能消除的，他称其为"自然失业率"。中央银行可以与"自然失业率"斗争，但它注定将是一场失败、代价越来越大的战争。弗里德曼反对凯恩斯主义的论点是：工人会发现自己处于一个持续的陷阱中，货币供应量的过度增长导致通货膨胀的速度超过工资增长的速度，工人们必须更努力地工作（失业率的确会下降），但实际工资反而更低。最终，他们会明白这一点并要求更高的工资收入。但是，整个事件最终会以悲剧收尾，因为通货膨胀会螺旋式上升，公司会选择减少工人，而不是增加工资，失业率又会回到其"自然失业率"。结论很简单：凯恩斯主义提供了一个魔鬼的交易，试图压低失业率，但只会陷入一个通货膨胀加速的世界。

唯一的解决办法似乎是束缚宏观经济政策制定者的手脚，什么都不做。[7]与其让美联储用较低的失业率换取较高的通货膨胀率，不如让中央银行被迫接受这样一个事实：一定量的失业率是保持通货膨胀稳定所必需的。正如我们将看到的，现代货币理论对这个框架提出了异议。

如今我们如何对抗通货膨胀

自1977年以来，美联储一直在国会的双重授权下运作。双重授权要求美联储追求最大就业和稳定物价。基本上，国会让美联储负责就业问题和通货膨胀，但国会不告诉美联储要支持多少就业或通货膨胀达到多少就可以了。中央银行独立运作，并自由选择自己的通货膨胀目标，并决定何为最大就业市场。[8]与大多数中央银行一样，美联储选择了2%作为通货膨胀目标。[9]为了不使通货膨胀率过高，美联储的目标是在系统中保持"适当"的失业率，就像弗里德曼半个世纪前表述的那样。

美联储不能把钱投入经济中，也不能从经济中直接征税。这些权力是为财政部门，也就是国会所拥有的。那么，美联储应该如何履行其双重使命呢？

20世纪70年代末至80年代初，包括美联储在内的许多中央银行都声称可以直接通过控制货币供应量的增长来控制通货膨胀。[10] 今天，几乎所有的中央银行都采取了不同的方法，以关键利率为工具，间接控制通货膨胀压力。[11] 这种想法是通过影响信贷的价格，即借钱的成本，中央银行可以调节消费者和企业在经济中的借贷与支出。

当中央银行降低其政策利率时，通常被认为是在放宽信贷条件。当实际失业率高于所谓的"自然失业率"时，就会通过这种方式使失业率下降。如果一切按计划进行，许多人就会贷款购买房屋和汽车等，企业就会贷款投资新机器和建造新工厂。所有这些借来的钱被花掉，经济回升，更多的人会找到工作。失业人数的减少，会导致劳动力市场收紧，工资上涨，以及工资和物价上涨带来的通货膨胀风险。

这就是问题所在。美联储认为，如果支出过多，劳动力市场就会过热，失业率将下降到"自然失业率"以下，导致通货膨胀加速。这正是保守派经济学家马文·古德弗伦德（Marvin Goodfriend）在2012年发出的警告，他认为如果美联储允许失业率降到7%以下，将会"在未来几年内引起通货膨胀率上升，并给经济带来灾难性的影响"。但古德弗伦德错了。在他发出警告的三年后，失业率已降至5%，但通货膨胀率仍低于他当初的预测。

为什么古德弗伦德（和其他人）会错得这么离谱？其中一个问题是，"自然失业率"——如果这个名词真的存在——并不是美联储（或其他任何人）可以观察或计算的东西。相反，它更像是对一种理想的经济状态的描述。"自然失业率"随着时间的推移而变化，但在任何特定时刻都只能有唯一的"自然失业率"。没有人可以告诉你它正确的数值，你只能通过反复试验和试错来验证当失业率进一步下降而导致通货膨胀加速时，你就发现了它。

换句话说，一个经济体是否处于其"自然失业率"的状态，是根据事实得出的。这方面对经济学家来说，达到"自然失业率"有点像坠入爱河的感觉：你不知道它何时降临，但当它发生时，你就是知道。[12] 经济学家对此有一个名称，他们称之为 NAIRU（nī-rū），即非加速通货膨胀失业率。为了理解它是如何工作的，我们回想一下经典的儿童故事《金发歌蒂与三只熊》（*Goldilocks and the Three Bears*）。只要把故事中的粥换成失业率，你基本上就明白了。每当失业率过高时，美联储就会降低利率，希望通过诱导更多的借贷和支出来使经济变暖；当经济过热时，美联储会提高利率，希望通过阻止进一步借贷和支出来使经济放缓。因此，解决方案是不断地来回调整货币政策，使失业率保持在恰到好处的水平。

但这里有一个问题。美联储不喜欢等到通货膨胀成为问题时才采取行动，相反，它更喜欢在通胀出现之前先发制人。正如纽约联邦储备银行行长威廉·C.达德利（William C. Dudley）解释的那样，"我们无法准确地知道，失业率可以降到多低才不会引起通货膨胀的大幅度上升。我们也没有办法直接观察到非加速通货膨胀失业率，相反，我们只能在劳动力市场紧缩时，从工资补偿和物价上涨的反应中推断出它"。[13]

换句话说，美联储观察劳动力市场，寻找工资可能加速上涨的证据，并将工资上涨解释为通货膨胀加速的前奏。这种理想的状态是，不要等看到通货膨胀怪物出现时才开枪，现在就开枪，以后再问问题。这种先发制人的偏见往往导致美联储在过度紧缩方面犯错，甚至在可能为时过早或虚惊一场的情况下提高利率。诸如此类的错误带来的真正后果就是导致数百万人无法实现成功就业。

双重授权框架的前提是相信在就业率过高和过低之间有一个微妙的平衡。它还假定，美联储有能力让经济处在一个最理想的平衡位置——恰好有"适当"数量的人被留在场外，他们想工作，但为了控制物价而被困在失业中。简单来说，美联储利用失业人口作为其对抗通货膨胀的主要武器。

在理论上，这一切都很容易做到。但在实践中，那就是另外一回事了。

在理论上，美联储可以使用一个数学模型来设置确切的利率，以保持通货膨胀率的稳定。2008年金融危机后，美联储一路降息，最终降为零利率，并一直保持。失业率从2009年10月的高峰10%下降至2015年底的5%。越来越多的人找到了工作，包括许多以往难就业的低技能的人和少数族裔工人。2015年12月，尽管通货膨胀率仍然低于2%的目标，美联储将其利率目标从0提升至0.25%。在接下来的3年里，美联储又8次提高政策利率，但一直低于其通货膨胀目标比率。一些人批评美联储在通货膨胀明显不会加速的情况下仍然提高利率的做法，但美联储认为，为了失业率回到NAIRU的预估值，先发制人地抑制通货膨胀是合理的行为。尽管美联储试图让事情降温，但失业率依然进一步下降到低于他们的预估，而通货膨胀也没有加速。根据NAIRU框架，这是不应该发生的。

尽管低失业率和通货膨胀之间的关系明显出现了误差，美联储仍然致力于实现NAIRU的概念。事实上，美联储主席杰罗姆·鲍威尔（Jerome Powell）于2019年7月在众议院金融服务委员会的一次听证会上做证说，"我们需要'自然失业率'这一概念。我们需要对失业率是高是低还是恰到好处有一定的了解"。

不管鲍威尔主席是对还是错，美联储对NAIRU的这种预估，即在不导致通货膨胀加速的情况下可以达到的失业率水平，被无可争议地证明了一直是错误的。这个错误在2019年7月的那场听证会上的另一段交流中得到了充分证明，当时新当选的女议员亚历山德里娅·奥卡西奥-科尔特斯（Alexandria Ocasio-Cortez）向主席鲍威尔提出了以下问题：

亚历山德里娅：自2014年以来，失业率下降了整整三个点，但今天的通货膨胀率并不比五年前高。鉴于这些事实，你是否同意美联储对最低可持续失业率的估计一直过高？

鲍威尔：完全同意。

美联储主席竟如此坦率地承认错误是不寻常的。但请注意，鲍威尔并没有质疑NAIRU作为基本政策指南的合理性，相反，他责备自己对NAIRU确切位置的判断不够严谨。正是这种对经济就业潜力存在某种不可避免的制约因素的基本信念，导致美联储系统性地低估了失业率可以安全下降的程度。这种误估促使美联储提高利率，希望促进失业率进一步安全下降，本质上因为他们认为NAIRU的极限已到，必须拒绝数百万就业不足和失业的人获得工作。如果你正在积极寻找有薪工作，但目前没有找到，你就会被认定为失业者。有些人是就业不足，他们目前在做兼职，但他们真正想要的是一份全职工作。因为他们有工作，所以他们不被计入U-3官方失业衡量标准中，而是被列入一个更广泛的失业衡量标准，即U-6，其中也包括那些想工作但基本上已经放弃找工作的人。问题还不止于此。正如美联储前理事丹尼尔·塔鲁洛（Daniel Tarullo）所坦诚表达的，美联储并没有可靠的通货膨胀理论来指导其日常决策，尽管它有各种推测、假设和模型，但其中许多是未经证实或无法证实的。[14] 对于美联储，这就像是猜猜看的游戏，但民众的生计命悬其中。

美联储的核心指导原则远不是一门精确的科学，最好将其描述为一种信仰。相信他们对通货膨胀的理解非常准确；相信他们的工具有足够的力量来管理通货膨胀；并且相信，不管其他不确定因素存在与否，比起失业，过度的通货膨胀总是对人们的集体福祉构成更大的威胁。[15]

信仰的争议

即使科学家和工程师不断创新，创造出新的药物、科技和工艺来消除疾病，解决人类问题，大多数经济学家仍然坚持50年前的教条理论，即依靠牺牲部分人的利益来对抗通货膨胀。近年来，一些资深的内部人士对美联储的运作框架表示了担忧，并表示愿意重新思考他们的方法。但大多数主流经济学家仍然坚持这样的观点：失业率存在着最低安全下限，必须用人为牺牲的形式保持一些松弛，即强迫闲置，以避免让整个社会陷入加速的通货膨胀恶性循环。因为美联储已经接受了通货膨胀和失业率之间固有的权衡概念，并被迫考虑在经济系统中保持一定的失业率，作为防止通货膨胀的保险政策。其无法想到可以实现低而稳定的通货膨胀的其他方法。

为什么不努力将财政政策和货币政策更好地结合起来，使经济在其充分就业的潜力下运行？难道我们不能通过要求美联储改进其货币政策的运作方式来实现真正的充分就业吗？或者，国会是否可以通过实时调整政府支出和税收来更好地改善经济呢？

回顾一下，美联储选择了充分就业的定义。对其来说，最大就业被定义为它认为达到其通货膨胀目标所必需的失业率。换句话说，尽管美联储对充分就业和物价稳定负有法律责任，但后者显然比前者更为重要。如果需要800万或1 000万失业者来稳定物价，那么这就是美联储对充分就业的定义。将充分就业定义为"一定水平的失业率"是违反直觉的。但从政治上讲，这对美联储是有利的，因为这意味着美联储可以通过定义自己负责解决的问题来宣告任务圆满成功。无论有多少人仍然没有工作，美联储都可以声称自己已经尽力了，而且根本没有办法在不引起通货膨胀的情况下进一步减少失业。对于那些仍然没有工作的人来说，只能说他们运气不好，感谢他们在对抗通货膨胀战争中的努力，但美联储已无能为力。

有时有人会说，市场上实际可以给失业者提供大量的工作，但在想要工作的人与目前可提供的工作相匹配方面存在结构性问题。也许有些人只是太挑剔，拒绝接受初级工作，因为他们受教育程度过高，无法接受低薪工作。或许是相反的问题：人们找不到工作，是因为缺乏满足未来高科技产业所需的教育和技能。无论哪种情况，问题都在于匹配适合的工作，而不是缺少工作。只要人们接受了适当的教育，掌握了正确的技能，有正向的动机和品行操守，就能找到工作。

对于那些满足于让数百万人陷入失业的人来说，这是一个合适的论点，但这不是现实。在现实中，无论人们多么聪明或勤奋，美联储都认为让每个想工作的人都能工作，会带来太大的风险。有些人认为这是操纵游戏的一种方式，长期以来造成了太多人失业。如果美联储认为 NAIRU 是 5%，那么在抢椅子游戏中，每 100 个人只允许 95 个人拥有椅子才是最安全的。

另一些人则有相反的看法。最近有证据表明，失业率的降低并未引发通货膨胀，也就意味着美联储其实可以增加工作数量（就像抢椅子游戏中的椅子）的供应。无论是左派团体，如经济活动组织 FedUp，或是右派的批评家，如保守派经济学作家史蒂芬·摩尔（Stephen Moore），都抱怨美联储不必要地踩下了刹车踏板。在他们看来，问题不在于美联储使用的政策工具，而在于使用这些工具的方式。特别是，他们认为美联储加息太快了，从而让很多本可以顺其自然出现的工作一下子消失了。换句话说，他们认为美联储可以通过降息或至少更耐心地等待更多工作机会的出现来帮助失业者。

但是，即便美联储更有耐心，也无法保证每个想工作的人都能找到工作。除了第二次世界大战期间，美国从来没有保持过近似于真正的充分就业。1936 年，凯恩斯在《就业、利息和货币通论》（The General Theory of Employment, Interest and Money）一书中阐述了其中的原因。资本主义经济长期在总需求不足的情况下运行，这意味着从来没有足够的整体支出（包括公共支出和私人支出）来促使公司为每个想要工作的人提供就业机会。市场几乎可以实现充分就业，甚至可以在战时短暂地达到这个目标，但和平时期的经济不会满负荷运作，包括劳动力在内的闲置资源总是存在的，失业总会存在。[16]

大多数经济学家满足于让市场来决定提供多少就业机会。如果国会要发挥作用，它可能会拿出一些资源，帮助失业者获得更多的技能，使他们更能吸引潜在的雇主。更多的教育机会、更好的劳动力培训、私营企业就业补贴的实施等，都被视为帮助失业者摆脱贫困的途径。但现代货币理论认为这些建议都是不痛不痒的措施，对解决长期就业不足和失业问题没多大作用。当长期缺乏工作机会时，这些解决方案所能提供的只是对失业者进行某种洗牌，轮流经历失业的阵痛。正如诺贝尔经济学奖得主威廉·维克瑞（William Vickrey）所说，当工作机会不足时，"试图将'失业者'推向工作岗位只是一种抢椅子游戏，在这种游戏中，当地政府指导他们学习如何快速找到椅子"。[17]

事实上，我们让中央银行承担了太多责任，不仅仅是在美国，世界各地都是如此。中央银行无法改变税收，也不能直接把钱投入经济，所以它们在促进就业方面所能做出的最大努力就是试图提供能引起更多借贷和支出的金融条件。较低的利率可能会诱发足够多的新借贷，从而大幅度地降低失业率，但也可能没有效果。正如凯恩斯的著名言论，"绳子是无法推动的"。他的意思是，美联储可以通过降低贷款利率，使借款更便宜，但它不能强迫任何人去贷款。借钱使公司和个人承担债务，必须从未来的收入中偿还，而且它们有充分的理由不愿意在商业周期的某个阶段增加债务。请记住，家庭和企业只是货币使用者，而不是货币发行者，所以它们确实担心未来如何偿还借款。

在由民间（次级抵押贷款）债务大量积累而引发2008年的金融危机之后，美联储努力靠自己的力量来修复经济，将利率降至零，并实施一项被称为"量化宽松"的新政策。[18]美联储尽其所能来维持局面。因此，当美联储主席本·伯南克出现在国会，被问及为什么美联储的极端措施似乎对经济复苏没有什么帮助时，他也无能为力，无法回答。在得克萨斯州议员杰布·亨萨林（Jeb Hensarling）的追问下，伯南克回答："我同意你的观点，货币政策不是灵丹妙药，它并不是理想的工具。"[19]

不是理想的工具？货币政策就是工具。依据法律，国会让美联储负责管理经济，无论经济好坏，美联储都应该做这一切，但这正是问题所在——货币政策的效力有限。它主要通过促进消费者和企业借贷来发挥作用，但私营部门的债务与公共部门的债务是不一样的。当房地产市场跌入谷底时，大多数美国人只想减少借贷，而不是多借钱。数以百万计的房主在抵押贷款上处于水深火热之时，欠款已经超过了房屋本身的价值。当长期借贷超出其收入的资金时，私营部门只希望从债务中解脱出来，而不是增加更多的债务。伯南克没有真正使用"财政"一词，但依然传达了这个信息：美联储的政策杠杆不够强大，是时候让另一个政策工具——财政政策重新参与其中了。

问题是，2008年的金融危机使预算深陷赤字，国会通过了

7 870亿美元的经济刺激计划，以对抗经济衰退的影响。当伯南克在2011年提出他并不隐晦的请求，请求再次纾困时，国会却充耳不闻，只是专注于自身资产负债表的状况。当美联储意识到它基本上只能靠自己的时候，伯南克把所有的筹码都押了进去，实行了一轮无限制的量化宽松政策，一些专家认为这导致了社会不平等的扩大和金融市场的高风险投机行为。随着时间的推移，失业率从9%下降到4%以下。

花了7年时间，劳动力市场才找回了金融危机后失去的所有工作。对一些人来说，这证明了货币政策在经济衰退后重新平衡经济的能力；对现代货币理论背后的经济学家来说，它揭示了主流的宏观经济稳定方法的缺陷。一次本可以通过正确的财政政策迅速扭转的经济危机，却成为二战后持续时间最长、最拖延也最损耗的经济衰退。为了确保这种情况不再发生，现代货币理论建议改变对中央银行的依赖，以实现充分就业和物价稳定的双重目标。

通货膨胀与失业：现代货币理论的方法

现代货币理论背后的经济学家认识到支出是有实际限制的，试图超越这些限制会表现为过度的通货膨胀。然而，我们相信应对这种类型的通货膨胀压力会有更好的方法，同时，可以做到不使数百万人永远失业。事实上，我们认为，可以利用真正的充分就业来帮助稳定物价。

现代货币理论要求我们不要依靠NAIRU的概念来试图弄清楚经济何时接近其生产极限，而是要更广泛地考虑资源闲置的松弛性问题。目前，政策制定者关注的是官方失业率，也就是所谓的U-3统计指标，然后试图判断这个数字与无形的NAIRU比率有多接近。正如美联储所承认的那样，其经常低估劳动力市场的松弛程度，总是在经济达到最大生产能力之前就放缓经济。这就像把钱留在桌子上一样,每一个本可以就业、可以为社会所用的人,却无法贡献自己的力量。这就像是一顿没有吃到的免费午餐。

当经济运行低于其生产能力时,这意味着我们生活在平均水平之下。联邦预算可能是赤字,但只要有未使用的生产能力,就是支出不足。这就像造了一辆高性能的汽车,然后把它当作高尔夫球车来开,浪费了车的高效能。当我们容忍大规模失业时,我们牺牲了所有可能生产的东西,牺牲了那些想工作但没有获得工作机会的人的时间和精力。几十年来,消除非自愿失业,一直是凯恩斯主义经济学家关注的问题。

20世纪40年代,一位天赋极高的创造性经济学家提出了一种永久弥补产出缺口的方法,解决经济在任何一个时间点能够生产的总产能与实际生产值之间的差异。他就是勒纳,他的想法是让私营部门尽可能地靠自己接近充分就业,然后再依靠财政政策来弥补总支出不足。他推断,如果有足够的总支出,政策制定者可以通过长期运用财政政策,让经济发挥全部潜能,从而维持经济繁荣。货币政策可以提供帮助,但勒纳认为,财政政策——税收和政府支出的调整,才能掌管经济前进的方向盘。[20] 他甚至比之前的凯恩斯更坚决地主张,联邦政府应该调整自己的预算,尽一切所能达到充分就业。财政预算数字的结果无关紧要,只有实际的经济结果才是重要的。

他称这个方法为"功能财政",因为他希望国会根据其政策在实体经济中的功效来做出决定,而不仅仅是担心它会对预算数字产生什么影响。他的目标是创造一个平衡的经济,同时有足够多的就业机会和低通货膨胀。实现目标可能会发生财政赤字、收支平衡或财政盈余,但只要整体经济保持平衡,结果中的任何一个都无碍于政策的实施。

功能财政颠覆了传统观念，勒纳敦促政策制定者不要试图强迫通过增加税收来弥补联邦支出，而是要反过来思考，我们应该操控税收和支出以使经济整体达到平衡。这可能需要政府增加支出，而不是增加税收。甚至可能需要持续增加支出，接受多年甚至数十年的持续财政赤字。勒纳认为这才是负责任的政府预算管理方式，只要任何由此产生的赤字没有加速通货膨胀，赤字就不应该被贴上过度支出的标签。

这从根本上改变了关于什么才是负责任地实施联邦预算的概念。我们不应指责国会未能使支出与税收保持一致，而应接受任何能实现广泛的经济平衡的预算结果。因此，如图2.1所示，如果左图中的预算结果带来了右图中的经济平衡状况，那么财政政策就不需要进一步调整，预算就是平衡的。

图2.1 重新定义预算平衡

为了维持充分就业并保持低通货膨胀，勒纳希望政府时刻关注经济。如果经济失去平衡，勒纳希望政府通过调整财政政策来应对，要么改变税收，要么改变政府开支。如果减税政策能够迅速被制定实施，并且目标明确，那么就能起到控制失业的作用，但这些政策必须精准地帮助到最有可能会把钱重新投入经济的人群。要想取得良好的效果，减税政策适合那些会将额外所得立即支出的人。

特朗普的个人所得税减税政策对促进整体经济的作用不大，因为它严重偏向收入分配中最顶端的人，80%以上的减税好处流入了收入最高的1%群体；中低收入者会花掉额外收入中很高比例的一部分，但当你把更多的钱塞进富人的口袋时，他们也不会多花钱。目标明确的减税政策可以发挥作用，但一个更直接维持支出的方式是政府加大支出。就像目标明确的减税会比目标不明确的减税效果好一样，目标明确的政府支出也比目标不明确的支出效果好。经济学家通常更喜欢具有加成效果的支出项目，因为这意味着最初的政府支出带动了各产业的联动加成支出，随着美元的一再易手，每次都会在经济中创造额外需求。为了确保政府支出为经济提供最大的推动力，勒纳坚持认为，任何支出的增加都不应伴随着税收增加。他不想遵循类似于现收现付的规则，而是希望政府不要加税，除非有必要以此应对通货膨胀的压力。[21] 如果通货膨胀开始加剧，勒纳认为国会可以通过提高税收或削减自己的开支来应对；如果失业率突然飙升，他认为立法者应该减税，或迅速找到一种方法来加大加快支出。

勒纳的见解对现代货币理论很重要，但还不够大胆。我们同意应该依靠税收和支出的调整（即财政政策）而不是利率调整（即货币政策）来平衡经济。我们也同意，财政赤字本身既不是好事也不是坏事，重要的不是政府的预算是盈余还是赤字，而是政府是否利用其预算实现良好的经济结果。我们同意，税收是减少消费的一个重要途径，永远不应该仅仅为了显得对财政负责或为保证收支平衡而增加税收。但我们认为勒纳提出的方法仍然会让太多的人失业。

即使全部国会议员同意按照勒纳建议的方式执行财政政策，非自愿失业仍将是美国经济的一个永久特征。国会没有办法通过快速转动方向盘——改变财政政策——来应对不断变化的经济状况，以确保每个正在寻找工作的人都能找到工作。最好的情况是达到一个接近充分就业的水平，但总有一个大的人口群体失业，一旦通货膨胀开始加速，仅仅依靠国会通过调整政府支出和税收来抵御通货膨胀也是不够的。为了辅助国会可自由裁量的财政政策（即方向盘），现代货币理论建议建立一个联邦就业保障，这将建立一个非自由裁量的自动稳定器，促进充分就业和物价稳定。

想想看，在一条维护不善的道路上前进，前期可能一路平顺，直到你遇到坑洞或颠簸。或许你可以尝试避开，但在某些时候总是会遇上，那个时候你可能会觉得这段旅程非常艰难。如果你的车有良好的减震器，就可以减缓冲击，那你就不会被颠簸得太厉害。但是，如果减震器效果很弱，那你最好抓紧方向盘并坚持住！现代货币理论以联邦就业保障的形式为勒纳的方向盘加装了一个强大的新型减震器。

以下是减震器的运作方式。

联邦政府宣布为任何正在寻找但无法找到合适工作的人提供含工资（和福利）的工作。一些现代货币理论经济学家建议，这些工作应以建立关怀经济（Care Economy）为目标。[22] 一般来说，这意味着联邦政府将致力于资助那些旨在关怀家庭、社区和地球的工作，在劳动力市场上提供一些由政府确定固定时薪并允许雇员数量浮动的公共选择。[23] 由于失业者的市场价格为零，也就是说，目前市场上没有人对他们竞标，因此政府可以自行设定薪资，为他们创造就业市场。一旦政府这样做，非自愿失业就没有了，任何寻求有薪工作的人都有机会按照联邦政府规定的报酬获得工作。

就业保障起源于富兰克林·罗斯福总统的做事风格，他希望政府能够将保障就业作为每个公民的经济权利。这也是马丁·路德·金、他的妻子科丽塔·斯科特·金和 A. 菲利普·伦道夫（A. Philip Randolph）牧师领导的民权运动中的重要组成部分。有影响力的经济学家海曼·明斯基（Hyman Minsky）也主张将这个计划作为其消除贫困工作的关键支柱。值得注意的是,就业保障并不需要政策制定者使用类似NAIRU的方法来推测劳动力市场的松弛程度。相反,政府只是简单地宣布一个固定薪资,然后雇用每一个来找工作的人。如果没有人出现,这就意味着经济已经在充分就业状态下运行;相反,如果有1 500万人出现,这就表明市场上有大量的闲置劳动力。在真正意义上,这是确定经济到底有没有充分利用现有全部资源的唯一方法。

为什么资金必须来自联邦政府?很简单,联邦政府不可能没钱。对于像各州或地方政府这样的货币使用者来说,其几乎不可能承诺雇用所有想找工作的人。想象一下,如果底特律市长宣布该市准备向任何想工作但在该地区找不到工作的人提供工作,那么会发生什么?底特律将被申请者淹没。即使在经济相对较好的情况下,也会出现成千上万的求职人口,给当地政府的预算带来巨大压力。现在想一想,如果经济进入衰退期,在底特律的税收收入急剧下降的同时,申请者的数量增加了一倍,会发生什么?请记住,各州和地方政府确实依靠税收收入来支付账单。当政府的收入在经济衰退中枯竭时,它们不可能简单地承诺增加支出。但这恰恰是就业保障项目面临最大压力的时候(也是最关键的时候)。

回顾上一章,莫斯勒通过征收只用名片支付的税,让他的孩子在家里承担家务。从这个意义上说,至少在开始阶段,税收促使人们寻求就业。现代货币理论认为,既然政府征收的税迫使人们必须寻找赚取货币的方法,那么政府就有责任确保市场上有足够多的赚取货币的机会。

就业保障就像一个粗糙的补丁,帮助经济挺过艰难的时期,同时避免让数百万人陷入失业。但艰难的时期是不可避免的,资本主义经济还未能找到彻底消除商业周期的方法。经济增长创造了就业机会,但最终会发生一些事情,使其陷入衰退。我们可以而且应该

赤字迷思　　062

使用灵活的政策来尝试控制商业周期，因为平稳的旅程比颠簸的旅程更可取。但是，没有一个国家能够想出办法避开所有可能的危险。在过去的60年里，美国在1960—1961年、1969—1970年、1973—1975年、1980年、1981—1982年、1990—1991年、2001年和2007—2009年都遭遇了经济衰退。兴衰交替，成长之后的衰退最终为下一轮的增长埋下了伏笔。

就业保障的一个主要好处是保护经济，帮助其更好地度过不可避免的衰退—萧条周期变化。当经济疲软时，就业保障让数百万人避免失业，从一种有偿就业形式过渡到另一种，你可能会失去为私人零售商分拣箱子的工作，但你可以立即在公共服务领域找到另一份有用的工作。由于就业保障允许人们过渡到替代性就业的工作，而不是加入失业者的行列，所以，该计划通过提供薪资支持和保留（或提高）技能，来帮助缓冲整个经济，直到经济复苏和人们开始恢复私营部门的工作。同时，一旦就业保障到位，雇用人们加入该计划的支出就会自动生效，而不必依靠国会裁量的支出来恢复经济。[24]

联邦政府为资金提供保障，建立广泛的参数确定该计划旨在支持的工作类型，并提供监督，以确保合规和落实责任。计划的其他细节都是以分权的方式处理，使决策尽可能地贴近最直接受益的人们和社区。该计划的主要特点是，它将作为整个经济的一个强大的新型自动减震器。

现代货币理论通过消除非自愿失业来对抗这个问题。在我们看来，最有效的充分就业政策就是直接针对失业者的政策。现代货币理论并没有将支出瞄准基础设施建设，或寄希望于工作会自动渗透到失业者身上，而是倡导由巴德学院经济学家帕芙丽娜·切尔涅娃提出的自下而上的方法。[25]它将工人的现状和他们所处的位置结合起来，并根据个人能力和社会的需求来安排工作。我们不是谈论创造既有的工作机会，只是给失业者一个铲子，让他们做事，以便有理由支付他们工资。我们要的是一种共同治理的系统，以强化我们的社区实力，正如诺贝尔经济学奖得主威廉·维克瑞所说，这些公共服务工作能够"将失业的劳动力转化为改善的公共福利和设施"。[26] 这个计划让人们从事社区重视的有用工作，并以体面的工资和福利待遇的形式为这项工作提供报酬。

如果经济像 2008 年那样崩溃，联邦就业保障将保护数十万人免于失业。[27] 私营部门会减少工作岗位，但新的工作会立即出现在公共服务领域。由于联邦政府已经承诺为这些新的工作岗位提供资金，经济下滑将通过扩大财政赤字得到缓解。这是自动发生的，不需要等待国会就是否用财政刺激措施来拯救经济进行审议和讨价还价。由于该计划支持收入，经济会比在没有就业保障的情况下更快地稳定下来。衰退不那么严重，复苏也会更快到来。而且，由于这是一项永久性的计划，无论时局好坏都能对经济起到支撑作用。

由于它始终有效，就业保障提供了一个更平稳的整体经济，这有助于稳定通货膨胀。如果没有它，当企业因客户流失而需要解雇员工时，收益会急剧下降，导致库存堆积，企业只能通过快速降价的方法来清算未售出的商品，当经济复苏最终到来时，企业才能提高价格，重新获得原本的利润率。经济的波动越大，相应物价的变动就越大。通过稳定消费者的收入，就业保障让消费者避免大范围地调整支出，因此也就不会导致物价的过度波动。

就业保障还有助于稳定通货膨胀，因为它固定了经济中的一个关键价格，即支付给就业保障计划中劳动者的薪资。设立最低工资，例如每小时 15 美元就成了所有其他就业可以参考的报酬。现在，最低工资是零。是的，联邦最低工资是每小时 7.25 美元。但正如经济学家海曼·明斯基指出的，失业者获得的最低工资为零，要获得联邦最低工资，人们必须先有一份工作，而现在数百万失业的美国人根本没有办法得到这笔钱。为了建立一个普遍的最低工资标准，必须有一个常设的报价，而就业保障确立了最低出价，使就业保障工资成为整个经济中实际的最低工资。一旦确立，任何其他形式的就业都会被期望提供比就业保障工资更高的价格。[28] 这就像美联储设定隔夜利率，并使之成为抵押贷款、信用卡、汽车贷款等的基准利率，当美联储提高隔夜利率时，其他利率通常会上升。[29] 通过固定劳动力的价格，就业保障为整个经济中的工资和物价提供了更大的稳定性。

最后，就业保障对抗通货膨胀还体现在，它维持了一个充足的就业人员库，当企业要扩大生产时，可以很容易地从中招聘。我们从对雇主的调查中得知，最缺乏吸引力的求职者是那些经历过长期失业的人，雇主通常不想冒险雇用一个近期没有就业记录的人。[30] 在可能的范围内，他们想知道他们能雇到什么样的员工，而雇用失业者涉及巨大风险：我们无法了解长期失业者是否保留了良好的工作习惯、是否还能与他人维持良好的互动等。一个高效的打字员或一个熟练的工匠可能会因为失业或久不练习而导致技能退化，雇用一个已经失去工作较长时间的人，就像在掷骰子一样充满不确定性。为了避免这种不确定性，公司往往试图吸引依然在职的员工，利用高薪诱惑他们转换工作。如果每个雇主都这样做，那就像在抢椅子游戏中一样，只是有椅子的人不断转移到更高薪的椅子上，而那些没有椅子的人则被永远排除在游戏之外。以这种方式提高工资会带来通货膨胀的倾向，而当企业可以选择从受雇在职的公共服务人员库中招聘时，这种倾向就会得到缓解。有了就业保障，雇主就有了更多可以雇用的潜在员工，这不仅有利于雇主和那些在失业中煎熬的人，也对社会全体人们有所助益。

作为一个自动稳定器，就业保障使联邦预算上下浮动：当经济疲软时，支出增加；当经济增长时，支出减少。这样确保了赤字的逆周期变化，以避免在特定预算类别里的过度支出。当然，国会仍将保留对预算其他部分的自由裁量权，作为货币发行者，联邦政府掌握着钱包，随时可以决定在基础设施、教育或国防等方面增加支出，如果有它想购买的商品和服务，那么它的出价一定是最高的。联邦政府在财政上没有限制，作为货币发行者，它可以花自己原本没有的钱，而且也不会因此而破产。这就是现代货币理论所揭露的事实。

就像斯坦·李在《蜘蛛侠》漫画中教导我们的那样，"能力越强，责任越大"。恩兹参议员对过度支出表示担忧是正确的，但他未能认识到真正的危险。对人们共同福祉的威胁不是预算赤字，而是过度的通货膨胀。

那么，如何利用主权货币给人们带来的潜在利益，同时防范过度支出的风险呢？你可能想说，债务上限限制、伯德规则和现收现付规则等保障措施看起来是对过度支出的有效制约，但事实并非如此。这并不是因为国会很容易绕过这些规则，而是因为在目前的预算编制程序下，国会在想要增加支出时不必考虑通货膨胀风险。要记得，国会要求美联储负责稳定物价，因此，国会议员只关心新的支出是否会增加赤字，而不是通货膨胀。

事实上，现代货币理论认为，国会回避了任何掌握财政权力的政府应该承担的重大责任。以下例子可以帮助我们了解原因。假设经济已经接近其速度极限，大多数劳动者和企业已经生产出尽可能多的商品和服务。现在，假设国会想要花费 2 万亿美元对美国破败的基础设施（机场、医院、高速公路、桥梁、水处理设施等）进行现代化改造和升级。[31] 因为国会中没有人像货币发行者那样思考，他们担心的重要问题是支出是否会增加财政赤字。为了避免增加赤字，假设他们在增加支出的同时，提出对少数净资产超过 5 000 万美元的美国人加征小额税收，从而筹集 2 万亿美元。该法案被提交至 CBO 后，可能会获得好评，理由是它不会随着时间的推移而增加赤字。CBO 同意后，国会议员就可以自由地推进投票，以授权支出。然而，接下来发生的事情可能是一场灾难。

当交通部试图将工程承包出去时，很快就会发现没有足够的失业人口可供政府雇用。这是因为加征的税收只针对一小部分人（大约 75 000 人），而这群人本来就不会花太多（或根本不会用到）用来缴纳税收的钱。这不应该被理解为反对向富人征税，而是反对在税收政策方面任意做决策。对富人征税是有充分理由的，我们需要这样做，但我们需要有策略地征税，认识到对富人征税不是为了支付政府支出，而是为了帮助社会重新平衡财富和收入分配，因为当今社会存在的财富极端集中现象，对民主和经济运行都是威胁。美国首富杰夫·贝索斯（Jeff Bezos）的净资产估计为 1 100 亿美元，在被加征 2% 的税后，他会少多少辆汽车、游泳池、网球场或豪华假期吗？答案是不会。对他净资产的一小部分加征税收，并不会影响他的大部分支出，归根结底，他更像是一个储蓄者，而不是一个消费者，像贝索斯这样的亿万富翁多以金融资产、房地产、艺术品和稀有硬币的形式保存财富。富人税可能会使财政对基础设施法案负责，但如果政府想在一个没有多少空闲资源可利用的经济政策中增加支出，它就会变成糟糕的政策。

在经济极度萧条的情况下，这种状况不会发生，因为会有大量的"财政空间"，企业闲置大量产能，会有大批的失业工人可供雇用。但当我们接近充分就业时，这些实际资源就会变得越来越稀缺。一旦经济耗尽其实际生产能力，政府要想获得它所需要的建筑工人、建筑师和工程师、钢材、混凝土、铺路车、起重机等，唯一的方法就是高薪竞价，这种竞价过程会推高物价，带来通货膨胀的压力。为了减轻这种风险，税收需要抵销足够的当前支出，以释放政府试图使用的实际资源。问题是，由于这种特定的税收只是对极少数超级富豪征收的,它不会释放许多(甚至可能根本无法释放任何)财政空间。

但从其他方面分析,这并不是个坏主意!这只是意味着它不是减少通货膨胀风险的有效方法,而当经济运行接近其速度极限时,这一点尤其重要。

这就是为什么现代货币理论建议对联邦预算编制流程采取一种不同的方法,一种将通货膨胀风险纳入决策考量的方法,从而迫使立法者在批准任何新的支出之前,停下来思考,他们是否已经采取了必要的措施来防范通货膨胀风险。现代货币理论将使我们在这方面更加安全,因为它认识到应对通货膨胀,最好的防守就是进攻。我们不希望让过度的支出引发通货膨胀,然后在通货膨胀发生后再尝试解决问题。[32] 我们希望像CBO这样的机构能防患于未然,在国会批准任何新支出法案之前,评估其潜在的通货膨胀风险。现代货币理论的核心是用一个真实的(通货膨胀)约束来限制或代替人为的(收入)约束。[33]

现实情况是,山姆大叔没有任何收入限制。他先花钱,然后通过征税来平衡支出。现代货币理论要求我们不要每支出一美元就要先找到相匹配的收入,而是要问:应该支出多少美元?这就颠覆了现收现付规则中现收现付的概念。现代货币理论告诉我们,不要接受"我们应该始终避免增加赤字"的假设,而应该探讨任何提案的支出,是否需要相配套的减少通货膨胀风险的措施。

回到2万亿美元的基础设施建设提案假设,现代货币理论会让我们首先询问国会,在没有减少通货膨胀风险的配套措施下,授权进行2万亿美元的新支出是否安全。对经济现有(和预期)的闲置资源进行仔细分析,将帮助立法者做出决定。如果CBO和其他独立分析师认为这有可能将通货膨胀率提高到某个理想的值之上,那么立法者就可以开始选择提案内容,以确定减少风险的最有效方法。也许 1/3、1/2 或 3/4 的支出需要被抵销，也有可能全部支出都不需要抵销。或许经济已经非常接近充分就业，以至于现收现付才是正确的政策。关键是，国会的预算编制流程应该反过来，而不是一开始就假定每一美元的新支出都需要被完全抵销。这有助于保护我们免受无端的增税和通货膨胀的麻烦，也可以确保每一笔新的支出都受到监督和检查。对抗通货膨胀的最好方法是防患于未然。

从某种意义上说，我们已经很幸运了。国会经常做出大量的财政支出承诺，而并未评估通货膨胀的风险。国防预算已增加数千亿美元，减税措施也增加了数万亿美元的财政赤字，但在大多数情况下，至少在通货膨胀方面我们没有受到影响，这是因为在社会中通常有足够的闲置资源来吸收更大的赤字。尽管过剩的产能已经成为无视通货膨胀风险的国会的保险措施，但放任闲置资源不管是要付出代价的，因为没有充分利用闲置资源，我们原本可以享受的集体福祉都被剥夺或削减了。现代货币理论旨在改变这种状况。

现代货币理论认为，应利用公共财政的力量来建立一个充分发挥其潜力的经济体系，同时保持对这种力量的适当操控和管理。如果蜘蛛侠拒绝使用他的超级力量来保护和服务人们，那么将没有人会认为他是超级英雄。能力越强，责任越大。政府财政的权力属于我们所有人，它由民主选举的国会议员行使，但需要为每个人服务。过度支出是对权力的滥用，但如果明明可以做更多的事情来提高所有人的生活水平而又不会有通货膨胀的风险时，拒绝采取行动也是对权力的滥用。

第三章

国家负债（事实并非如此）

迷思 #3：无论如何，我们都背负着沉重的债务负担。
现　　实：不管怎样，国债都构不成任何财政负担。

　　2015 年 1 月，当我来到华盛顿特区时，我是美国参议院预算委员会中唯一一个通过货币发行者的视角看世界的工作人员。我知道联邦政府不应该像一个家庭或私人企业一样看待预算；我知道山姆大叔永远不可能用完钱；我知道相比资不抵债，通货膨胀才是过度支出的相关惩罚；我还知道我是唯一从这样的角度思考问题的人。

　　其他所有人都属于这两个阵营之一：赤字鹰派和赤字鸽派。鹰派是强硬派，主要（但不完全）是共和党人，他们将财政赤字看成是美国财政史诗级错误管理的证据。他们认为，预算应该平衡，且毋庸置疑。支出和税收之间的任何不平衡都会引起他们的不满。他们警告说，债务危机迫在眉睫，并呼吁迅速采取行动以控制财政赤字。这个鹰派的标志象征着他们的坚定决心——至少在言论上，他们要求平衡预算并将国债清零。鹰派嘲讽他们的对手，即赤字鸽派，指责他们对国家日益增长的债务所带来的威胁过于乐观（鸽派代表温和派）。鹰派大多指责社会福利项目，如社会保障、医疗保险和医疗补助等，而鸽派则指出给富人减税和万亿美元的战争才是造成政府债务的主要原因。

当华盛顿的专家和内部人士将鹰派和鸽派描述为两极对立时，我认为，他们其实是同一类人，因为他们都认为长期的财政前景是一个需要解决的问题。主要的分歧只是在于到底是谁（和什么事情）使我们陷入这种困境，以及我们应如何迅速采取行动来减少损失。大多数共和党人想要削减社会福利，而大多数民主党人想要加税。这只是通往同一个目的地的不同路径。

加入预算委员会时，我已经确立了自己在这个领域的叛逆者角色。当我将前往华盛顿为民主党人提供建议的消息传开后，记者纷纷发表文章，标题为《桑德斯雇用了赤字猫头鹰派》。"赤字猫头鹰派"是我在2010年创造的新词，以此来区分现代货币理论派经济学家的观点和那些更加焦虑的鹰派或鸽派观点。我认为猫头鹰是象征现代货币理论的一个很好的吉祥物，因为人们总是把猫头鹰和智慧联系在一起，而且猫头鹰能够360度旋转头部，意味着能从不同的角度来看待赤字问题。

委员会中的大多数参议员都没听说过现代货币理论，即使是雇用我的参议员伯尼·桑德斯，最初也对我受到的媒体关注度感到惊讶。当我第一次与委员会成员见面时，弗吉尼亚州参议员蒂姆·凯恩（Tim Kaine）告诉我，他在《堪萨斯城星报》（Kansas City Star）上已经看到了关于我的任命。没有人意图粗鲁，但我可以感觉到大家对扩大赤字派系的态度有所保留。

作为一个新的鸟类派系，这并不容易，因为我知道，我的观点与他们截然不同。我所服务的民主党人中，有不少是以财政保守派著称的参议员，他们中有三人甚至被臭名昭著的"解决债务"激进组织赞扬为"财政英雄"。[1]

这份工作在很多方面都很令人沮丧。在财政问题上,我并不赞同我所服务的成员的观点。我试图寻找一种方法帮助预算委员会,但前提是不加深他们对国家财政状况的迷思的误解。我精心编写谈话要点,并起草发言稿,由委员会中的资深成员进行宣读。有时,你没说出口的话与说出来的话一样重要。因此,我想方设法以微妙的方式改变大家的想法,有时甚至要求同僚从新闻稿或专栏文章中删除一两句话。我的内心仍然是一名老师,所以无法完全控制自己想让别人换种方式思考的冲动。此外,错误的思考会导致错误的政策,而错误的政策会影响到我们所有人。

一件令我大开眼界的事情,是来自我与预算委员会成员(或他们的工作人员)玩的一个游戏。我玩了几十次,每次都能得到令人难以置信的相同反应。首先,我让他们想象,如果他们发现了一根魔杖,只要轻轻一挥,就能消除整个国家的债务,然后我会问:"你会挥动魔杖吗?"每个人都毫不犹豫地希望债务消失。在确定了他们毫不犹豫地想要债务消失殆尽的愿望之后,我会问一个看似不同的问题:"假设那根魔杖有能力让美国的国债从世界上消失,你会挥动它吗?"这个问题却引来了疑惑的目光,每个人都皱起眉头陷入沉思,最终,每个人都会决定不挥动魔杖。

这个发现非常有趣!这些人在一个专门处理与联邦预算有关问题而设立的委员会中任职,但似乎没有一个人抓住这个问题的诀窍。他们对国债都是又爱又恨,当他们把国债看作私人持有的金融资产时,他们就喜欢美国国债;但当这些国债成为联邦政府的义务时,他们就会讨厌国债。不幸的是,如果不消除构成政府负债的工具——美国国债,就无法完全消除政府负债。这两者其实是一体的。

最后,我都会告诉游戏的玩家,其实我问了同一个问题的两种方式，就像问人们是喜欢 77 华氏度还是 25 摄氏度的天气一样。答案被公布后，有时会很尴尬，他们中的一些人告诉我，他们其实明白挥动魔杖需要消除整个美国国债市场，但他们还是希望债务被抹去，因为债务让选民感到害怕。

债务数字是如此之大

　　选民当然很害怕！怎么可能不害怕呢？除非能够完全无视所有的政治评论，否则在工作中，你总会遇到某种形式的对财政赤字和国家债务歇斯底里般的报道。报纸上的头条新闻叫嚣着创纪录的债务和迫在眉睫的灾难；纽约市西 43 街的国债钟（Debt Clock）耸立在行人面前，实时传递着令人生畏的数字；政治漫画家将联邦债务描绘成一只饥饿的霸王龙，在城市街道上扫荡，或者描绘成一个不断膨胀、即将爆炸的气球；书店里充满了耸人听闻又令人忧心的书籍，如《终局》(Endgame)、《赤字风暴》(Red Ink)、《财政治疗》(Fiscal Therapy) 等；社交媒体不间断地重复播放突发新闻提醒，报道 CBO 的最新可怕预测；广播电台播放着前国务卿希拉里·克林顿的警告音频，"我们不断增加的债务将对国家安全构成威胁"。即使是一般市民，例如在 SUV 保险杠上贴上破产的山姆大叔贴纸的那位，也成为坏消息的使者。

　　我们都还没有躲到地窖里，等待世界末日的降临，这真是个奇迹。

　　事实上，我们平安无事。西 43 街的国债钟只是显示了一个历史记录，即联邦政府在没有减税的情况下为人们的口袋增加了多少美元。这些美元正以美国国债的形式被保存下来，如果你有幸拥有一些，那么恭喜你！这是你财富的一部分。尽管其他人称其为国债钟，但它实际上是一个美元储蓄钟。你不会从国会的任何人那里听到这一点，想想为什么吧。如果一个国会议员回到自己的选区，试图说服一屋子惊慌失措的选民，他们所深深恐惧的、不断膨胀的国债，其实是一个里面什么都没包的大汉堡，会发生什么？当其他所有的权威声音都传递了完全相反的信息时，先知的话就不会被大家接受。有时正如马克·吐温所说，"愚弄别人比让他们知道自己被愚弄了更容易"。

即使他们没有放弃自己的想法，国会议员也有不希望其他人看到债务真实面目的理由，美国国债只不过是我们在第一章谈到的那些有息的"黄色钞票"。对于一些政客来说，把债务这个词附加到一个足够大的数字上，就会产生完美的衬托效果。大数字恐慌症或许不是医学上公认的焦虑症，但很多政客似乎认为这种焦虑真的存在。

我对美国参议院预算委员会的一次会议印象非常深刻。那时，CBO 刚刚发布了 2015—2025 年的预算预期报告，参议员们正在仔细研究报告的结论。[2] CBO 预计，财政赤字将达到 1.1 万亿美元，而联邦债务总额将在 2025 年达到 27.3 万亿美元。委员会主席迈克尔·恩兹认为这些数字惊人，但还不是特别惊人。他担心数字使用小数点而不是逗号标识，无法激起人们的正确情绪反应。为了使这些数字更加生动，他要求 CBO 用较长的形式写出这些数字：1,100,000,000,000 美元和 27,300,000,000,000 美元。

回忆一下，恩兹参议员在从政之前经营着一家鞋店。作为一个商人，他一定明白好的营销活动的重要性。更舒适的穿着、更广泛的选择、更时尚的设计等，找到这些吸引购物者的信息，对于维持你的客户群至关重要。好的营销活动会挖掘客户的情感，把人们从街上吸引进来。如果你仔细想想，恩兹基本上是在寻找一种方法，以一种能引起选民某种情绪反应的方式来推销有关政府财政的信息。一旦像恩兹这样的政客成功地让我们对这个被称为"债务"的东西的巨大规模感到焦虑，他们就能以多种方式将这种焦虑当成武器来用。

通过说服选民，我们必须对这些大到可怕的数字采取一些行动，政客们可以推动削减如社会保障和医疗保障等广受人们欢迎的项目。[3] 要赢得对削减这些项目的支持，需要维持公众对国家财政的愤怒。社会福利项目让全民受益，大众广为支持，除非他们能被说服，认为没有其他选择。我们必须采取行动，在为时已晚之前解决债务问题。

现代货币理论表明，我们不需要解决债务问题，而是要解决思维问题。这不仅是为了防止毫无意义地削减那些支持数千万美国人的项目，也是为了在减少民众的担心后，我们可以更理性地讨论想要实现的全部目标。债务并不是民众无法拥有美好事物的原因，错误思维才是罪魁祸首。为了解决错误思维问题，我们需要克服的不仅是对附有债务一词的大数字的厌恶，更需要打破每一个阻碍我们思考的破坏性迷思。

中国、希腊和伯尼·麦道夫

我怀疑那个在 SUV 上贴车贴的司机不只对美国国债的规模感到紧张，很可能她还有其他担忧。也许她听到当时还是总统候选人的奥巴马抱怨说，美国正在向中国借款，"增加了我们将不得不还清的国债"。西 43 街的国债钟不仅提供了一个未偿还国债总额的实时记录，还将这个总数除以美国的总人口，计算出每个人在国债中分摊到的份额。也许这位司机是一位母亲，当她听到威斯康星州议员保罗·瑞安（Paul Ryan）说，人们需要处理债务问题，以"保护子孙后代免受债务和税收的负担困扰"时，她带着一种身为母亲的内疚感；或许她觉得她所在的国家会破产，因为我们都知道希腊发生了什么，也许她也为美国感到担忧。毕竟，奥巴马认为国债是"不负责任"和"不爱国"的表现。

我是一名母亲，也是一名爱国者，然而我完全不担心这些事情。这是因为我也是一个现代货币理论经济学家，我通过一个完全不同的视角来看待这一切。我可以阅读 CBO 的最新报告，不为国债的预计增长而感到恐慌；我不会为国债中"我的份额"而感到苦恼，也从不担心美国会出现希腊那样的情况；我不担心中国有一天会关闭交易的窗口而不再购买美国国债，让美国失去支付账单所需的美元；我甚至认为不应该把出售美国国债称为借款，或把债券本身当作国家债务。这只会混淆问题，给人们带来不必要的痛苦。更糟的是，这种被误导的恐惧阻碍了更好的公共政策的制定，这才伤害了所有民众。所以，我们应该试着修正我们的思维。

在北达科他州法戈市的一次竞选活动中，奥巴马告诉一小部分人，美国依赖着"中国银行的一张信用卡"。他的用词选择很重要，因为这触及了我们的两个基本焦虑。首先，我们害怕依靠借来的钱来支付账单，以个人经验来说，承担过多的债务会导致财务困境，借钱买房、买车，甚至买日常杂货，都会让你背上未来的还款责任。不久之后，房贷、车贷或信用卡账单就会到来，你就需要拿出钱来偿还。听到美国的信用卡债务高达数万亿美元，这足以让任何人担心。得知美国欠外国（甚至是竞争者）的钱，只会加剧这种焦虑。

并不是说我们不用担心谁是我们的国际贸易伙伴，正如第五章中提到的，我们完全有理由担心这些问题，但依靠中国来支付我们的账单并不是其中的原因。为了厘清问题，让我们退一步思考，各国一开始是如何持有美国政府债券的。[4] 截至 2019 年 5 月，中国从哪里获得了 1.11 万亿美元的美国国债？山姆大叔是否前往北京向中国政府申请贷款？并没有。

首先，中国将其生产的一些产品出售给中国以外的买家，包括美国。美国也是这样做的，但美国的出口量少于从其他国家的进口量。2018年，美国向中国出口了1 200亿美元的美国产品，而中国向美国出口了5 400亿美元的中国产品，这个差额给中国带来了4 200亿美元的贸易顺差（反过来说，美国对中国有4 200亿美元的贸易逆差）。美国人用美元为这些产品付款，这些款项记入中国在美联储的银行账户，像任何美元持有者一样，中国可以选择持有这些美元或用来购买其他东西。山姆大叔不为中国在美联储的支票账户（Checking Account）中的美元支付利息，所以中国通常更愿意将它们转移到美联储的储蓄账户（Saving Account）中，通过购买美国国债可以做到这个转移。所谓的"向中国借款"只不过是一种会计调整，即美联储从中国的准备金（支票）账户中减去数字，并在其证券（储蓄）账户中增加数字。中国依然持有这些美元，但现在持有的是黄色钞票（债券）而不是绿色钞票（美元）。要还中国钱，美联储只需要简单地冲销会计分录，在证券账户中减去一定的数字，并在准备金账户中加上相应的数字，全部过程通过纽约联邦储备银行的键盘操作即可完成。

奥巴马所忽略的是，这些美元并不来自中国。美元来自美国，美国不是真的向中国借钱，而是向中国提供美元，然后允许这些美元转化为美国财政证券。实际上，问题在于我们用来描述实际情况的词语。事实上并不存在国家使用的信用卡，像借贷这样的词语也容易误导公众，把这些证券称为国家债务也是如此，其实我们并没有实质的债务义务。正如沃伦·莫斯勒喜欢说的："我们欠中国的只是一张银行对账单。"你可以说，这对中国（或其他对美国有贸易顺差的国家）来说实际上是一笔坏交易，毕竟，这意味着它们的工人用时间和精力来生产了没有为自己人民所保留的商品和服务。通过贸易顺差，中国实质上是允许美国拿走自己的产品，以换取一条会计分录，记录美国拿走了它的多少产出。但我们将在第五章中看到，中国在许多方面从与美国的贸易中受益。

尽管中国是美国国债的最大外国持有者，但在撰写本书时，中国持有的美国国债还不到其总量的7%。尽管如此，一些人仍然担心，中国对美国有巨大的影响力，因为中国可以决定抛售其持有的债券，进而压低美国政府债券的价格，同时促使债券的收益率（即利率）上升。人们担心，如果中国拒绝继续购买美国国债，山姆大叔可能会失去获得负担得起的融资机会。这个想法有很多问题。首先，中国无法在不消除对美国贸易顺差的情况下避免持有美元资产，这不是中国想做的事，因为缩减对美国的出口往往会减缓其经济增长。假设中国想保持其贸易顺差不变，最终就一定会持有美元资产。正如金融评论家和前投资银行家爱德华·哈里森（Edward Harrison）所说："对中国来说，唯一的问题是要购买哪种美元资产——绿色钞票或黄色钞票，而不是它是否会不要美元。"[5]即使中国决定在其投资组合中减少持有美国国债（即黄色钞票），这种情况也不会让山姆大叔的现金变得紧张。请记住，美国是货币发行者，这意味着它永远不会用完美元。此外，如颇受欢迎的电视评论家和《美元的意义》（*Making Sense of the Dollar*）一书的作者马克·钱德勒（Marc Chandler）所观察到的，从2016年6月到11月，中国将其持有的美国国债减少了15%，而十年期国债收益率几乎没有变化。[6]

尽管不可能发生在美国，但一个国家确实有可能以无法负担得起的利息举债，这就是2010年希腊发生的事情。但那是因为希腊在2001年放弃使用德拉克马而采用欧元，从而丧失了其货币主权。采用欧元改变了一切，希腊政府现有的所有债务都被改用欧元计价，而这是一种希腊政府无法发行的货币。从那时起，任何从希腊政府购买债券的人都要承担一种新的风险：违约风险（default risk）。贷款给希腊就像贷款给美国的一个州，比如佐治亚州或伊利诺伊州。正如我们在第一章中所了解的，各个州是货币使用者，而不是货币发行者，只能依赖于征税和借款来支付账单。当然，可以通过出售债券来筹集资金，但金融市场通常会对借给可能无法偿还的人的额外风险收取一定的溢价。这是希腊（以及爱尔兰、葡萄牙、意大利和西班牙）学到的一个惨痛教训。

随着2008年金融危机在欧洲蔓延，希腊遭遇了严重的经济衰退。工作机会以惊人的速度消失，税收收入呈现断崖式的下降，与此同时，希腊政府为了支撑疲软的经济，增加支出，在税收减少和支出增加的两相结合之下，财政预算赤字在2009年超过了其GDP的15%。根据欧元的规则，成员国政府应防止预算赤字超过其国家国内生产总值的3%，但严重的经济下滑使希腊的预算赤字远远超过3%的上限。为了弥补这些赤字，希腊不得不借款。问题是，在欧元之下，希腊政府不再拥有可以代其清算所有款项的国家中央银行，为了给支出提供资金，政府确实需要提前"找钱"。（TAB）S模式并不适用于像美国这样的货币发行国家，但它确实适用于像希腊这样的国家，当它切断了中央银行与议会政府之间的联系时，它把自己变成了一个货币使用者。希腊很快就发现，问题在于借方不愿意购买希腊政府债券，因为借给一个可能难以偿还借款的货币使用者数十亿欧元存在着明显的难以偿还的风险，除非其可以获得大量溢价。从2009年到2012年，十年期希腊政府债券的利率从不到6%上升至35%以上。

看看美国、英国等货币发行国的情况，这些国家的财政赤字从2007年到2009年增加了3倍以上。到2009年，这两个国家的财政赤字从GDP占比不到3%飙升到10%左右。然而同一时期，美国十年期政府债券的平均利率从3.3%降至1.8%，英国则从5%降至3.6%。这是因为这两个国家都有自己的中央银行，代表政府作为垄断的货币发行者。这种保障让投资者感到放心，他们知道中央银行对其短期利率有严格的控制，对长期债券的利率也有持续的影响。[7] 希腊在采用欧元时放弃了这种保障，所有人都知道国家可能会把钱花光，这就是为什么它无法阻止"债券义和团"（bond vigilantes）的出现。"债券义和团"一词指的是金融市场（或者更准确地说，金融市场的投资者）的力量，迫使政府债券等金融资产的价格大幅波动，从而使利率意外波动。最终，欧洲央行确实遏制了"债券义和团"，但代价是对希腊人民实施痛苦的紧缩政策。[8]

到了 2010 年，包括希腊在内的许多欧洲国家都陷入了全面的债务危机。惠誉集团、穆迪和标准普尔等信用评级机构降低了希腊政府债券的信用评级，借贷成本急剧上升，无法控制。随着危机的加深，希腊政府接近于违约。美国的政治家看到席卷欧元区的危机，开始敦促国会采取行动，减少国内的赤字，警告说希腊式的债务危机可能很快就会降临到美国。[9] 精明的投资者，如亿万富翁投资者、伯克希尔·哈撒韦公司的首席执行官沃伦·巴菲特，清楚事情将如何发展。正如巴菲特所解释的，美国不可能"发生任何形式的债务危机，只要我们继续发行本国货币"。[10] 巴菲特也非常清楚，希腊债务危机的发生是因为"希腊失去了印刷钞票的权力。如果希腊可以继续印刷德拉克马，它可能会有其他问题，但不会有债务问题"。[11]

尽管如此，难道没有一些限制吗？艾萨克·牛顿曾说，"世事有起必有落"。当然，债务不可能永远上升，如果政府一直不偿还债务，那么它就必须不断地为其债券寻找新的买家。[12] 这似乎是有风险的，撒切尔夫人曾打趣说，问题是"最终你用完了别人的钱"。对一些人来说，寻找新的投资者来购买永无止境的政府债券，看起来像一个由臭名昭著的骗子——伯尼·麦道夫经营的那种庞氏骗局。[13] 其实不然。

麦道夫欺骗投资者，美国财政部则不然。正如艾伦·格林斯潘（Alan Greenspan）在参加美国全国广播公司（NBC）的《与媒体见面》（Meet the Press）节目时解释的那样，美国国债的投资人是"零违约概率"。[14] 在这里，我们应该区分自愿违约和非自愿违约，格林斯潘的声明指的是后者。他的观点是，美国不可能像希腊那样，希望向债券持有人按期付息，但缺乏指示中央银行清算这些款项的能力。国会可能会做一些愚蠢的事情，比如拒绝提高债务上限，这可能会引发自愿违约，但美国被其债权人强迫违约的风险为零，这是因为联邦政府总能履行义务，将这些黄色钞票变回绿色钞票，政府所要做的就是改变美联储资产负债表上的相关数字，同时，也不存在"别人的钱"用完的风险。请记住，撒切尔夫人的言论是错的，她的模式是把英国政府当作一个家庭，除了用征税或借款来支付账单，别无选择。

现代货币理论翻转了这一想法，表明更合适的实际排序是S（TAB）。政府先支出，使美元可用于缴税或购买政府债券。举个例子，假设S（支出）等于100美元，意味着政府将100美元投入经济，现在假设政府向我们征收90美元的税，这意味着政府的赤字给我们留下了10美元。这时，政府通过出售同等数量的有价证券来协调任何赤字支出，也就是"借款"。重要的一点是，购买债券所需的10美元是由政府的赤字支出提供的。在这个意义上，货币发行者的支出是自筹资金的，不是因为需要美元而出售债券，债券的销售只是让储备余额（绿色钞票）的持有者用它们来换取美国国债（黄色钞票）。这样做是为了支持利率，而不是为政府提供资金。

由于我们的立法者还不知道现代货币理论的见解，他们认为偿还债务是联邦政府日益增长的财政负担。这是个错误。事实上，支付政府债券的利息并不比处理其他任何付款更困难，为了支付利息，美联储须将款项打入相应的银行账户。现在，国会把联邦预算看成一个零和博弈，立法者看待利息支出增加的方式，就像我们看待电话账单增加的方式一样，意味着可以花在其他方面的钱变少了。因此，当 CBO 说联邦政府"到 2046 年，利息支出将超过包括国防和所有国内法案上的可支配预算"时，许多立法者开始恐慌。[15] 他们认为这缩减了剩余的资金，会迫使他们减少在其他优先事项上的支出，但这是不正确的，国会预算只是国会的自我设限。为了避免削减民众重视的法案，国会可以简单地授权一个更高的预算来资助其他优先事项，因为国会有的不是一定金额的固定资金。然而，经济中只有一定的空间可以安全地吸收更高的支出，这才是国会需要担心的限制。

我们在第二章中看到，所谓的限制是我们的经济在不加速通货膨胀的情况下吸收额外支出的能力。以利息形式支付的每一美元都是债券持有人的收入，如果这些收入过多，存在的风险是总支出可能会使经济超过其速度极限。现代货币理论强调，增加利息收入可以作为一种潜在的财政刺激手段，联邦政府是一个利息的净支付者，它所支付的所有利息都由政府债券的持有人收取，这些利息收入中，至少有一部分被人们转手重新投入经济，购买新生产的商品和服务。如果高比例的利息收入被重新投入经济，就有可能推高总支出，加剧通货膨胀压力。不过，正如总统乔·拜登的前首席经济学家贾里德·伯恩斯坦（Jared Bernstein）所指出的那样，政府的利息支付似乎不太可能在短期内让经济过热，部分原因是"我们约 40% 的公共债务现在由外国人持有"，这意味着"有越来越多的利息支付流向国外"。[16] 即使债券持有人没有花费足够的利息收入来推动普通商品物价的通货膨胀（如 CPI），他们仍然可能通过使用利息收入来提高商品、房地产、股票等的价格，进而造成资产物价上涨的通货膨胀。

债券利息可能造成通货膨胀，也涉及分配问题，但为政府债券支付利息对联邦政府来说并不构成财政挑战。有些人抱怨说，政府根本就不应该支付利息，他们认为国债是一种奢侈品，只有那些已经很有钱的人才能享受，通过将他们的绿色钞票变成黄色钞票，政府最终增加了有钱人的财富，进一步扩大了收入分配中底层和高层之间的贫富差距。这的确是看待政府债券问题的一种角度。但是，国债也是一种有助于分散风险的安全资产，对于许多拥有养老金或其他类型退休计划的工薪阶层而言，政府债券给予他们投资的资金另一层保护。因此，撇开分配问题不谈，山姆大叔总是能处理好利息的支付。

我们明天就能还清债务

2016年4月，《时代》杂志的封面是美国国债。封面上写着："亲爱的读者，你欠了42 998.12美元。每个美国人，无论男女老少，都需要支付这个金额，以清偿13.9万亿美元的美国债务。"[17] 我不知道你的情况如何，但我手头上没有43 000美元，也没有偷偷存钱，以免有一天被要求给山姆大叔写一张大额支票，以清偿国债中"我的份额"。这是不可能发生的。我们要为国债的某一部分承担个人责任的这种想法是荒谬的，这是家庭预算理念的延伸，它错误地认为政府最终必须依靠民众作为纳税人来支付其账单。我希望大家现在已经足够清楚，为什么这种逻辑并不适用于作为货币发行者的政府，因为事实是，整个国家的债务明天就可以还清，而我们一分钱都不需要花。

大多数经济学家并不这样看。有些人认为，更快的经济增长会帮助我们解决"债务问题"，因为真正重要的是债务相对于经济规模的比率，即债务与GDP的比率。分子（债务）正在增加，但如果分母（经济）的增长速度超过了分子（债务）的增长速度，那么这个比率就会变小，对许多经济学家来说，这是解决这个问题的正确方式，诀窍是保持债务比率永远不会超标。在某些时候，它必须变小，否则债务在数学上被认为是不可持续的。几十年来，传统观念认为，美国的债务走在一条不可持续的道路上，因为所有用于评估债务轨迹的模型都显示，在未知的将来，债务比率会持续上升。[18]

现在，世界上最有影响力的经济学家告诉我们，至少就目前的情况来看，债务或许最终是可持续的。这些主流经济学家并没有得出现代货币理论经济学家那种颠覆性的结论，但其中一些人已经软化了他们的言论，缓解了民众对这种海市蜃楼般的债务危机即将来临的焦虑。例如，2019年1月，世界知名经济学家、国际货币基金组织的前首席经济学家奥利维尔·布兰查德（Olivier Blanchard）将此作为他在美国经济学会年会上的演说重点。[19]在那次演讲中，布兰查德解释说，包括美国在内的许多国家的债务轨迹似乎是在一个可持续的道路上，至少在短期来看是这样的。这是因为布兰查德预计未来会与近期的情况很相似，也就是说，他预计债务利率（r）会保持在经济增长率（g）以下，这个条件（r < g）可以确保债务比率不会变得无穷大。如果他是对的，那么他的模型预测美国近期将不会经历债务危机，但布兰查德并没有否认未来发生危机的可能性。对他来说，某一天当金融市场把利率推到我们的经济增长率之上（r > g）时，债务危机就有可能发生。当那一天到来时，除非预算已经转为盈余，否则我们就会回到一个不可持续的债务轨迹上。在那之前，我们可以放松一点，甚至可以安全地增加财政赤字的规模。由于布兰查德与关于国家债务的主流论点（包括媒体和政治圈内）背道而驰，他立即受到了媒体的广泛关注，在演讲发表后的几天内，"市场观察"（MarketWatch）网站刊登了一篇文章，标题为《著名经济学家指出：巨额国家债务"可能没那么糟糕"》。[20]此后不久，《华尔街日报》刊登出"担心债务问题？经济学家说，没那么快"。[21] 这些都是重要的发现，但应该指出的是，现代货币理论经济学家斯科特·富维勒（Scott Fullwiler）在13年前就提出了类似的观点。[22]

富维勒的早期工作和布兰查德的最新研究之间的区别是，富维勒通过现代货币理论的视角来看待债务的可持续性问题。[23] 与布兰查德不同的是，富维勒认为一个以自己的主权货币借贷的政府，始终可以保持可持续性的关键条件，即 $r < g$，而永远不需要接受市场利率。对于富维勒来说，布兰查德的"财政可持续性"的概念是有缺陷的，因为它假设为国债支付的利率这个关键变量是由私人金融市场设定的。[24] 换句话说，布兰查德对可持续性采取的更谨慎的态度是基于这样一种可能性，即利率最终可能飞升，导致出现在希腊或阿根廷爆发的那种债务危机。但美国与希腊（以欧元借贷）或阿根廷（以美元计价的债务违约）不同，它不可能失去对其利率的控制。正如富维勒所观察到的，国债的利息是一个政治经济问题，这意味着政策制定者总是可以不顾市场情绪做出决定。[25] 或者，正如詹姆斯·K.加尔布雷斯（James K. Galbraith）幽默地说："这是利率，愚蠢！"为了防止债务利率上升到超过经济增长率，加尔布雷斯只是建议中央银行"将预期利率维持在低点"。[26] 这是一个极其重要的见解，它将现代货币理论关于债务可持续性的观点与更多的传统思维区分开来。根据现代货币理论，重要的是通货膨胀，而不是利率和增长率之间的关系。因此，美国（和其他货币主权国家）要满足传统的可持续性标准是很容易的。

看看日本就知道了。日本的债务占GDP的比率为240%，是发达国家中最高的。截至2019年9月，日本的国债达到了创纪录的1 335.5万亿日元。[27] 超过了1 000万亿日元！想象一下，恩兹参议员如果面对这样的债务会多么恐惧？这么多个零！如果在《时代》杂志上刊登，封面会写道，"你欠了1 050万日元"（以美元计算，每人约 96 000 美元）。但是，日本和美国一样，至少在涉及债务可持续性方面是安全的，因为日本是一个自己发行货币的国家，有一个中央银行，可以清偿所有到期的付款债务。金融市场无法将日本推向危机，因为日本银行可以推翻任何不利的利率变动。从本质上讲，日本央行也可以仅用一个电脑键盘就清偿全部债务。

世界上大多数先进国家的中央银行只专注于设定非常短期的利率，被称为隔夜利率。它们严格固定这一利率，然后允许长期利率浮动以反映市场对短期政策利率未来的预期走势。这意味着对长期政府债券支付的利率与本国央行设定的隔夜利率有关。正如富维勒所说："这意味着长期利率是基于'中央银行'当前和未来预期的行动。"[28] 这使得投资者对美国政府对国债支付的利率或英国政府对金边债券支付的利率产生一定的影响（在英国，政府债券被称为金边债券，简称 gilts）。但最重要的是，政府始终可以不受市场对政府债券利率的任何影响，这正是美联储在第二次世界大战期间和之后所做的事情，也是日本中央银行今天所做的事情。[29]

为了在二战期间控制利率，美联储"正式承诺将短期国库债券的利率维持在 0.375% 的低水平"，并"间接限制长期国库债券的利率为 2.5%"。[30] 即使赤字激增，国债从 1942 年的 790 亿美元攀升到 1945 年战争结束时的 2 600 亿美元，联邦政府对长期债券也只支付 2.5% 的利息。为了将利率控制在 2.5%，美联储只需购买大量美国国债。这需要美联储做出开放性承诺，但兑现承诺很容易，因为美联储购买债券（黄色钞票）只是通过将准备金（绿色钞票）记入卖方的账户。即使战争结束后，美联储仍继续代表政府锚定长期利率，直到 1951 年，随着一项被称为《财政部—美联储系统协议》(the Treasury-Federal Reserve Accord) 的达成，美联储协调财政政策才正式结束，可以追求独立的货币政策。[31]

其他国家的中央银行正在恢复财政和货币政策的协调职能。[32]

三年多来，日本央行一直在实施收益率曲线控制（YCC）政策。除了固定短期利率外，日本央行还承诺将十年期政府债券（称为日本政府债券或 JGBs）的利率控制在几乎为零的状态。为了执行这一政策，日本央行购买了大量的政府债券，仅在 2019 年 6 月就购买了 6.9 万亿日元的债券。[33] 由于其积极的债券购买计划，日本央行现在持有约 50% 的日本政府债券。因此，虽然日本常被称为世界上负债最多的发达国家，但其一半的债务已经被中央银行基本清偿（即还清），而且它可以很容易地实现 100% 还清。这样一来，一夜之间，日本就可能成为世界上负债率最低的发达国家。

现代货币理论经济学家明白这一点，但似乎没有多少人意识到，像日本这样的国家（或其他发行货币的主权国家）要偿还全部的公共债务是多么容易，明天就可以完成，且不需要向纳税人收取一分钱。

经济学家艾瑞克·洛内甘（Eric Lonergan）是少数几个似乎了解这一点的人之一。2012 年，他进行了一个思想试验，问道："如果日本将未偿付政府债券 100% 货币化，会发生什么？"[34] 这是一种花哨的问法，其实就是在问，如果中央银行偿还了全部国债会发生什么？该怎么做呢？与日本央行之前取得债券的方式相同，将钱记入卖方的银行账户。这是一个思想试验，所以洛内甘想象日本央行会像挥动魔杖一样来完成这件事。"让我们假设日本央行用银行储备金（货币）来购买所有的日本政府债券，并清偿国家债务。"债务消失了。洛内甘接着问道："这会对通货膨胀、经济增长和货币带来什么改变？"在他看来，"就算你把日本政府债券存量 100% 货币化，什么也都不会改变！"

这在某些人看来似乎很荒谬。[35] 日本央行怎么可能凭空制造 500 万亿日元而不产生毁灭性的通货膨胀？大多数经济学家接受了某种版本的货币数量论（QTM）。该理论的死忠派，如米尔顿·弗里德曼的追随者，很可能会大喊："看看津巴布韦！魏玛！或委内瑞拉！"[36] 这是因为货币数量论教导我们"通货膨胀在任何时候都是一种货币现象"。[37] 凭空变出500万亿日元的新现金来购买政府债券的想法使他们立即预感到了恶性通货膨胀，而在金融市场工作的洛内甘有不同的看法。他准确地观察到，将日本政府债券换成现金对民间的资本净值没有任何影响，只是投资者不再持有政府债券，而是"相同价值的现金"。虽然资本净值不受影响，但购买日本政府债券确实对收入有影响，因为债券是有利息的，而现金没有。当日本央行用现金置换了债券时，人们就损失了本来可以获得的利息。因此，政府清偿债务将使民间的利息收入减少。考虑到这一点，洛内甘问道："当民间的利息收入下降，人们的财富没有变化，而且习惯了物价下跌后，日本家庭究竟为什么还会冲出去买东西呢？"简单的回答是，他们不会，更可能的结果是，由于未偿还的政府债务转移到了中央银行的资产负债表上，进一步促使物价下跌，而不是上涨。对于一次性购买民间的所有计息政府债券，我会三思而行，但日本政府肯定可以做到。美国政府也一样可以做到。[38]

没有债务的人生？

试想一下，政府不会再因为立法者为提高债务上限而进行戏剧性的起义而停工；再也不会有人认为山姆大叔花钱如流水，不但刷爆信用卡，还向其他国家借钱；不用担心失去进入债券市场的机会，并害怕像希腊那样被迫违约；不再有经济学家争论利率是否低到足以使债务保持可持续性；最重要的是，不再有关于如何支付国债中"我的份额"的压力。我们可以直接撕掉保险杠上的那张车贴。

我们确实彻底清偿过一次债务。[39] 那是1835年，安德鲁·杰克逊（Andrew Jackson）担任总统时，美国历史上唯一将公共债务全部偿还的情况。那是早在美联储成立之前的事情，因此债务并没有被中央银行吸收。[40] 相反，它是以老式的方法来消除的，即通过扭转财政赤字，将钱还给债券持有人，但结局不太好。

政府花了10年多的时间来偿还全部债务。之所以可以还清，是因为政府在1823—1836年出现了财政盈余，由于这些年每年征收的税款都超过了支出，政府没有发行新的债券，随着现有债券到期，其便轻松地偿还了所有债务。[41] 到了1835年，美国已经没有负债了，但也走向了有史以来最严重的经济衰退之一。事后看来，事情的发展显而易见。

财政盈余把资金从经济中吸走，财政赤字的作用则相反，只要不过度庞大，赤字可以通过支持收入、销售和利润来帮助维持经济良好运转。[42] 财政赤字并非必需，但如果它消失的时间太长，最终经济会碰壁。[43] 正如多产作家、匹兹堡大学公共和国际事务教授弗雷德里克·塞耶（Frederick Thayer）在1996年写道："美国经历了六次严重的经济萧条，每一次都出现在一个持续的预算平衡期之后。"[44] 表3.1详细列出了他的发现。

表3.1 美国历史上的预算盈余和减债

债务得到偿还的年份	债务下降百分比（%）	经济萧条开始的年份
1817—1821	29	1819
1823—1836	100	1837
1852—1857	59	1857
1867—1873	27	1873
1880—1893	57	1893
1920—1930	36	1929

历史记录很清楚。每一次政府大幅偿还国债时，经济都会陷入萧条。这难道是一个惊人的巧合吗？塞耶并不这么认为，他指责"经济迷思"驱使政治家将预算产生盈余，因为他们错误地认为偿还债务在道德上和财政上都是负责任的行为。[45]正如我们从现代货币理论中了解的那样，政府盈余其实只是将赤字转移到非政府部门。[46]问题是，货币使用者不可能无限期地承受这些赤字，最终，民众无法处理自己所积累的债务，当这种情况发生时，支出就会急剧下降，经济就会陷入萧条。

自塞耶的著作发表以来，美国还经历了一个短暂的持续财政盈余期（1998—2001年），它发生在比尔·克林顿总统任期内，许多民主党人仍然把这段历史看作一个无上的荣耀。没有了财政赤字，山姆大叔几十年来第一次回到了盈余的状态。1998年开始出现盈余，到1999年，白宫已经准备好再次开派对（像歌曲《1999》那样）庆祝了。[47]次年，白宫的经济学家开始准备一个名为"后债务生活"的报告，准备释放出一个值得庆祝的消息，即美国将在2012年之前偿还全部国债。

起初，还清债务似乎是一种值得全国大游行欢庆的成就，白宫准备在其年度《美国总统经济报告》中宣布这一消息。但之后所有人都退缩了，报告中的相关章节被隐藏起来，不为公众所知。我们之所以知道这个消息，是因为国家公共广播电台的《货币星球》节目获得了一份秘密的政府报告，"概述了美国政府可能清偿所有债务后的潜在危机"。[48]白宫官方没有大肆宣扬这一点，而是悄悄地把它藏了起来，因为白宫担心消除整个美国国债市场会产生广泛的影响，这又回到了许多政府官员对国债爱恨交加的关系。一方面，白宫很想消除国债；另一方面，又不能冒险让所有国债消失。

最让政策制定者担心的是美联储会失去执行货币政策所依赖的关键工具——政府债务。当时，美联储依靠政府债券来管理短期利率，当美联储想要提高利率时，会出售一些国债，买方用部分银行储备金来购买这些债券，通过取出这些储备金，美联储就可以将利率提高。[49] 为了降低利率，美联储则会采取相反的做法，购买国债，并用新创造的储备金来支付。如果没有国债，美联储就需要找到其他的方法来设定利率。[50]

最后，国家自己解决了这个问题。到了2002年，财政没有盈余，美国不再有能力按期偿还国债，更不用说清偿全部债务了。2001年后，当时支持消费者支出的股票市场泡沫破裂，联邦预算重新回到赤字状态，开始出现经济衰退。客观来说，这个衰退相当温和，但也造成了伤害。[51] 正如在下一章提到的，克林顿总统的财政盈余政策伤害了民间的资产负债表，扩大了2007年开始的金融危机所造成的破坏。

金融危机改变了美联储实施货币政策的方式。2008年11月，美联储启动了三轮大规模债券购买计划中的第一轮，被称为量化宽松（QE）计划。[52] 在美联储的多重目标中，该计划最希望能通过降低长期利率来帮助刺激美国经济。到该计划结束时，美联储已经持有约4.5万亿美元的债券，其中包括近3万亿美元的美国国债。[53] 除了使用量化宽松计划降低长期利率外，美联储还改变了其管理短期利率的方式，不再通过购买和出售国债来增加和减少储备金，而是改用一种"更直接和有效的利率支持方法"，[54] 开始对储备金的余额支付利息。现在，美联储只需宣布将支付一个新的利率，就可以在任何时候调整短期利率。

这意味着时代已经改变，美元不再与黄金挂钩。美国发行自由浮动的法定货币，所以不需要在支出前征税或借贷。事实上，正如我们在第一章学到的，S（TAB）模型反映了经济实际运作的方式。税收之所以重要，并不是因为可以帮助政府支付账单，而是有助于防止出现政府开支造成的通货膨胀问题。同样，债券销售重要也不是因为可以弥补政府的财政赤字。它们之所以重要，是因为可以消耗多余的储备金，使美联储达到利率目标。但今天，美联储对储备金余额支付利息，所以我们不再依赖债券来实现其利率目标。[55]

那么为什么还要保留债券？我们应该爱它还是远离它？是像亚历山大·汉密尔顿所认为的那样，国债是一种"国家财富"，还是像奥巴马描述的那样，国债是"不负责任"和"不爱国"的？我们到底应该珍惜它，还是摒弃它？

有一件事是肯定的，那就是我们不希望以糟糕的方式清偿美国国债，就像1835年或者克林顿总统在2001年的方式一样，通过在不可持续的民间赤字的基础上建立财政盈余。我们在下一章将会看到，这会对我们的经济造成可预见的负面影响。如果我们真的想让国债消失，其实有很多"无痛"的方式来解决。最简单的是洛内甘描述的方法，只需让中央银行购买政府债券以换取银行储备金。这是可以将黄色钞票变回绿色钞票的"无痛"交易，只需在美联储的键盘上就可以完成操作。另一个方法是随着时间的推移逐步停止发行国债，与其出售债券来消耗赤字支出所导致的储备金余额，不如将储备金留在系统中。[56]这样做也不会影响美联储执行货币政策的能力，因为美联储再也不需要政府债券来达到其短期利率目标。随着时间的推移，所有未偿还的债券都会到期，国家债务会逐渐消失。[57]

还有一个方法，就是学会与债务共存，为人们提供一种安全、有利息的方式来持有美元，这本身并没有固定的风险。[58]如果我们选择与之共存，就应该接受这样一个事实：所谓国家债务只不过是过往的一个印记，告诉我们曾经，而不是预测未来。它记录了自1789年美国政府成立以来经历的许多赤字历史，[59]包括血腥的世界大战、数次的经济衰退以及多年来数千名国会议员所做出的决定。真正重要的不是债务的规模（或谁持有债务），而是我们是否可以自豪地回顾，知道我们的国家债务之所以存在，是因为代表人民的民主政体采取了许多（大部分是）积极的干预措施。

如果不打算让国债消失，那么我们必须找到一种方法与国债和平相处，也许可以从给它换个名字开始。国债与家庭债务完全不同，所以使用债务一词只会导致困惑和不必要的焦虑，我们可以将其作为货币供给净额的一部分。我不确定黄色钞票这个词是否合适，但不妨一试！在莎士比亚的《罗密欧与朱丽叶》中，朱丽叶问了一个著名的问题："名字能代表什么呢？"当她得知罗密欧姓蒙太古时，她并没有感到困扰，对她来说，"我们所称的玫瑰，换个名字还是一样芳香"。俗话说，爱情是盲目的，但在政治舞台上，名字很重要。现在是时候为这些有利息的美元取一个新名字了。

第四章

他们的赤字是我们的盈余

迷思 #4：政府赤字挤占了私人投资，使我们更加贫穷。
现　　实：财政赤字增加了人们的集体财富和储蓄。

　　大多数时候，简单的赤字迷思不断地轰炸我们，告诉我们要把联邦政府想象成一个家庭（第一章），如果这个家庭不计后果地过度消费（第二章），就会刷光国家的信用卡（第三章）。这些迷思是专门为大众创造出来的，在电视节目和政治演讲中都能引起巨大共鸣，因为它们很容易被表达，你不需要有经济学（或任何其他方面）的背景，就能迅速理解这些信息。另一些迷思则很难被包装成有效的信息，因为它们植根于主流经济学的术语中，并得到许多学者和所谓的政策专家的支持。我们可能不会经常遇到这种信息，但并不意味着它们的危险性会降低，这类迷思的一个典型例子就是所谓的挤出效应（Crowding Out）。

　　最常见的挤出效应认为：财政赤字需要政府借款，这迫使山姆大叔与其他可能的借款人竞争。由于每个人都在竞争有限的可用储蓄，借贷成本就会上升。随着利率上升，一些借款人，特别是私营企业无法为其项目筹集资金。这导致私人投资下降，进而使未来工厂、机器等的数量减少。随着资本货物存量的减少，社会最终会出现生产力降低、工资增长变慢、经济发展缓慢的结果。这听起来的确是个噩耗！

这是建立在许多理论假设基础上的复杂论述，如果你遇到过这种论述，应该是在美国的有线电视C-SPAN上，而不是福克斯新闻或美国NBC新闻系列频道的有线电视新闻频道MSNBC（相较于更偏向民众一般新闻的福克斯新闻或MSNBC，C-SPAN更偏向时政新闻）。即使是密切关注政治的人，也可能一辈子都不会听到有人详细阐述挤出效应。但在华盛顿特区，它无处不在。

在每年最受广泛关注的CBO发布的《长期预算展望》（Long-Term Budget Outlook）报告中，挤出效应是经常出现的词。几乎拿起任何一个版本，你都会发现有一个章节阐述了挤出效应的观点。2019年的报告是这样描述财政赤字的所谓风险的："从长远来看，预期发生的联邦借贷将减少产能。政府从民众和企业那里借钱，而这些人的储蓄本来可以资助私人投资生产性资本，如工厂和计算机。"[1] 一个由预算专家、学者和华盛顿内部人士组成的专业群体将这样的论述视为一种信仰。专业术语、大量图表和数据给这种说法披上了一层令人印象深刻且可信的外衣，让读者认为挤出效应是机械的、不可避免的，就像数学上经过一系列严格检验的"如果，那么"句式。如果赤字需要更多的借贷，那么可用于资助私人投资的储蓄供应就会减少；如果储蓄的供应减少，那么利率就会上升；如果利率上升，那么私人投资就会下降；如果私人投资下降，那么随着时间的推移，经济增长将会放缓。这个过程就像推倒第一张多米诺骨牌后，其余的都会跟着倒下。

整个故事源于主导公共论点的一种主流经济学观点。无论是《纽约时报》的保罗·克鲁格曼（Paul Krugman）[2]等自由派代表,还是《华盛顿邮报》的乔治·威尔(George Will)[3]等保守派评论员,都有这种说法。如果你碰巧看了C-SPAN,也可能会听到哈佛出身、曾在奥巴马政府担任经济顾问委员会主席的经济学家杰森·弗曼(Jason Furman)在国会做证时也援引了这一说法。例如,2007年1月31日,弗曼在美国参议院预算委员会上,敦促国会议员"阻止红墨水(赤字)的流动",他将预算前景描述为一个"降低国家储蓄"的"重大财政挑战",并且警告说,事件的连锁反应将是"缓慢且渐进、无情且不可避免的",最终将危害经济的健全。[4]

挤出效应将政府财政赤字描述为阻碍社会进步的恶棍。储蓄被视作一种美德,因为大家相信储蓄就像燃料,可以用于资助私营部门的各种民间投资,让社会更富裕。而赤字被认为会破坏这种繁荣,因为它抽走了部分燃料供自己使用。因此,我们认为政府财政赤字和私人投资是相互矛盾的,因为政府借贷必然会让储蓄变少,私人投资的需求就无法被完全满足。[5]这就是主流经济学家的传统观点,看起来直接且有说服力,但最好把它看作一系列多米诺骨牌效应一般的迷思。

两个水桶

当弗曼在2007年敦促立法者"阻止红墨水(赤字)的流动"时,他担心的是预计高达1 980亿美元的财政赤字,这占国内生产总值的1.5%。他鼓励国会恢复现收现付规则,以防止赤字金额进一步攀升。他还抱怨说,"私人储蓄率是1939年以来的最低水平",赤字正在"拉低国民储蓄"。他把事情完全搞反了。

要了解原因,请想象,有两个水桶:一个属于山姆大叔,另一个属于我们,也就是山姆大叔以外所有人共有的桶。这是个简单的方法，帮助我们思考在任何经济体中美元如何在这两个部分之间来回流动，一边是政府的桶，另一边是非政府的桶。

我是从开创部门平衡框架（Sector Balance Framework）的英国经济学家韦恩·戈德利（Wynne Godley）那里学到这个思路的。那是1997年，我刚刚获得为期一年的研究员职位，来到利维经济研究所（位于纽约哈德逊谷的公共政策智囊团）学习，就是在那里我遇到了戈德利。当时我还在读研究生，被安排在与他相邻的办公室，我们常坐在一起聊几个小时。

戈德利说话语气温和，感情真挚。他会演奏双簧管（通常在他的办公室里），并受过专业的训练。他一生中大部分时间生活在英国，在那里，他曾在BBC（英国广播公司）威尔士国家管弦乐团担任首席双簧管演奏员，后来又担任了英国皇家歌剧院的总监（1976—1987年）。他的另一个职业专长是经济学，在英国财政部长期工作后被邀请至剑桥大学，成为应用经济学系主任。他是英国经济学圈中备受重视的人物，曾是辅佐财政大臣的"七贤人"之一。他似乎总能预测到经济的走向，《泰晤士报》称他为"当代最有洞察力的宏观经济预测者，尽管常常背离主流"。[6] 在他去世三年后，《纽约时报》刊登了一篇标题为《拥抱韦恩·戈德利：一位建立危机模型的经济学家》的文章，向他致敬。[7]

我很幸运地在戈德利移居纽约两年后，就来到了利维经济研究所。他是一个高大修长的人，有一头飘逸的白发，当他为将要发表的论文努力寻找完美的词汇时，他会随意地拨弄头发。戈德利和我一样，也是一位宏观经济学家，但他思考经济的方式似乎完全是原创的，他建立了自己的宏观经济模型来分析美国经济。一天早上，他邀请我和他坐在一起，用他的模型模拟政府支出增加的影响，他说："你看，每一笔钱都必须来自某个地方，然后去到某个地方。"

戈德利痴迷于建立没有任何遗漏的模型，他构建了由很多行列组成的巨大矩阵，以便将经济中所有的活动部分连接起来，他告诉我，只有这样，才能确保在系统中每一笔流动资金支付都能得到说明。每当经济体中的某人支付了一笔款项，就必须由其他人接收，这就是他所说的一切都来自某处、又去了某处的意思。他建立了一些相当复杂的模型，但发现似乎最有用的是"世界的单方程式"模型。这个模型与我在研究中所学到的任何模型都不一样，它并不依赖任何猜想，也没有隐藏的行为假设。事实上，它都不能算是一个真正的经济模型，而是一个简单的会计方程式，在所有情况下皆适用。

我们不需要复杂的矩阵来理解戈德利最简单的模型，它只包含两个活动部分：政府的财政收支平衡和非政府的收支活动平衡。由于在这个游戏中只有两名玩家——山姆大叔和其他所有人，因此可以推断，政府的每一笔付款都只有一个地方可以去，同理，政府收到的所有款项也都来自同一个地方。这种方式简单但强大，可以帮助我们思考政府的财政收支余额（盈余或赤字）对其他人的影响，解释了为什么从第一张多米诺骨牌开始，挤出效应就是错误的。

这个等式是这样的：

$$政府收支结余 + 非政府收支结余 = 0$$

这不是理论，因此不依赖于任何在现实世界中不成立的假设集，它是一个铁打的会计方程式，始终产出一个准确的事实陈述。你可以把它看作艾萨克·牛顿第三运动定律的某种衍生解释，即"在任何运动中，都有大小相等的作用力及反作用力"。在戈德利模型中，我们可以看到，在经济某一部分中存在的每一分赤字，在另一部分中都有相反但对等的盈余，不会有其他可能。如果某一部分支付的美元多于得到的美元，那么另一部分一定会得到同样多的美元。在每一个减号（−）的另一边都肯定有一个对等的加号（+）。戈德利还用不同的方式来表述同一个方程式：

政府赤字＝非政府盈余

这是一个最有力的观察，也是对过于简单的挤出效应的一个致命打击，为了了解原因，可以把戈德利的模型翻译成更简单的语言。我们只需要用两个水桶来解释（见图4.1）。其目标是研究挤出效应中声称的政府赤字是否真的吞噬了我们的部分储蓄。首先，让我们举个例子来看财政支出是如何在经济的两个部分之间移动的。假设政府花了100美元为总统车队购买新车，这些车辆将由经济中非政府部分的工人和企业生产，政府花费的每一美元都必须有去处，而这些钱只有一个地方可以去，那就是非政府的水桶里。假设其余所有人的集体税负金额为90美元。

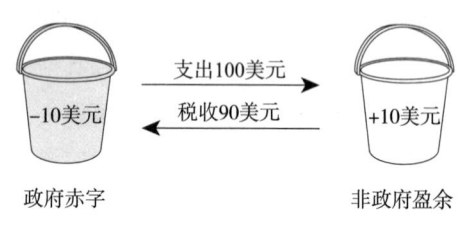

图4.1 政府出现了财政赤字

如果这就是山姆大叔支付的唯一款项，而税款是政府收到的唯一收入，那么CBO会报告说政府出现了财政赤字，并在其年度预算报告中记录负10美元。但是，等一下！这并不是发生的全部事情，政府的财政赤字反映在经济中非政府部分相等但相反的收支盈余上，山姆大叔的红墨水（赤字）就是我们的黑墨水（盈余）。只要跟着钱走：100美元进入我们的桶里，90美元又出来缴税还给政府的桶，10美元留在我们的桶里。每笔财政赤字都为非政府部分的水桶做出了财政贡献。

戈德利是一个注重细节的人，他的模型具有存量—流量一致性的特点。这是一种花哨的说法，即随着时间的推移，所有流入我们桶中的财政贡献，最终都会储存成等量积累的美元资产。换句话说，每一次资金流出都必须成为资金流入，而且随着时间的推移，这些资金必须积累成相应的金融资产存量。要理解这一点，可以想想你的浴缸，当你打开水龙头时，水流入浴缸，当你打开排水口时，水从浴缸中流出。如果排水的速度与流入的速度相当，那么浴缸就永远不会有任何积水，但是如果加水的速度快于排水的速度，水位就会上升，浴缸开始充入水。这就是图4.1中发生的情况，政府让100美元流进我们的水桶，却只把90美元拿走，杰森·弗曼抱怨的红墨水（赤字）的流动反而使我们的水桶充满了美元。财政赤字并没有吞噬我们的储蓄，反而增加了储蓄。

如果山姆大叔继续以这种速度支出并增加赤字，他将每年向我们的桶里投入10美元，随着时间的推移，这些钱积累起来，会变成我们的金融财富。按照这种速度，10年以后，我们的桶里会有100美元的储蓄。稍后将谈到借贷问题，但首先考虑一下，如果国会听从弗曼的建议，消除预算赤字，按照现收现付的方式执行预算会发生什么，如图4.2所示。

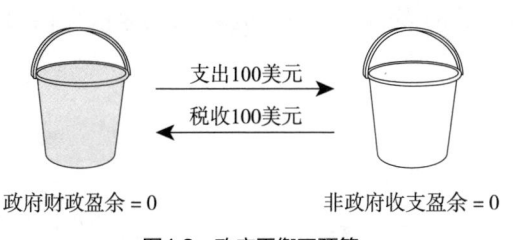

政府财政盈余 = 0　　　　　　　非政府收支盈余 = 0

图4.2　政府平衡了预算

通过将支出与税收的金额保持一致，我们消除了可怕的财政赤字，但结果呢？非政府水桶失去了收支盈余，虽然这也可能是一个好结果，但请记得，现代货币理论要求我们关注经济结果，而不是预算结果。因此，如果平衡预算可以为经济提供良好的整体环境，即实现充分就业和物价稳定，那么我们就没有理由抱怨政府平衡了账目。然而大多数时候，我们的经济需要财政赤字的支持来保持平衡，关键是要防止赤字过大或过小。

正如我们在第二章中所学到的，支出太多或者征税太少都会导致问题。想象一种极端情况，政府允许人们保留放入自己水桶里的每一块钱，而从不征收任何税款。这就像是关闭了浴缸的排水口，让每一笔支出都积聚在我们的水桶里，不久之后，浴缸就会过满，我们的经济就会过热。由于太多的钱在桶里晃来晃去，通货膨胀会迅速形成。适当的赤字规模可以提供足够的支持，使我们的经济在不增加通货膨胀的情况下保持稳定增长。

赤字可能太大，但也可能太小。我们同样用两个水桶的理论来看看上一次备受赞誉的克林顿财政盈余状况（1998—2001 年）。1998 年之前，政府一直在赤字中运行，但是突然情况发生了逆转，美元不是从山姆大叔的桶里流到我们的桶里，而是开始向相反的方向流动。如图4.3 所示，山姆大叔为正，而我们为负。为了使山姆大叔有盈余，政府必须在 1998 年向我们的桶里征收比它花费的（90 美元）更多的美元（即征税 100 美元）。山姆大叔让征收的美元比目前花费的多的唯一方法是收回几年前提供给我们的部分美元。

图4.3 政府出现了财政盈余

政府资产负债表上那可怕的赤字再一次消除，山姆大叔的账本现在确实出现了盈余。但是，先别急着开香槟庆祝，记住，每个财政盈余的另一面一定是同等规模的财政赤字。这意味着政府的盈余变成了我们的赤字！克林顿的财政盈余迫使我们牺牲了一些一直保存在桶里的美元。挤出效应的故事完全弄反了，不是财政赤字，而是财政盈余吞噬了我们每个人的储蓄。

为什么很少有经济学家愿意指出这一点？CBO公布其年度预算计划时，只讲了一半的故事，他们报告了政府目前（和预计）的财政收支状况，但并没有费心指出这对我们这些处在另一个水桶里的人意味着什么。政治家和学者用那些巨大而可怕的赤字数字恐吓民众，但他们没有试图说明这些赤字如何必然影响我们的财政平衡。因此，公众受到了片面报道的轰炸，只从一个对政府有利的角度来看待财政赤字。例如，2019年7月，《纽约邮报》编辑部以《被万亿美元赤字困住的未来》为标题发表了一篇评论文章。[8] 一年前，《华尔街日报》也曾有类似标题的文章，例如《为什么万亿美元的赤字可能成为新常态》。问题是，没有人愿意向读者展示这些碎片是如何组合起来的，政府的财政前景被描述成整个故事的全部。其实不然。

为了改变公众论述，需要像赤字猫头鹰派一样思考。第三章中讲到那些鹰派和鸽派花了太多的时间来叫嚣赤字问题，而没有帮助公众看到这些赤字对人们来说意味着什么。为了看清故事的全部，必须从不同的角度来看待资金的流动。这就是猫头鹰为什么能够成为更好的预算鸟派，它的头有全面的活动范围：它可以360度旋转，看到其他人所看不到的东西。如果你想了解整个故事的全部情况，这是个极好用的方法。

戈德利属于赤字猫头鹰派，这就是为什么当政府预算从1998年开始盈余时，他能够看到许多人所忽略的东西。当民主党政治家和绝大多数经济学家为克林顿政府实现了财政盈余而欢呼时，戈德利发出了警告。[9] 因为他的模型没有遗漏任何东西，能够看到政府的盈余正在抽走我们的一部分储蓄,当总统经济顾问委员会正忙于起草臭名昭著的《债务后的生活》报告时,[10] 戈德利发表的报告聚焦在几乎被所有人忽视的私营部门的赤字。只有他一个人预测到克林顿政府的财政盈余会破坏经济复苏,最终使联邦预算重新陷入赤字。[11] 这是因为财政盈余将金融财富从我们手中夺走,使我们的购买力下降,无法维持经济发展的支出。

戈德利的模型表明,从纯粹的财务角度来看,每笔财政赤字都会对某人有利,这是因为政府的赤字总是与非政府的财政盈余相匹配。在宏观层面上,山姆大叔的红墨水(赤字)总是我们的黑墨水(盈余)。当他花在我们桶里的支出比他征收的税多时,我们就可以积累这些钱并将其作为我们金融财富的一部分。但是,"我们"到底是谁?

从更高的角度来看,我们所知道的是,这些美元流入一个巨大的水桶,这个水桶中包含我们所有人,但唯独没有山姆大叔,即政府本身。你在这个大桶里,我也在,波音、卡特彼勒这样的大型公司在里面,我们的贸易伙伴(中国、墨西哥、日本等)也在其中。肯尼迪总统喜欢说"水涨船高",意思是,当经济发展得更好时,我们所有人都会因此受惠。戈德利的模型显示,财政赤字将始终保证这艘集体的、非政府大船在水上漂浮。但是,在这个大桶里漂浮的所有个人小船呢?

财政赤字有可能使数以百万计的小船随着水位上涨,但山姆大叔赤字的好处往往没有在整个经济中广泛传播。最大的公司和社会上最富有的人所获得的减税不成比例地将财富注入他们的桶中,而数百万家庭却在努力维持他们的小船在水上漂浮。如果目标是广泛的共享繁荣,那么我们需要更公平分配资源的财政赤字,例如,投资于医疗保健、教育和公共基础设施,不仅会使从事这些工作的医务人员、教师和建筑工人受益,也会使患者、学生、司机等普通人得到更好的公共服务。[12]并且，当财政赤字帮助中低收入家庭时，这些钱不会囤积在离岸银行账户中，它们被重新投回我们的经济中，再次帮助中低收入的家庭，让彼此的小船都不会沉没。

关键是，不是每一次赤字都是为了更广泛的公共利益服务。赤字可以被用来做好事或做坏事：它可以使一小部分人致富，将富人和权贵的游艇提升到新的财富高度，而将数百万人远远甩在身后；它可以为破坏世界稳定的不公正战争提供资金，并使数百万人丧生；或者它也可以被用来维持生命，建立一个更公平的经济环境，为多数民众而不仅仅是少数人服务。财政赤字不可以做的是吞噬我们的集体储蓄。[13]

利率是一个政策变量

挤出效应的故事源于我们在第一章中介绍的（TAB）S模型。该模型将山姆大叔视为货币使用者，必须通过征税或借贷为其支出提供资金，如果他希望支出（S）多于预期税收（T），那么他必须通过借贷（B）来弥补缺口（即赤字）。根据传统经济学家（鹰派和鸽派）的论点，如果政府通过借贷来弥补赤字，那么就会用掉一些本来可供私人公司和其他借款人使用的储蓄。如果储蓄的供应减少，那么随着借款人的可用资金越来越少，利率就会上升，借款成本从而上升。

我们已经看到，赤字支出增加了我们的集体储蓄。但如果山姆大叔的赤字是借贷产生的，那么会发生什么？这会吞噬储蓄并迫使利率上升吗？答案是否定的。

挤出效应要求我们想象一个固定额度的储蓄供应。先想象一下，在地球的某个角落，有一座美元堆起来的高山，这些钱是由拥有美元的储蓄者放在那里的，任何人都可以申请从中借款。这些储蓄者持有美元，但不希望把钱花光，因此将这些资金提供给借款人，但借款人要付出一定的代价。储蓄者从他们借出的钱中赚取利息，而借款人则为这些资金的使用向储蓄者支付费用。这是一种直接的供需关系，利率平衡了资金的需求和可用的供给。在没有政府赤字的情况下，所有需求都来自私人借款人，这些可贷资金存在竞争，但企业只是与其他私营部门竞争这一部分可用的资金供给。[14] 由于没有山姆大叔参与竞争，所有的储蓄都用于支持私人投资，但如果政府的预算出现赤字，山姆大叔就需要其中一部分的资金，导致可用于支持私人投资的资金供给减少，借贷成本上升，一些企业无法得到融资。这实际上并不是政府的赤字，而是通过借贷产生的赤字，被认为提高利率而导致挤出效应。

现代货币理论拒绝这种被称为可贷资金（Loanable funds）的说法，因为它并不认为借贷受限于稀缺的金融资源。正如现代货币理论经济学家斯科特·富维勒所说："传统分析完全不符合现代金融体系的实际运作方式。"[15] 为了了解原因，让我们仔细研究一下，当联邦政府出售债券以协调其赤字支出时，实际发生了什么。由于现代货币理论认识到联邦政府并不像家庭那样运作其预算，我们拒绝（TAB）S模型，而使用货币发行者的S（TAB）模型。请记住，这个模型认为政府不像家庭一样受到收入限制，所以它可以先行支出，然后再征税或借贷。假设国会批准了100美元的新支出，当政府开始支付时，这些钱就会流进非政府部门的水桶里，再次假设90美元被用于支付税收。

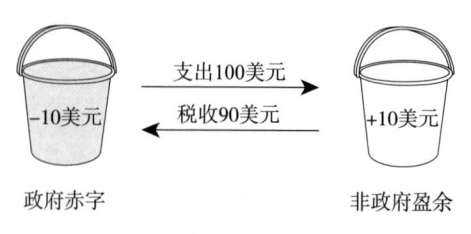

支出100美元
税收90美元

−10美元
政府赤字

+10美元
非政府盈余

图4.4　政府出现了财政赤字

如图 4.4 所示，政府将 10 美元的赤字存入非政府部门的水桶中。如果这就是所发生的一切，那么这些美元将只是以数字或实物货币的形式存在，即绿色钞票（回想我们在第一章中对绿色钞票也就是美元的使用，它以银行储备或纸币和硬币的形式存在）。如果政府只是让我们持有绿色钞票，就可以容许财政赤字的存在，而不出售政府债券，这样一来，也就不会（不幸地）增加我们所谓的国家债务，但这不是目前的财政运作方式。根据目前的安排，每当出现财政赤字时，政府就会出售美国国债，这通常被称为借贷，但正如我们在第三章中所了解到的，这是一个非常错误的说法，因为政府自身的赤字提供了购买债券所需的美元。为了将 10 美元的赤字与债券销售相匹配，政府只需从我们的水桶中抽出 10 个绿色的钞票，并将它们替换成 10 个黄色钞票，也就是美国国债，放入政府的水桶中。图 4.5 显示了政府从非政府桶中取出绿色美元，并将其替换为附息的政府债券。

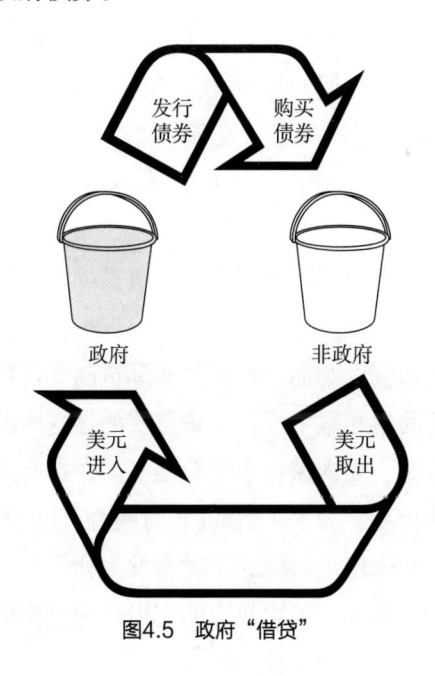

图4.5 政府"借贷"

当整个过程结束时，山姆大叔将支出（S）100美元到我们的桶里，征收90美元的税收（T）回来，并将剩余的10美元转化为黄色钞票，称为美国国债（B），这些债券现在已经成为国内和世界各地的储蓄者所持有的财富的一部分。正如戈德利的模型显示，政府赤字总是导致非政府部门的水桶中持有的净金融资产的供应以美元为单位增加。[16]这不是一个理论，也不是什么个人观点，只是冷冰冰且强硬地将存量与留量保持一致的会计现实。

因此，即使是政府借贷，财政赤字也不会减少美元储蓄的供应。如果这不会发生，那么就不会有不断缩减的美元储蓄推动借贷成本上升的问题。显然，这与传统挤出效应所说的不同，挤出效应声称政府支出和私人投资在争夺有限的储蓄池。

可贷资金理论与现实不一致的原因是，它把联邦政府当作货币使用者。当我们拒绝这种幼稚的看法时，就会看到，像美国这样的国家既不依赖借贷为自己提供资金，在出售债券时也不会受到私人投资者的影响。[17]山姆大叔不是拿着帽子到处寻找资金才有钱花的乞丐，而是一个实力雄厚的货币发行者！他可以选择借贷（也可以不要），国会也始终可以决定对发行的债券支付多少利率。并非所有的国家都是这样的，但对于那些拥有货币主权的国家来说就是如此。[18]

这种区别非常重要，因为传统的说法是预算赤字会迫使利率上升，虽然这有一定的道理，但我们在讲述这个故事时必须非常谨慎。通过关注货币制度和赤字融资的实际机制，现代货币理论帮助我们避免了过于简单化这个流程，最重要的是这个国家正在运行的货币制度。与希腊、委内瑞拉或阿根廷不同，拥有货币主权的国家不受金融市场的控制。为了了解原因，让我们仔细看看，当像美国这样的货币主权国家出现财政赤字时会发生什么。

现代货币理论显示，美国政府的支出是通过贷记私人银行的储备金余额来实现的，而私人银行的储备金余额又会贷记那些接受政府付款的银行账户。如果你存入山姆大叔给的 1 000 美元支票，你的银行将获得 1 000 美元贷记到它在美联储的储备账户上，而将有 1 000 美元贷记到你自己的个人银行账户上。向联邦政府支付的款项则是相反的过程。如果开一张 500 美元的支票来缴纳联邦所得税，银行将从你当前余额中减去这么多，而美联储将从你的银行储备金余额中减去 500 美元。当政府的支出多于征收的税款时，它留给银行系统的储备金余额会更多。换句话说，财政赤字增加了储备金余额的总供给。

接下来会发生什么事情，完全取决于政策响应。政府可能会像现在一样选择借贷，用美国国债取代新出现的储备金余额，这样做可以让政府在不改变银行系统中储备金数量的情况下实现财政赤字。从现代货币理论的角度来看，发行债券的目的不是为政府已经发生的支出"融资"，而是为了防止大量储备金的注入将隔夜利率压低至美联储的目标水平以下。[19] 发行债券完全出于政府的自我意愿，因为国会总是可以选择用不同的方式行事。[20]

由于拥有货币主权，美国在借贷和管理利率方面有很多选择，可以严格管控短期利率，但允许金融市场对长期借贷成本有某种程度的影响，这就是目前美国政府的做法。或者，政府可以选择控制长期借贷成本，就像美国在二战期间和之后所做的那样，也是日本央行现在的做法。政府甚至可以完全不使用国债，让挤出效应完全站不住脚，让政府借贷推动利率上升这个论点完全失效。关键是，赤字并不构成固有的挤兑风险，可贷资金理论是完全错误的。无论是否伴随着债券发行，财政赤字都不代表利率上升会不可避免。

要了解原因，我们可以简要地看一下现在的操作方式。如今，只要出现财政赤字，美国财政部就会发行无风险债券，所谓的无风险，是因为只要债券是以政府自己的记账单位计价的，发行货币的政府就可以履行任何偿还债券持有人的承诺。日本随时可以偿还日元，美国总是可以支付美元，英国政府也始终可以履行以英镑计价的任何支付义务。在这些国家（以及其他货币主权国家），联邦政府都采取了自己的程序，将政府债券转交到私人买家手中。

美国依靠一种拍卖系统向私人市场出售债券。每当联邦政府预计会出现财政赤字时，财政部就会提供与预期赤字等值的政府债券，财政部官员决定发行多少债券，市场参与者（即投资人）争夺有限的供给。最初的交易是在所谓的一级市场进行的，在那里，某类买家（即一级市场交易商）对债券进行竞标。一级市场交易商被定义为纽约联邦储备银行的交易对家，目前有24家，包括像富国银行（Wells Fargo）、摩根士丹利（Morgan Stanley）、美国银行（Bank of America）和花旗集团（Citigroup）等熟悉的名字。在一级市场上完成首次购买后，美国国债可以在二级市场上转手，养老金、对冲基金、州政府和地方政府、保险公司、外国投资者等都可以在二级市场上进行购买。政府债券的利率来自这种竞争性的投标过程，因为一级市场交易商通过在每次拍卖中对全部供给的债券进行投标来"制造市场"。[21]

如果政府预计将出现2 000亿美元的财政赤字，财政部将安排该数额的债券发行。[22] 在每次债券拍卖发行之前，财政部官员会决定拍卖日期、拍卖规模、债券面值以及到期日。[23] 作为2 000亿美元债券拍卖的一部分，政府可能会提供一批十年期债券，每张面值为1 000美元。当拍卖开始时，每个一级市场交易商都会对其在总分配量中的份额进行竞价。其中一家可能愿意购买一定数量的债券，但前提是这些债券每年有20美元的利息，另一个交易商可能会要求18美元，还有一个可能会提交22美元利息的出价。每个出价都带有一个隐含的回报率，在这个例子中，一级市场交易商分别寻求2%（20/1 000）、1.8%（18/1 000）和2.2%（22/1 000）的回报率。如果寻求20美元利息回报的交易商在拍卖中胜出，美联储将向他们收取一定金额的银行准备金，并将这笔在未来十年内每年支付2%利息的国债记入他们的账户。[24]10年后，每张债券都将产生200美元的利息收入。[25]

一级市场交易商被要求以合理的价格出价，但他们不一定要提交相同的出价。如果交易商认为2%的利率太低，则可以通过提交更低的出价来获得更高的收益。然而，较低的出价会降低赢得拍卖的可能性。有一个古老的小技巧，可以帮助理解债券收益率（利率）和债券价格之间的关系。伸出手，竖起大拇指，这代表投资者的强烈需求。较高的出价意味着债券价格会竖起大拇指（上涨），由于债券价格和债券收益率之间存在着反比关系，所以以债券价格上涨的大拇指意味着利率下降。当交易商愿意以低利率购买债券时，政府不必花那么多的钱来借贷，当交易商提出较低的出价时，这意味着他们要求更高的回报。如果交易商的出价普遍较低，财政部最终支付的利息就可能比宣布拍卖时预期的要多一些。

在实践中，国债拍卖总是超额认购，这意味着出价总是多于可提供的债券。美国前财政部副部长弗兰克·纽曼（Frank Newman）告诉我："对国债的需求总是高于每次拍卖中新发行的有限供应量；拍卖中的赢家可以将资金投入这个最安全、流动性最强的货币工具；输家只能将他们的资金放在银行里，承担银行风险。"[26]由于需求总是超过供应，提交一个相对较低的出价意味着可能会空手而归，因此多数激进的竞标者才可以成功购买美国国债。为了区分赢家和输家，政府将出价从高到低排列，最高的出价（即最低的利率）总是胜出。下一轮分配给出价次高的人，以此类推，直到债券全部售出。

这听起来可能像挤出效应中想象的可贷资金市场，其实不然。一级交易市场是由联邦政府专门为新发行的政府债券进行交易而建立的真实市场。[27] 换句话说，政府创建一级交易市场的唯一目的是将美国国债转移到私人手中，作为其财政运作的一部分。山姆大叔进入市场并不是为了与其他借款人竞争，相反，是几十个一级市场交易商（贷款人）相互竞争，以赢得拍卖的份额。每次拍卖都涉及财政部和美联储之间的协调，这意味着，即使是巨大的、意料之外的财政赤字也不会构成任何融资问题，因为美联储支持着一级市场交易商，基本上如果交易过程中出现任何小插曲，美联储都能确保交易商拥有所需的资金，使他们能够进行合理的竞标。很明显，在政府的支持下，政府债券的利率是一种政策选择，而不是贷款人对联邦政府施加的任何压力。

　　那么，赤字和利率之间的关系是什么？一方面来说，有一个无可争议的答案，那就是赤字推动了隔夜利率下降。在一个没有债券销售或中央银行的其他防御性动作的世界里，赤字将推动短期利率降至零，因为赤字支出使银行系统充满了过剩的储备金，而储备金供给的大量增加将使联邦利率降至零。[28] 如果中央银行不想接受零利率，那么它必须做些什么使利率进入正值。历史上（2008年之前），政府通过公开市场操作，如出售美国国债来消耗准备金余额，直到利率上升到美联储的目标利率。现在，如果要调整利率，美联储只需简单宣布一个新的目标，然后，利率就被设定在新的（更高或更低）水平了！关键是，如果没有某种明确的干预措施，财政赤字会自然地将短期利率推向零点。[29]

　　那么其他利率呢？成为一级市场交易商有点儿像拥有一只会下金蛋的鹅。仅仅因为你在货币机构中占据了一个特殊的位置，促进了财政部的财政运作，就能保证获得利润。任何交易商都不愿放弃这个特权位置，为了保持良好的声誉，交易商所要做的就是合理出价，在每次拍卖中赢得他们的国债份额。关键词是合理，这意味着交易商需要提交与当前利率非常接近的出价，而这个利率本身在很大程度上受到美联储政策的制约。因此，虽然一级市场交易商正式提交的出价表达了他们期望的回报率，但最终必须接受的利率在很大程度上是他们无法控制的。当环顾世界时，看到全球政府债券市场大约有 1/3 的交易名义上是以负利率进行的，这一点就变得更加明显，这是因为日本银行、欧洲中央银行、瑞典皇家银行、丹麦国家银行和瑞士国家银行都将短期利率设定在零以下。

向私人投资者出售债券，让民众（误）以为政府依赖储蓄者进行融资，而金融市场可以迫使政府按照民间设定的条件进行借款，但实际情况并非如此。一个发行货币的主权政府不需要为了支出而向任何人借款，即使借了，政府也可以对需要支付的利率施加实质性影响。一级市场交易商可以发出希望提高利率的信号，但如果美联储需要较低的利率，它总是可以调低。在精明的投资者中流行着一句话："不要与美联储对抗。"如果美联储决心使利率下降，那么交易商最好做好相应的准备，与坚定的中央银行对赌的投资者注定将会遭受财务损失。其中一个最引人注目的（坏）交易，是由一个名叫凯尔·巴斯（Kyle Bass）的投资者进行的，巴斯判断日本政府的债务已无法维持，所以他通过做空日本国债来赌它。当投资者做空政府债券时，他们在赌债券的价格会下降（价格拇指下降）而收益率（利率拇指上升）会上升，巴斯（和其他像他一样的人）因为这种交易策略损失了巨额资金。做空日本国债被称为"寡妇交易"（Widowmaker's trade），因为很少有投资者能够在由此带来的巨大损失中幸免于难。

尽管大多数经济学家不这么认为，但财政赤字和利率之间根本没有预先设定的关系。如果中央银行致力于保持利率不变或降低利率，那么财政赤字就不可能像传统的挤出效应所想象的那样迫使利率上升，有一小段历史可以证明这一点。

从 1942 年到 1947 年，美联储在财政部的要求下，积极管理政府的借贷成本。即便是在1943年，第二次世界大战的支出使联邦赤字达到GDP的25%以上时，利率仍处于低点，这是因为美联储将短期国债券利率锁定在0.375%，将25年期债券的利率锁定在2.5%。正如现代货币理论经济学家兰德尔·雷所说："政府可以以中央银行选择执行的任何利率来'借款'（即向公众发行债券）。"对中央银行来说，锁定短期政府债券的利率相对容易，因此央行随时准备以固定价格无限量购买短期政府债券。这正是美联储1951年之前在美国所做的事情：为银行提供一个附息的超额准备金替代品，但利率非常低。[30]

1951年的《财政部—美联储系统协议》结束了美联储代表财政部管理利率的官方协议，但美联储的权力并未因此而被剥夺。事实上，即使赤字飙升，美联储仍保留了降低利率的权力，这对过去十年内任何一个美联储政策的观察者来说都显而易见。当美国经济在2008年跌入谷底时，预算赤字飙升至GDP的10%以上，随着赤字攀升，美联储将隔夜利率降至零，并连续七年保持在这一水平。此外，美联储实施了三轮量化宽松政策，购买美国国债和不动产抵押贷款证券，进一步降低了长期利率。任何告诉你财政赤字必然导致利率上升的人，都忘记了二战的历史，忽视了最近的经验，而且这一现象不仅仅发生在美国。

自2016年以来，日本央行一直明确锁定其收益率曲线。[31]这意味着日本央行不只是控制隔夜利率（就像美联储在美国的做法），还有效锁定了长期利率。这种做法被称为收益率曲线控制，因为它实际上涉及控制十年期政府债券的收益率。如今，日本央行致力于将十年期利率保持在零，要做到这一点，央行只需购买必要数量的债券，以防止收益率上升到零以上。这有点类似于量化宽松政策，因为目标都是降低利率，然而收益率曲线控制是一种更有力的形式，因为日本央行在任何特定时间段内购买的债券数量并不会提前确定，收益率曲线控制是对利率（价格）目标的控制，而不是设定购买一定数量的债券（数量）。日本央行的政策清楚地表明，即使在政府借款增加的情况下，央行仍可以设定短期和长期利率。通过行使其作为主权货币发行者的权力，日本可以完全避免可贷资金理论中所想象的那种利率压力。

不是每个国家都有这种权力。正如富维勒的解释："对经济政策的影响对货币主权国家来说是范式转移（Paradigm shift）。"简而言之，挤出效应的故事并不适用于那些以自己的主权货币借贷的国家。[32] 对于美国、日本、英国和其他货币主权国家来说，国债利率是一个政策变量。作为货币发行者，他们不需要为了支出而进行借贷，债券的发行与销售是自愿的，任何政府选择提供的债券所支付的利率总是一种政策选择。[33] 但对于缺乏货币主权的国家来说，情况并非如此。

希腊、意大利以及欧元区的其他17个成员国，为了使用欧元而放弃了自己的主权货币。由于无法发行欧元，成员国政府必须通过出售债券来弥补财政赤字，这意味着要找到愿意放弃欧元以换取政府债务的投资者。问题是，一旦这些国家开始承诺用自己无法发行的货币来偿还债券持有人，向这些国家提供贷款就变得特别有风险。这一点在2008年金融危机之后变得非常明显，因为全球经济衰退让希腊和其他欧元区国家出现了严重的预算赤字，为了给赤字融资，每个国家都不得不在市场上寻求资金，就像挤出效应中想象的情况那样，各国政府别无选择，只能在私人金融市场上借款，而且必须支付市场要求的任何费用，以确保能够获得所需的资金。投资者对向不能保证还款的政府提供贷款感到担忧是正常的，为了补偿他们所承担的额外风险，金融市场要求的利率越来越高，不久之后，一场全面的债务危机就爆发了。希腊是这场危机的典型代表，十年期政府债券的利率从2008年9月的4.5%飙升至2012年2月的近30%。最终，货币发行者——欧洲中央银行（ECB）伸出援手，利率才大幅下降。[34]

以自身无法发行的货币进行借贷，使欧元区国家面临传统挤出效应中预测的那种利率压力。当国家将其国内货币的价值采用金本位制，或与其他货币挂钩（即固定汇率）时，类似的情况往往也会发生。例如，俄罗斯和阿根廷曾经承诺按固定汇率将其国内货币（分别为卢布和比索）兑换成美元。问题是，为了维护汇率挂钩，政府必须放弃对利率的控制。

俄罗斯的情况是这样的。你可以持有国内货币，也就是卢布，也可以要求中央银行将卢布兑换成其他货币。你可以按固定汇率将卢布换成美元，或者可以用卢布购买俄罗斯政府债券（GKO）。正如福斯塔特和莫斯勒所观察到的，"政府债券可以被认为是与换汇为美元的'竞争'"。[35] 只要大多数人愿意持有卢布或GKO，事情就很好办，俄罗斯政府可以同时发行货币和债券。但在1998年，当所有人突然都想要美元时，一切就乱了套。由于对GKO的需求蒸发了，俄罗斯债券的价格暴跌，收益率急剧上升。正如希腊政府没有能力阻止借贷成本的飙升一样，固定汇率的国家则是牺牲了对利率的控制。从现代货币理论的角度来看，这就解释了"尽管赤字会破坏固定汇率，在固定汇率制度下，有违约风险的政府需要支付高利率，与此相反，像日本这样的国家在浮动汇率制度下，政府却能轻松地将利率保持在零"的原因。[36]

结论非常简单：货币制度很重要。挤出效应只适用于一个不复存在的世界，而传统的经济学理论依然将多米诺骨牌效应视为赤字支出的必然结果。事实是，这个故事的适用性有限。正如蒂莫西·夏普（Timothy Sharpe）所说："金融上的挤出效应理论最初是在可兑换货币体系的背景下提出和分析的，即金本位制和布雷顿森林固定汇率协议（1946—1971年）。"而不同的货币制度会改变一切，这就是夏普在广泛的实证研究中发现的，他把符合现代货币理论模型的国家（即拥有货币主权的国家）与那些固定汇率或以外国货币借款的国家区分开来。结果与现代货币理论一致："证据显示了在没有货币主权的经济体中存在挤出效应，但在主权货币经济体中则没有。"换句话说，将挤出效应的说法应用于美国、日本、英国或澳大利亚等货币主权国家是错的。[37]

事实上，政府赤字并不会阻碍经济进步，不会使私营部门更难借贷和投资，在几乎所有的情况下，赤字反而让借贷和投资变得更容易。这是因为山姆大叔的赤字将美元注入民众的水桶中，无论这些钱是以减税还是增加支出的形式出现，它们都让我们中的一些人拥有更大的消费能力。消费是资本主义的命脉，没有消费，企业就没客户，没有销售收入，也就没有利润来维持它们的生存。正如诺贝尔经济学奖得主威廉·维克瑞所说，目标明确的赤字"可以产生额外的可支配收入，增加工业产品的需求，并使私人投资更有利可图"。[38]换句话说，精心设计的财政政策，包括那些增加财政赤字的政策，可以引发私人投资的挤入而不是挤出，进而带动经济的良性循环。

第五章

在贸易中"获胜"

迷思 #5：贸易逆差意味着美国是输家。
现　　实：美国的贸易逆差其实是"产品"的顺差。

我记得我曾和当时只有 9 岁的儿子布拉德利一起观看唐纳德·特朗普的共和党初选辩论。那是 2015 年，特朗普在贸易问题上大放厥词，抱怨墨西哥和日本等国家在掠夺美国，并发誓如果选民让他入主白宫的话，他会结束这种偷窃行为。这成为他竞选的一个核心主题：美国正在输掉与外国人的贸易战。"我们不再是赢家，"特朗普在 2015 年俄亥俄州克利夫兰的一场初选辩论中大声疾呼，"我们在贸易方面打不赢日本等国，有数以百万计的进口汽车不断进入我们国家。"[1] 这引起数百万美国人共鸣，特别是在俄亥俄州、密歇根州、宾夕法尼亚州、北卡罗来纳州和威斯康星州，那里的许多选民将社区的空洞化和高薪工作的流失归咎于进口竞争和不断增加的贸易赤字。

作为前总统，特朗普仍然痴迷于抨击进出口之间的差距，即美国与世界其他国家的贸易逆差，对他来说，这就是美国在贸易中遭受损失（失败）的初步证据。一方面，他从货币角度看待这些损失，在推特上写道："美国多年来一直在损失，每年在贸易上损失 6 000 亿~8 000 亿美元，仅在与中国的贸易中我们就损失了 5 000 亿美元。不好意思，我们不会再这样做了！"[2] 他似乎认为，问题在于外国人把美国人的钱都赚走了。而当他看到真正的贸易内容——美国人和外国人之间正在交易的实际货物时，他再次看到美国在贸易交易中遭受了极大损失。特朗普在 2019 年 8 月解释道，为了交换从日本进口而来的数百万辆汽车，"美国给日本输送了小麦。这不是一笔好交易"。[3] 我当时 13 岁的儿子布拉德利带着疑惑的眼神看着我说："所以，问题是美国拿了日本的汽车，而日本只拿走了美国的小麦？这就好比我给了朋友两张我的低价值交易卡，换来了他的十张高价值卡？那我会非常满意这个交易！"

从这个角度看，你可以说一个国家通过最大化其利益（进口）和最小化其成本（出口）而在贸易中"获胜"。这听起来似乎有哪里不对，听起来像是美国大约 7 000 亿美元的贸易逆差证明了其已经在贸易中全面获胜了。这样对吗？特朗普是不是完全搞错了？与其使用关税政策来发动一场贸易战，以减少从中国和其他地方进口到美国的商品数量，难道美国应该努力实现更小的贸易逆差吗？这样美国就可以成为无可争议的全球贸易冠军吗？正如我们在下文中将要看到的，这一切并不是非黑即白、非输即赢，国际贸易实际上要复杂得多。

那为什么这么多美国人认为，在贸易问题上其他国家都想"置我们于死地"？一个词：就业。最大的工会联合会领导人理查德·特鲁姆卡（Richard Trumka）在特朗普就职前一周向他解释，糟糕的贸易协议已经使数百万美国人失去了薪水不错且受工会保障的工作。他告诉总统："整个社区已经失去了目标和身份认同感，我们必须解决这个问题。"[4] 他支持特朗普对《北美自由贸易协定》

（NAFTA）和其他协议重启谈判的承诺。他说："劳动人民正在寻找一种新的贸易方向。"

山姆大叔致命的"阿喀琉斯之踵"

就像美国的许多劳动人民一样，中国、日本和其他地方的数百万劳动人民依靠他们的工作来维持生计。如果对他们所生产的产品需求突然枯竭，他们的工作可能就会消失。这就是为什么我们经常听到美国政治家和工会督促消费者购买国货，或督促福特、苹果等公司在美国本土制造更多产品。当美国人花钱购买国外生产的产品时，这种需求支持了世界其他地区的工作，而没有支持国内的工作机会。

自1994年克林顿总统签署《北美自由贸易协定》，开创了"自由贸易"新时代以来，数百万美国人的生活变得越来越糟糕。随着制造业企业将产区迁往墨西哥，并最终迁往北美以外可以支付给工人更低工资的国家，数百万高薪水的工作机会已经消失。中国在2001年全面加入世界贸易组织（WTO）后，美国制造业外移更多。经济政策研究院的经济学家推断，从2001年到2011年，中国对美国出口的需求支持了53.8万个美国工作机会，但中国对美国的进口需求使超过320万名美国人失去了工作，也就是说美国净损失了约270万个工作机会。[5] 最重要的是，即使这些流离失所的工人能够找到新工作，新工作的报酬也比之前平均低22.6%。

这种贸易导致的流离失所摧毁了很多由制造业主导经济命脉的地区，也迫使大量的美国人陷入永久的、非自愿的失业，或不得不接受低薪服务性工作的恶性循环。而整个事件的背景则是在十年前，企业与农场的整合已经严重破坏了社区和城镇；在接下来十年里，中国加入WTO带来大量贸易，这些社区受到一些影响。在此期间，与中国扩大贸易先是带来了一些消费者利益，但后续也让不敌中国竞争的产业所集中的劳动力市场持续产生产业调整成本，几年后，2008年的金融危机又导致另一轮工作机会消失。

到2016年特朗普入主白宫的时候，他散播的有关移民和贸易赤字的谣言被一个又一个经济困难的工人群体所相信，因此许多工人全力支持特朗普的偏激号召：在贸易中获胜，把工作带回家，让美国再次伟大！

与此同时，民主党也做出了无声的回应，希拉里·克林顿的竞选团队发行了印有"美国已经伟大"口号的蓝色棒球帽。[6]也许希拉里觉得自己陷入了困境，所以她的竞选活动采取了一种策略，即在很大程度上忽视那些被美国的贸易关系和与之相关的痛苦所压垮的选民。民主党高层没有提出令人信服的计划来恢复工作机会并帮助那些陷入困境的社区，只是简单地放弃了这部分工人阶级选民。例如，参议院少数党领袖查克·舒默（Chuck Schumer）认为："我们在宾夕法尼亚州西部每失去一张蓝领民主党人选票，就得在费城郊区赢回两张温和的共和党人选票，在俄亥俄州、伊利诺伊州和威斯康星州都是这样。"[7]对民主党而言，这是一个失败的策略。

在2016年赢得美国总统大选后，特朗普继续坚持认为美国在贸易竞争方面是失败者，甚至连他的一些潜在对手也赞同这个观点。例如，参议员伯尼·桑德斯在推特上说："假装中国不是我们的主要经济竞争对手之一这一判断是错的。当我们入主白宫时，我们将通过修正贸易政策来赢得这场竞争。"当然，桑德斯的目标是（现在仍然是）修正一个能够保护工人和环境的贸易政策。然而，进步人士与保守派似乎有同样的忧虑：对贸易赤字本身的恐惧。

事实上，贸易赤字本身并不值得恐惧。美国不需要通过将贸易赤字清零来保护就业和重建社区，只要联邦政府随时准备利用其财政能力来维持国内的充分就业，就没有理由诉诸贸易战。不是为了那些利用廉价劳动力和逃避法规监管的企业，而是为了数百万由于《北美自由贸易协定》的"自由贸易"政策而颠沛流离的劳动人民，我们可以设想一个更好的世界贸易新秩序。对贸易的重新认识也能为发展中国家和全球环境带来更好的结果。

三个水桶

我们可以在上一章使用的模型中增加第三个水桶来思考贸易不平衡的问题。之前，山姆大叔是一个水桶，其他所有人都在另一个桶里，每当山姆大叔花钱的时候，这些钱就只有一个地方可以去，即进入我们称为非政府部门的集体水桶里，这完全合理地说明了这样一个事实：山姆大叔的赤字将美元注入了"我们"的水桶中。现在是时候更仔细地研究一下我们非政府部门的水桶了。由于本章是关于国际贸易的，我们来看看美元是如何在美国经济和世界其他地区之间流动的。为此，我们需要将非政府部门的水桶分成两个独立水桶，这样我们会得出一个三桶模型。代表美国政府的水桶依然存在，但现在我们有一个属于所有美国家庭和企业的桶（即美国国内私营部门水桶），以及一个属于世界其他地区的桶（即外国部门水桶）。

和之前一样，不可能所有的水桶同时出现盈余（或赤字），如果一个水桶里有红墨水（即赤字），那么至少另一个水桶里一定有黑墨水（即盈余）。正如戈德利告诉我的，"每一笔钱都必须来自某个地方，然后去到某个地方"，对于从一个水桶中流出的每一笔款项，必须至少在另一个桶中收到相同数字的款项。从会计角度来看，这意味着所有三个水桶加总的余额必须始终为零。图 5.1 展示了这种关系。

图5.1　三个部门的会计方程式

在现实世界中，美元每天都在这三个水桶中流动。如果美国政府从卡特彼勒公司购买了一些推土机，并雇用一些美国工人建造一座桥梁，那么当政府支付这些款项时，美元将流入美国私营部门的水桶中。美国工人和（大多数）美国企业都要缴纳联邦税，所以山姆大叔又从私营部门的水桶中拿回了一些美元。

简单起见，我们像之前一样，假设山姆大叔花了100美元，并征了90美元的税，在私营部门的水桶里留下了10美元的盈余。这些钱会在美国的私营部门里流转，随着美国人支付理发、剧院门票和大学学费而不断转手，当美国人从国外进口产品时，这些钱也会流入别的水桶。假设美国人支付5美元从世界其他地方购买商品和服务，而外国人只花3美元从美国购买产品，由于进口多于出口，美国出现了贸易逆差。当所有交易完成后，美国的贸易逆差将2美元转移到外国部门的水桶里。图5.2列出了所有这些款项，表明美国政府的财政赤字（负10美元）刚好等于其他两个水桶的盈余之和（8美元加2美元）。只要美国经济保持充分就业，这个结果就没有任何内在的问题。

图5.2 美国的财政赤字和贸易赤字（双重赤字）

由于山姆大叔是美元的发行者，永远不必担心资金不足的问题，他的水桶可以根据需要随时制造美元，但其他所有人都必须从某个地方获得美元。而美国的私营部门通常希望美元的收入多于支出，也就是有盈余。这并不是说私营部门不能陷入赤字，它可以，就像在 20 世纪 90 年代末和 21 世纪初发生的那样。但戈德利警告称，这通常不可持续，因为这代表私营部门承担了过多的债务[8]（请记住，私营部门不是货币发行者，所以它不能像山姆大叔那样维持赤字）。为了避免美国私营部门陷入赤字，需要有人为这个水桶提供足够多的美元，以保持其盈余，现在，这个"人"就是山姆大叔。这是因为美国持续存在贸易逆差（又被称为"物资"盈余），导致美元从私营部门的水桶中流出，进入外国部门的水桶中。只要这种情况继续存在，就只有山姆大叔才能提供足够的美元来保持私营部门的盈余。要做到这一点，政府的财政赤字必须超过美国的贸易赤字。[9]图 5.3 显示了如果政府的财政赤字小于贸易赤字会发生什么事情。

图5.3 美国财政赤字小于贸易赤字的情况

第五章 在贸易中"获胜"

在这个例子中，政府几乎实现了预算收支平衡，但也不尽然。山姆大叔的财政赤字很小，他向美国经济支出 100 美元，并征回 99 美元的税。[10] 这个赤字让美国私营部门增加了 1 美元，但除了这 1 美元，美国还向世界其他地区输送了 4 美元，共计 5 美元，而外国人只送回 3 美元。因此，美国陷入了贸易逆差，在世界其他地区生产的商品和服务上花费 5 美元，但从销售往国外的产品上只获取 3 美元。汇总所有这些款项，外国部门积累了 2 美元的盈余，而政府和私营部门最终都出现了 1 美元的赤字。私营部门的赤字是政府允许财政赤字小于贸易赤字的必然结果。

要怎样才能使私营部门恢复到通常的盈余状态呢？一种方法是山姆大叔通过增加支出或减少税收，向私营部门的水桶里增加美元，只要政府赤字大于贸易赤字，私营部门就会恢复盈余状态。另一种方法是缩减（或扭转）贸易赤字，有多种方式可以尝试，有时，各国试图让本国货币贬值，以使其商品在国际市场上更具竞争力。2019 年 12 月，特朗普指责巴西和阿根廷"主导了本国货币的大规模贬值，这对我们的农民不利"。[11] 一些国家不存在使其货币贬值的选择，例如欧洲的 19 个国家建立了经济和货币联盟（EMU），使得它们的货币价值不可能改变（1 欧元在整个欧元区都等于 1 欧元）。当无法选择外部（即货币）贬值时，各国往往会寻求内部贬值的方法，作为一种试图在贸易中"获胜"的方式。新自由主义者称这种特殊战略为结构性改革（Structural Reform），这是一种比较礼貌的说法，其实是旨在降低劳动力成本（包括工资和养老金等），通过降低生产成本来提高竞争力。从本质上说，这意味着一个国家用较弱的劳动力来替代较弱的货币。说到这个策略，德国是欧洲的典型代表，德国政府在 21 世纪初致力于这一战略后，用庞大的贸易顺差改变了其长期的贸易逆差现象。[12]

特朗普政策背后的想法是利用关税（即对进口商品征税）来减

少美国的贸易逆差。特朗普实行了"美国优先战略",通过使某些外国商品更加昂贵,促使美国消费者减少购买进口商品,花更多的钱购买国内生产的商品,这意味着离开美国私营部门水桶、流入外国部门水桶的美元越来越少。特朗普认为这就是"胜利",因为他的整个世界观是由现金流形成的,认为只要拥有最大资金桶,就可以获胜。现代货币理论认识到保持健康的财政平衡的重要性,但认为关税在很大程度上会产生反作用,这是因为现代货币理论认为,进口实质上是有利的,从这个角度看,特朗普的关税实际上是在对美国的利益征税。我们有更好的方法来维持私营部门的健康的财政平衡,接下来我们也会看到,有更好的方法来支持美国的就业机会。

没有充分就业,就没有公平贸易

现在我们了解了简单的资金流动,可以开始思考贸易对人类和经济的影响了。很多时候,美国不仅对世界其他国家损失了美元,还损失了工作机会,当人们想到美国的贸易逆差时,所感到的焦虑大部分来自美国企业关闭本土工厂并将工作岗位转移到海外所产生的失业痛苦。正如现代货币理论经济学家帕芙丽娜·切尔涅娃所记录的那样,失业就像一种流行病:像病毒一样,影响周遭的其他人,不仅造成收入损失,还导致了更高的死亡率和自杀率,造成身心的永久创伤。[13] 这时候,指责外籍移民劳工、汇率操纵国甚至科技全球化都比接受失业是美国官方政策造成的这一事实来得简单。

我认为,针对"他们抢走了我们的工作"这样的言论,最好的回应之一是"让每个人都有工作"。现代货币理论对非自愿失业的解决方案是引入联邦就业保障,让一份有着良好工资和良好福利的好工作成为每个人的法定权利,这有助于解决贸易逆差带来的最有害的影响之一：外国竞争者导致工作机会的流失，整个社区都常常受到失业问题的困扰。仅仅向那些因外国竞争而失去工作的工人提供培训和其他临时形式的援助是不够的，像贸易调整援助（TAA）[14]这样的联邦计划很重要，但还需要更多方法。

这个方法就是联邦就业保障。它绝不是万能灵药，但至少可以直接处理失业问题，而不只是减少失业造成的影响。在商业周期性波动的循环中，我们让数以千万计的美国人无所事事，还相信这在政治、经济和社会上都是有意义的。回想一下位于密苏里州堪萨斯城的哈雷·戴维森（Harley Davidson）制造厂的关闭，我在这个城市教了17年书，宣布350个工作岗位永久消失的公告震惊了该公司的800名工人。[15]更糟糕的是，这是在股东分红增加以及公司将花费数百万美元回购1 500万股股票的背景下传出的消息。如果有联邦就业保障，就可以减轻关闭工厂的影响，至少可以为那些失去工作的工人提供社区内继续就业的服务，但可以做的不止于此。

联邦就业保障带来的好处不仅包括商品、服务和收入增加，还包括在职培训和技能发展、扶贫、社区建设和社会网络、社会政治与经济稳定以及社会乘数（创造社会经济效益的良性循环的积极反馈回路和强化动力）。有了这样的保障计划，政府就可以减少由美国高薪工作岗位流失的社区所造成的区域性破坏。

也许，要创造一个不允许数百万人失业的经济环境很难，但这是因为美国几乎从未实现过真正的充分就业，除了战时，我们很少经历这样的状况。联邦就业保障计划最重要的特征之一，就是维持充分就业的环境，它可以立即重新雇用失业者从事公共服务工作，为他们提供收入，并在他们因贸易冲击而流离失所时提供必要的再培训。这样一来，就业保障就可以作为应对自由贸易和贸易战的核心，自由贸易就不再是充分就业的威胁，也不需要通过贸易战来防止失业。

自此，贸易谈判可以集中在劳工基本权益和环境可持续性等议题上，美国可以利用其市场力量在全球范围内推广适合的工作条件和环境标准。[16] 如今，世界各地的工人还忍受着不安全和不卫生的工作条件，以此为美国提供充足的物资。如果我们想优先整体考虑全世界工人、社区和整个地球的福祉，那么我们需要全新的国际贸易方式。

尤其现在全球面临气候危机，我们不应该被各国在贸易中"赢"或"输"这样简单的二分法言论所迷惑，贸易的质量至少与贸易的数量同等重要。我们的贸易是为什么服务，又为谁产生利益？就像财政政策一样，贸易逆差那些可怕的巨大数字并不那么值得关注，现代货币理论提醒我们，真正的资源、真正的社会需求和真正的环境效益才是涉及贸易政策时最重要的东西。

在这一点上，有必要多了解一下我们在世界各地的贸易伙伴以及与其他国家相比美国的特殊权益。到目前为止，我们已经讨论了国际贸易如何影响美国，以及现代货币理论如何借由贸易流动，让我们的国家更富有生产力和具备人道主义精神。但是，像英国、法国、沙特阿拉伯、土耳其、委内瑞拉和其他国家的情况如何呢？

美元的特殊地位

自 20 世纪 70 年代以来，货币体系的运作方式发生了根本性的转变，这种转变重新定义了我们应该如何思考宏观经济以及一个拥有货币主权的国家政府应该扮演的角色。不幸的是，就像在许多其他问题上一样，在贸易问题上政策制定者仍然故步自封在一个已经过时的框架中，用过去的金本位制看待事物。

从 19 世纪中叶开始，直到 20 世纪 70 年代初的"尼克松冲击"（Nixon Shock）终结美元与黄金直接兑换的政策前，以某种形式存在的金本位制一直是调节各国国内经济和贸易的货币体系。尽管该体系的限制逐渐宽松，但首要的原则仍然不变：所有国家的货币当局随时准备买卖黄金（或美元）来满足国际贸易中产生的任何供给或需求不平衡，从而有效地将其货币价值与黄金挂钩。为了进行这些干预，各国中央银行（或同样角色的机构）必须保持足够的黄金（或美元）来支持固定汇率下的货币流通。

只有当政府能够兑现其承诺，以固定价格将货币兑换成黄金时，金本位制才是可信的，因此，拥有足够的黄金至关重要。保持贸易顺差是积累国家黄金储备最可靠的方式，相反，贸易逆差则会导致黄金外流，因为各国都使用黄金来支付其进口。为了防止黄金储备的流失，政府经常提高利率，以吸引黄金回流本国。这个想法的逻辑是，较高的利率会充分减缓国内需求（意味着更少的进口，因此更少的黄金流出本国），而提高利率所带来的更高回报将鼓励更多的黄金流入。但同时，提高利率以扭转黄金外流往往意味着政府不能自由地保持低利率以支持其国内经济，即使高利率成功地保护了黄金储备，这一政策也常常产生破坏性的后果，因为利率上升会引发经济放缓，这意味着受影响国家的许多人不得不忍受国内经济衰退和无法根除的失业问题。因此，金本位制让存在贸易逆差的经济体陷入经济衰退，这种缺乏灵活性的制度使政府无法专注于实现充分就业。

在第一次世界大战和第二次世界大战期间，金本位制被暂停，因为美国（和其他国家）需要扩大政策空间来维持战争造成的巨大赤字（创造大量的"绿色钞票"即美元）。该制度在两次战争之间重新实施，并在大萧条期间给全球经济带来了相当大的压力。如果我们今天仍然在这样一个系统下运转，那么特朗普想要消灭美国贸易赤字的愿望就会更有意义。

第二次世界大战后，一个新的国际货币体系诞生了，新体系恢复了货币间的可兑换性，用新的黄金兑换标准取代了旧的黄金兑换标准。该体系不再直接将货币与固定的黄金价格挂钩，而是建立了以美元为主的固定汇率制度，这反映了美国在世界贸易中的主导地位（以及同盟国赢得战争的事实）。这个被称为布雷顿森林体系的新框架要求美元与黄金的价值挂钩，此外，该体系中的所有其他货币再与美元的价值挂钩，当时采用的汇率将黄金的价格定为每盎司35美元。

实际上，布雷顿森林体系重新建立了一个金本位制，只多出了一个步骤，美元取代黄金成为货币链中的核心环节。各国政府现在可以按每盎司35美元的价格向美国财政部出售黄金，而美国财政部必须遵守这一交换条件。1971年，随着越南战争引起的贸易赤字增加等其他原因，各国开始担心美国的黄金持有量不能再支付固定汇率下流通的美元数量。为了缓解美元的压力，尼克松总统宣布暂时停止美元与黄金的兑换，此举震惊了世界。第二次震惊发生在1973年，尼克松宣布他将使这个"暂时"的停止变为永久，此举是由于尼克松认识到美国需要比布雷顿森林体系更多的政策空间。

在宣布这一政策变化时，尼克松宣称："我们必须创造更多、更好的就业机会；我们必须阻止生活成本的上升；我们必须保护美元免受国际货币投机者的攻击。"[17] 为了实现前两个目标，他提议减税并将物价与工资冻结90天；为了实现第三个目标，尼克松要求暂停美元与黄金的兑换。

最终，随之而来的全球社会动荡导致布雷顿森林体系瓦解。其实从20世纪60年代起，该体系就一直承受着巨大压力，由于英国和其他因持续的贸易问题而长期面临高失业率的国家进行了一系列"竞争性贬值"，即削弱本国货币以提高贸易领域的竞争力。尼克松在1971年发动了这致命一击，结束了金本位制，从那时起，大多数主要货币不再采用固定汇率，而采用浮动汇率，这给了像美国这样的货币发行国政府更大的政策空间来维持充分就业。

尽管固定汇率的布雷顿森林体系已经瓦解，但金本位的思想仍然主导关于贸易政策的讨论，这就是为什么这么多政治家仍然把贸易逆差视为内在的危险。因为在金本位制下，政府有可能会耗尽黄金储备。

随着金本位制以及（或者）全球固定汇率框架的结束，这种思想不再有效，布雷顿森林体系的唯一遗留问题是，美元仍然在全球经济中发挥着核心作用。当世界各地的企业和政府相互进行贸易时，签订的合同中很大一部分是以美元结算的，即便是在购买国和销售国均不使用美元作为其国内货币的情况下也是如此。其他一些主要货币，例如欧元，也发挥着类似的作用，但没有任何一种货币能像美元那样主导市场，接近90%的货币交易涉及美元。[18]这就是人们所说的美元是全球主导货币。[19]这种情况会改变吗？当然可以，没有什么东西是永恒的。正如现代货币理论经济学家兰德尔·雷所说："美元不会永远占据主导位置，但它作为投资组合中最值得持有的资产，仍然具有强大的生命力。"[20]

货币主权的层级

货币主权是理解现代货币理论的关键。政府需要高度的货币主权，以行使其政策自主权，也就是说，政府能够自由地实施其财政和货币政策，而不必担心来自金融或外汇市场的痛苦反弹。许多国家拥有货币主权，但没有充分利用，除了美国，英国、日本、加拿大和澳大利亚等国家都拥有高度的货币主权，它们都发行不可兑换的法定货币，而且基本上不以非本国货币借贷。一般来说，符合这一系列标准的国家将拥有更大的货币主权，因此，在管理自己的经济命运方面有更多的政策自主权。它们不需要为政府赤字或贸易赤字而苦恼，可以自由地将其国内政策议程聚焦在实现充分就业和物价稳定等宏观经济目标上，但并非每个政府都能享有如此高度的政策灵活性。

一些国家或地区已经削弱了其货币主权，要么是固定汇率（如百慕大、委内瑞拉、尼日尔），要么放弃本国货币（如欧元区的所有19个国家、厄瓜多尔、巴拿马），大量借入美元或其他外国货币（如乌克兰、阿根廷、土耳其、巴西）。以上任何一件事情都会损害国家的货币主权，削弱其政策灵活性。

大多数发展中国家经济体在货币主权方面处于较弱势地位，即使是那些能够发行不可兑换的法定货币的国家，通常也无法忽略财政和贸易的不平衡问题。这是因为大多数较贫穷的发展中国家依靠大量进口来满足必需的社会需求（如食品、石油、药品、技术等），而这意味着它们不得不想办法如何获得足够的外汇（通常是美元）来支付进口商品的费用。许多国家只能以美元借款，然后艰难地偿还这些贷款，种种原因下，世界上许多国家陷入了这样一种境地：它们无法依靠自身的货币发行权为人们建设一个良好的经济，发展中国家可能会得到国际社会的援助，或得到国际货币基金组织等机构的贷款，但这似乎永远不足以帮助它们摆脱需要依靠外汇来生存的困境。

通过保持贸易赤字，美国允许这些国家建立美元储备，这些美元是许多发展中国家赖以生存的食品、药品和其他重要进口产品的生命线，贸易赤字还帮助许多负债国赚取需要的货币，以偿还向国际货币基金组织和其他外国贷款人的贷款。因此，在某种非常重要的意义上，美国的贸易逆差是必须存在的，世界上大部分国家必须与美国保持贸易顺差。

甚至一些发达国家或地区（如韩国、日本、中国台湾）也会囤积美元，通常以购买美国国债的形式持有。当外国对美国产生贸易顺差时，美国就把美元倒进这些国家或地区的水桶里，就像其他拥有绿色钞票（美元）的人一样，外国人也可以将其换为所谓美国国债的黄色钞票。这让国内一些人感到紧张，因为他们把这解释为美国经济疲软的迹象，对他们来说，这看起来像是美国在依赖外国贷款人支付账单（奥巴马曾说，美国"办了一张中国银行的信用卡"）。但这并不是真实的状况。事实上，如果你仔细观察美国国债的主要国际持有者，你会发现几乎都是美国的净出口国或地区（包括中国、日本和世界主要原油生产国）。[21] 诚然，美国政府为这些黄色钞票支付利息，但之前讨论过，在美国这样的国家，债券发行始终只是一种可选项，让外国人获得国债，只是给予他们与任何绿色钞票持有人相同的选择，他们喜欢这样做，就像你我可能喜欢在支票账户中放一些钱，也在储蓄账户中放一些钱一样。关键是，我们并不像许多人担心的那样依赖外国。

简而言之，正如山姆大叔的预算赤字来自美国企业和家庭积累美元盈余的愿望，美国的贸易赤字来自世界其他国家对于积累美元盈余的愿望。全球对美元的渴求在很大程度上是我们几十年来一直不停地出现贸易逆差的原因。在这方面，与世界其他国家相比，美国确实处于强势地位，这有好有坏。

由于美元作为国际储备货币的独特作用，山姆大叔除了自己的货币之外，从来不需要借任何东西（他甚至也不需要借自己的货币）。这给美国带来了一定优势，但这并不意味着美国是唯一有能力执行其国内政策议程的国家，任何拥有高度货币主权的国家都有能力执行旨在保持其经济充分就业的国内政策议程。正如我们所看到的，即使是发展中国家也可以增强其货币主权，并开辟足够的政策空间来追求实现国内充分就业。

许多发达国家经济体享有高度的货币主权，拥有许多高附加值的生产部门（这一点我们将在下文中再次讨论）。那些渴望投资本国经济的人拥有更大的机会购买股票、房地产等。由于投资这些国内资产需要使用自己国家的货币，因此全球对这些货币的需求仍然很高（在经济术语中被称为"拥有深厚的资本市场"）。现代货币理论认为，美国国内对美元的需求是由支付联邦税收的需要驱动的，这种需求支持了美元的价值稳定；而对投资国际资产的需求推动了对美元和其他主要货币的需求，同样有助于稳定其货币价值。像美国一样，这些其他发达国家的货币价值也都是浮动的，这意味着它们不会将货币价值与其他任何事物绑定在一起，这样一来，就不必通过购买、出售或借贷它们无法控制的货币来捍卫其价值，这是这些国家能够享有高度货币主权的另一个原因。

许多国家通过持续将其货币与美元挂钩来削弱自身的货币主权（如沙特阿拉伯、黎巴嫩和约旦），或者进一步将美元作为其官方货币（如厄瓜多尔、巴拿马和萨尔瓦多）。在这两种情况下，国家必须付出更大的努力来积累和储存美元。[22] 将自身的货币与美元挂钩会随着时间的推移使货币主权弱化，因为私营部门会逐渐习惯使用所挂钩的货币（而不是主权货币）进行借贷。同时，政府本身可能被迫在美元债务上越陷越深，这进一步削弱了这些国家的货币主权。

从更深层次来看，另一种剥夺国家货币主权的方法是加入货币联盟。像法国、西班牙和意大利这样的国家虽然是拥有深厚资本市场的发达国家经济体，但不能作为货币发行者来独立运行。这是因为它们都是欧元区的成员，使用的货币只能由欧洲中央银行（ECB）发行，这使所有欧元区的成员都沦为单纯的货币使用者。这一点对于理解希腊看似永无止境的债务危机至关重要。

最后，与美国相反，位于货币主权层级另一端的国家，是非洲、亚洲和拉丁美洲较贫困的发展中国家。在本章的最后，我们应该详细讨论一下这些国家的情况，因为尽管贸易政策对美国工人阶级造成了损害，但美国还远不是现代国际贸易秩序中最惨烈的受害者。

布雷顿森林外的自由贸易之火

发展中国家，根据这个名词的定义，或多或少都缺乏发达国家所拥有的、多样且成熟的产业。像孟加拉国、越南或加纳这样的国家通常必须向世界其他国家提供廉价的制造业劳动力或自然资源，如石油、金属或矿产，而这些出口产业往往主导其经济。为了获得高科技、高价值的物品，如电脑、汽车、医药或先进的制造机器人，发展中国家必须从发达国家进口。许多发展中国家缺乏能力，或者没有能力生产足够的粮食、能源和药品来满足自己的国内需求，因此，它们依赖从发达国家进口来的粮食、能源和药品。而且，正如前文所讨论的，这些国家大多需要使用美元来支付这些关键的进口商品。

正如现代货币理论经济学家法迪勒·卡布（Fadhel Kaboub）所言，这种处于全球供应链底层的地位带来了基本的经济问题，其中有许多是由殖民化的历史遗留问题引起的。[23] 出口廉价的劳动力和商品，同时进口昂贵的高附加值产品，往往会使发展中国家长期处于贸易逆差状态。问题是发展中国家的金融资产或房地产并没有强大的、持续性的需求驱动，经济学家称其为"缺乏深厚的资本市场"。尽管投资者会在新兴市场进行投机，购买以发展中国家当地货币计价的金融资产，但他们不会进行各种长期投资，所以发展中国家没有持久稳定的方法来获得美元等货币，只要世界其他国家拒绝接受发展中国家以自己的货币来支付重要的进口商品，发展中国家就会被迫借贷美元或其他无法控制的外国货币。这不仅破坏了这些国家的货币主权，还可能使发展中国家陷入一个循环，即它们通过出售本国商品来获得所需的外国货币，结果降低了本国货币的价值，使那些关键的进口商品更加昂贵。这很容易导致进口导向的通货膨胀甚至政治动荡，正如我们在委内瑞拉、阿根廷和卡布教授的祖国突尼斯所看到的那样。[24]

发展中国家由于没有先进的工业或深厚的资本市场，容易受到各种不可预测的外部风险的影响。例如，美元匮乏的国家经济体经常经历西方投机投资者的投资爆发，他们涌入一个国家，疯狂地投资并推动当地货币升值，但最后却冷落了它们，突然将资金撤回，导致当地货币崩跌。[25] 或者，全球对一个国家的主要出口商品需求突然消失，使该国需要艰难地赚取足够的外汇来为其进口提供资金。当美国运用水力压裂法大量开采的天然气使石油价格暴跌时，委内瑞拉和俄罗斯就发生了这种情况；阿根廷也是如此，大豆价格的暴跌，使该国失去了一个重要的美元来源。在投资者恐慌和市场崩溃的双重打击下，发展中国家的货币跌至谷底，导致通货膨胀和社会动荡。

当这样的外部事件发生时，即使是理论上实行可持续发展的经济政策的国家也会陷入财务危机，被迫重新谈判以外国货币计价的债务，向国际货币基金组织等贷款方寻求援助，或者干脆违约。[26] 由于许多发展中国家存在贸易赤字或有以美元（或其他外国货币）计价的债务，当它们赚取（或以可承受的价格借入）足够的外汇以帮助其进口和偿还外债的能力受到影响时，就会陷入真正的困境。拥有高度货币主权的国家，如美国、英国或澳大利亚，则不会面临这些同样的风险。

事实上，美元作为货币霸主的角色意味着整个世界都暴露在美国对美元利率的控制之下。美联储做出的决定可能会对发展中国家产生深远影响，但各国往往没有什么办法来保护自己。例如，从1979年开始，美联储前主席保罗·沃尔克（Paul Volcker）宣布一系列大幅加息的政策，他认为这是抑制困扰美国经济两位数通货膨胀的唯一方法。加息后，对美国负债的拉丁美洲国家以及对前欧洲殖民者负债的撒哈拉以南的非洲国家，突然面临着更高的借贷成本，它们已经出口了很多低附加值的制造业加工产品，但还是需要依赖更富有的国家来获得更重要的进口商品。同时，美国的利率上升，刺激了美国投资资产的需求，从而提高了美元汇率。这给发展中国家带来了双重打击，不仅看到本国货币急剧贬值，还面临着越来越多的外币债务，借贷成本急剧增加。最终，沃尔克的加息政策使许多发展中国家陷入危机，加剧了经济的迅速衰退风险，一些国家至今仍未完全恢复。[27]

在布雷顿森林体系仍然有效时，该体系建立了一系列国际组织，包括国际货币基金组织、世界银行（IBRD）和关税与贸易总协定（现在的世界贸易组织）。在布雷顿森林体系内，这些组织专注于积极管理国家间的贸易条件，它们有各种工具，如关税和资本管制，目的是保持贸易流动的稳定，也确保各国经济至少在某种程度上相互隔离。

布雷顿森林体系结束后，其创建的这些全球机构仍然存在，但随着时间的推移，它们的管理理念发生了变化：自由贸易盛行，关税和资本管制以贸易自由化为名逐渐宽松。西方世界的精英分子认为，需要将发展中国家完全暴露在全球贸易和投资者资金的涌入和流出中，才能让这些国家的经济体制变得健全。保护主义和政府干预成了不好的名词，这个新框架的拥护者坚持认为，自由贸易最终会给每个参与国的经济带来充分就业，并营造和谐的贸易关系。[28]

当然没有这样的好事发生。IMF、WTO和IBRD通常由来自富裕国家的银行家和外交官管理，它们并不致力于实现全世界的充分就业。相反，这些机构倾向于向遭遇危机的发展中国家推荐一个老套的方案：大幅削减政府支出（财政紧缩）和实行紧缩的货币政策（非常高的利率），以提高其货币价值并吸引投资者回流。当然，这些机构还提倡更多的自由贸易，它们还经常建议发展中国家将其货币价值与一种更强势的货币挂钩，如欧元、人民币或美元，这种政策组合相当于建议发展中国家放弃任何提高其货币主权的努力。

无论其意图如何，这些政策建议的组合实际上都适得其反：当国家牺牲了货币主权却无法获得足够的外币来捍卫目标汇率时，就会导致失控的恶性循环，因为政府、企业甚至家庭都无法顺利地转换本国货币来偿还以外币计价的债务。[29] 接着，当汇率急剧下降，本国货币急速贬值，关键进口产品的成本价格暴涨，就产生了恶性通货膨胀，同时，贷方建议的财政紧缩政策和紧缩的货币政策会压垮国内经济，导致失业和贫困增加。所有这些都是为了吸引另一批西方投资者，重新开始整个循环。

这还不是全部。历史上，国际组织（如国际货币基金组织）曾建议发展中国家，特别是那些二战后摆脱殖民势力获得独立的国家，应当集中精力生产可向较发达国家出售的少数商品。[30] 这个建议来自19世纪英国经济学家大卫·李嘉图的一个观点，即比较优势。李嘉图从根本上建议各国应该专门生产自己最擅长和最有效的商品和服务，但许多有影响力的经济学家把比较优势的想法推向了极端，例如，他们认为，发展中国家应该专注于它们在短期内可以生产最廉价的产品，而不是发展会在一段时间以后增强其货币主权的新兴产业。

换句话说，西方国际精英告诉较贫穷的国家：除了专门生产固定产品，它们不应该在创造就业、能源独立或其他任何目标的发展战略上花时间与精力。实际上，这是一个让发展中国家永远处于"发展中"的建议，永远无法实现现代西方繁荣且多元的经济。这一建议与美国、日本和其他大多数强大经济体的历史道路完全相反，发达国家通常专注于在国内生产关键商品，而不是依赖国外进口。例如，作为一个资源丰富的大国，中国就像美国一样，通过增加内部贸易取得了长足的发展。中国也曾限制金融、保险和房地产在工业化过程中的作用。[31]

再见，贸易战争。你好，贸易和平？

现代货币理论肯定无法解决所有的问题，但它可以成为一个有用的工具，让我们所有人（美国、其他先进的西方国家和发展中国家）脱离现在所处的困境。

为了改变全球贸易秩序，美国必须在实现这一目标方面迈开最大的步伐，从许多方面来说，美国需要最大的变革，这并不代表着一场贸易战的输赢，只是意味着认识到我希望在本章所展示的观点：贸易不是关于国家间的竞争，而是关于特定国家、特定利益之间的权力关系。[32] 所以，如果我们想要一个对日常生活和地球都安全的世界，我们就少关心贸易战，多设想所谓的贸易和平。

首先，我们不能再将贸易视为我们通过运行贸易顺差而"获胜"。一个国家的顺差就是另一个国家的贸易逆差，所以根据定义，不可能每个国家都是赢家，但这并不意味着一个国家一旦拥有贸易赤字，就必须承受真正的经济损失。特朗普式的贸易方式造成了纷争，并在全球的工作岗位有限的情况下形成了零和竞争，他的关税政策已经无法重振美国制造业，还提高了美国的消费物价，并导致全球经济放缓。所有这些都是由于对贸易逆差迷思的盲目信从。

相反，我们必须认识到，美国政府可以提供国内私营部门实现充分就业所需的所有美元，并且可以提供世界其他国家建立其储备和保护贸易流通所需的所有美元。与其利用其货币霸权地位为自身的狭隘利益任意摆布全球资源，美国不如做全球绿色新政的领航者，有效利用全球资源保持低利率和稳定汇率，以促进全球经济的稳定发展。

显然，美国和其他拥有高度货币主权的发达国家可以执行自己的就业保障计划，但中等收入国家和发展中国家呢？例如，墨西哥能否实施就业保障，结束一部分人的痛苦磨难？也许可以。在直接创造就业机会上，历史显示发展中国家面临的障碍可能比国际精英估计的要少。

例如，阿根廷通常被当作金融问题的典型代表，但面对2001年该国出现的通货膨胀危机，阿根廷政府大胆采取了国内导向的经济增长战略。[33]首先，它停止了汇率挂钩和囤积美元，政策制定者选择让债务违约，转而投资于自己的人民。然后，阿根廷制订了一个大规模直接创造就业的计划，以保证贫困家庭户主的工作。现代货币理论经济学家兰德尔·雷和帕芙丽娜·切尔涅娃的报告指出，阿根廷政府颁布的《失业男女户主计划》（Plan Jefes y Jefas de Hogar Desocupados）为200万人创造了工作机会，大约占劳动人口的13%。参与者主要由妇女组成，专注于社区项目，如园艺、社会中心改建、运营食品厨房或教授公共卫生课程。[34]这个项目帮助阿根廷避免了许多依赖外国资本而产生的问题，也许同时为我们提供了一条线索，探索是否能够实现一个更加繁荣、可持续、和平的全球经济。

切尔涅娃认为，我们的终极目标是一个类似于全球就业保障的计划。[35]在我写这本书的时候，国际劳工组织预计，全球有近两亿人口非自愿失业，[36]出口导向型的经济政策被框定为各个国家的就业政策，但它很少成功。此外，我们需要一种预防性的充分就业政策，这种安排首先要避免将失业视为理所当然的现象，就业应该是联合国《世界人权宣言》中的一项人权，而不是在全球市场力量中随波逐流的口号。

美国无法为世界其他国家的政府管理国内政策，但可以用一种更好的方式主导货币，更广泛地实现全球充分就业，在保证所有人都有体面工作的情况下，工人们可以参与以公共议题为核心的产业政策，旨在建立可持续的基础设施和更广泛的公共服务。

话题转回来，当看到墨西哥与美国巨大的生活水平差异时，人们很难认同特朗普的论述，认为墨西哥在与美国的贸易关系中占了便宜。[37] 与中国和日本不同，墨西哥经常遵循美国和国际组织提出的激进的新自由主义改革，例如，作为《北美自由贸易协定》的一部分，墨西哥降低了对美国和加拿大的金融资本壁垒，更重要的是，同样降低了对农产品的壁垒。虽然许多美国公司将制造业工作移往边境以南，转移到墨西哥，但美国农产品特别是玉米的大量涌入，使数百万墨西哥农民流离失所，驱使许多人越过边境到美国寻求工作。[38]

所以，我们需要从头开始，重新考虑这个所谓的"自由贸易协定"问题。

现在，这些协定有利于世界各地富有的投资者，而把普通劳动者（更不用说生态环境）弃置不顾。例如，目前的许多贸易协定包括投资者—国家争端解决（ISDS）机制，这些机制为企业提供了平行的司法系统，允许它们起诉民选政府对其底线造成威胁的政策，包括限制性条款、法规或其他保护措施等。ISDS 机制并不在国内法院处理这些争端，而是在被认为更有利于企业利益的国际机构进行私人仲裁。还有国际知识产权法，它最大的功能就是允许企业向发展中国家收取高昂的价格和费用，才能制造负担得起的一般通用药品。对于世界上最贫穷国家的艾滋病患者来说，《跨太平洋伙伴关系协定》等自由贸易协定中的专利条款就像是死刑判决一样。

这种所谓的"自由贸易"固化了全球的贫富分化，让世界上的贫困地区被迫投入化石燃料的开采，加速了气候变暖；让发展中国家几乎别无选择，只能屈从于出口导向型增长，这意味着在剥削劳工的条件下为富人和发达国家组装廉价商品。这种"自由贸易"甚至牺牲了较贫穷国家的利益，扩大了发达国家的货币主权。

通过在自己签署的贸易中制定相应标准，美国可以在改革这些贸易协定方面发挥全球领导者的作用：它可以要求其贸易伙伴执行严格的生态环境标准以及强有力的劳动保护，如就业保障等，以帮助较贫穷国家实现粮食和能源自主；它可以坚持要求其贸易伙伴与其他国家共享绿色技术和知识产权，从而实现真正的全球共荣。改革后的世界贸易组织也可以在贸易协定中强制执行这类条款，而不是像现在这样只是维护大型跨国企业的现有特权。

同时，法迪勒·卡布建议，南南贸易伙伴关系可以帮助发展中国家发展互补性产业，让它们摆脱目前在全球生产供应链中的地位，即只能进口高价值的成品和出口廉价的中间产品。这一关系可以将生产性资源和技术知识从发达国家转移至发展中国家，[39] 为世界上的贫困地区提供所需要的工业能力，以提高可再生能源和可持续粮食自主的能力，从而摆脱我们之前讨论的依赖进口来获取关键资源的陷阱。

在理论和实践中，缺乏粮食以及能源无法自主都是可以解决的问题。即使是大部分沙漠气候的主要粮食进口国，也可以通过投资更多的节水水培和鱼菜共生食品，执行可持续的农业计划。没有石油或天然气储备的国家可以通过建设太阳能和风力发电场，以及投资增进住房和交通的能源效率来执行可再生的能源计划。我们希望全球一起努力，通过制定能帮助发展中国家降低碳排放的政策，来控制气候变化所带来的影响，不仅可以减少因购买化石燃料造成的对美元的依赖，而且能加强全球合作，从而降低威胁地球存续的有害碳排放量。

只要大多数发展中国家不得不进口基本必需品，它们就会一直处于"发展中"的状态，在拼命争夺发达国家货币的过程中陷入困境。世界各地的企业将继续疯狂地追逐短期利润，开采稀缺的自然资源，污染珍贵的生态系统，并无情地解雇绝望的人们，所有这些都只是为了实现股东利益最大化。如果不加以控制，这种情况就会被特朗普这样的煽动家利用，指责"外国人"，从而加剧世界各国间的紧张局势。

除了南南贸易协定之外，发展中国家还需要重新规范跨境金融交易，它们可能无法实施布雷顿森林体系时期资本控制和依赖国际合作的经典形式，但肯定可以比现在做得更好。应该限制外国投资者投资国内资产的方式，限制他们抛售和对汇率市场造成下行压力的能力。这将缓解积累美元储备的需要，并帮助发展中国家实现灵活汇率制度所能提供的好处。换句话说，规范国际资本流动不应该被看作一个短期的"权宜之计"，而应该是一项永久性政策，以帮助各国实现越来越高的货币主权。

我们只有一个地球。目前的贸易体系不能胜任应对全球贫困、失业的社会和经济挑战的任务。同时，我们需要全球共同努力来处理气候变化问题。贸易和平不仅是我们可以实现的目标，更是我们必须达到的未来。

第六章

你值得拥有!

迷思 #6：社会保险和医疗保险等"福利"项目在财政上是不可持续的。我们再也负担不起了。
现　实：只要愿意付钱，联邦政府总是能够负担得起这些项目。重要的是我们的经济有能力长期生产人们所需的商品和服务。

几十年来，绝大多数人都认为，我们应该对社会保险、医疗保险和医疗补助等福利项目的成本感到恐慌；这些成本增加得太快，正在吞噬联邦预算，而且是不可持续的；除非我们做出重大改变，否则这些福利项目会让经济破产，并将整个政府拖垮。

对大多数人来说，这个问题似乎很明显：这些项目的成本迟早会超过政府的承受能力。由于预见到迫在眉睫的财政短缺，不少人认为，唯一切实可行的解决方案是缩减这些项目，开始"量入为出"。另一些人说，需要通过引进更多资金来解决偿付能力问题。

这两种想法都是错的。这些都是联邦政府资助的项目，永远也不会缺钱。

赤字的迷思扭曲了我们对所有政府开支的理解，而且对于福利项目的了解特别糟糕，部分原因是早期为了保护这些政策项目所做出的一些政治决定。当罗斯福总统建立起社会保障时，他试图通过制定一些特殊的支付规则来保护这个政策，但这被证明是一个错误，因为这将政治重点放在了资金来源上，而我们应该讨论的是我们的价值观、项目的优先顺序以及国家的真实产能。

在我们开始讨论这些项目所面临的所谓财政危机之前，让我们从福利项目本身的最基本问题开始：谁有权获得这些福利项目？为什么？

谁有权享有福利

福利是指任何保证某些群体（包括老年人、残疾人和穷人）利益的政府项目。美国参议院网站是这样定义福利的：[1]

福利——联邦计划或法律规定，需要支付给符合法律规定的资格标准的任何个人或政府部门相应款项。福利是联邦政府的一项有约束力的义务，如果义务没有得到履行，符合条件的接受者可以诉诸法律。社会保险和退伍军人补偿金、养老金就是福利项目的例子。

换句话说，如果你符合标准，你就可以享受福利。你有资格享受，因为你属于这些项目所要服务的群体之一，就这么简单。你在法律上有权获得这些福利，没有人可以拒绝你，政府会在固定的时间节点上自动付钱给你。

我们大多数人在生命中的某个时间段都会接受福利项目的帮助，几乎每个美国人在退休时都会从社会保险和医疗保险中受益，获得这些福利的人可能是我们的祖父母、父母、邻居或我们自己。

社会保险还提供残疾保险，如果我们在工作期间成为残疾人，我们就能得到相应的保护。截至2018年，近1 000万美国残疾人通过社会保险领取了残疾福利，[2]其中包括美国退伍军人协会副执行主任肖恩·卡塞尔（Shaun Castle），他讲述了关于社会保险使他免于无家可归的感人故事。卡塞尔在担任宪警时遭受了脊髓损伤，这种损伤在他退伍后导致了瘫痪。正如卡塞尔在访谈[3]和国会证词[4]中所说的那样，他在等待军队福利获得批准期间，依靠社会残疾保险（SSDI）维持生计。

社会保险还保护在工作期间死亡的人的家属。几年前，我的一个朋友英年早逝，她是一个上班族，她的家庭因失去了她的收入而陷入沉重的负担。其丈夫成了鳏夫，不得不想办法独自抚养两个孩子，这不管对谁都很糟糕，尤其是孩子们。但至少这个家庭的经济需求得到了帮助，因为社会保险每个月都会寄来一张支票，以弥补这个家庭的一部分收入损失。这笔钱帮助她的丈夫照顾孩子们，直到他们年满18岁。

我们中的许多人也需要反贫困计划的资助。在美国20~65岁的人口中，每10个人中有将近6个人都会经历至少一年的贫困，[5]近1/5的儿童生活在贫困中。

领取应享福利并不是道德上的失败或软弱的表现，毕竟，基本的财务安全不应该局限于那些未雨绸缪的人。当然，储蓄是件好事，但数以百万计的人正在为生计而挣扎，没有能力为未来进行储蓄。每个人都应该知道他们在需要时能得到医疗服务，在年老或残疾时有经济保障，在失去工作或陷入困境时能得到援助。

至少，福利项目应该是这样运作的。但美国的福利项目，包括社会保险、医疗保险、医疗补助以及食品援助、住房补贴和税收抵免等反贫困计划，几十年来一直受到攻击。其中一些攻击是出于自身利益的考虑，因为富人和大企业认为这些项目将导致税收增加，另一些反对者的动机是基于意识形态，认为富人本应富有，穷人本应没钱，这些项目将财富从应得的富人手中重新分配给不应得的穷人和低收入家庭阶层。

这种争论变得越来越难堪，老龄化、残疾和贫困的日常现实并没有阻止一些批评人士对受益于这些计划的人进行人身攻击。被奥巴马总统任命为赤字委员会联席主席的参议员艾伦·辛普森（Alan Simpsom）将退休人士称为"贪婪的老东西"，似乎在某种程度上试图挑起人们的不满，分化年轻人和老年人群体。辛普森还称支持社会保障的女权活动家为"粉红豹"，并对其中一位说，社会保障就像"一头有3.1亿个奶头的奶牛"。他还对年老妇女权利的倡导者阿什利·B. 卡森（Ashley B. Carson）说："等你好好工作时再打电话给我！"[6]

对福利项目受益人的人身攻击并不是从辛普森开始的，这些攻击跟福利项目本身一样古老。1882年，一本杂志封面的讽刺漫画将退伍军人描述为"贪得无厌的好吃鬼"，在许多"手臂"的帮助下攫取公共资金，整张图都充满着对养老金申请者不光彩的刻板印象。[7] 有一幅21世纪的漫画，标题是《1991年、2001年和2011年美国的最大威胁》，漫画上，萨达姆·侯赛因、本·拉登和一个举着"福利"牌子的老妇人坐在一起。[8]

对福利项目和其受益者的攻击，有时是出于对政府的不满或敌意，但有时人们只是被误导了。无论动机如何，这种被误导的经济思维在福利辩论中占很大部分。幸运的是，现代货币理论告诉我们，不需要为了解决"金融危机"而不顾一切地让一个群体与另一个群体对立。现代货币理论认为，从财务角度看福利项目的可持续性会失去意义，这些项目面临的最大挑战与政府的可负担性完全无关。

关于社会保险的重大误解

通过研究社会保险的历史，我们可以看到很多赤字迷思所造成的不良影响。

社会保险是联邦政府的伟大成就之一，每年使数百万人摆脱贫困，并为数百万人提供了某种程度的经济保障，它帮助老年人和残疾人，也是全国最大的儿童援助计划。[9] 因为它为许多人提供了如此重要的福利，所以一直享有美国人民的高度支持，这不足为奇。[10]

那么，为什么这样一个广受欢迎和成功的项目会持续地受到政治攻击呢？要回答这个问题，我们需要回到1935年，社会保险诞生的那一年。

罗斯福总统充满野心的计划远远超出了我们今天所知的社会保险内容。他把1935年的法案视为一个庞大系统中的第一部分，这个系统将为每个美国人提供"从摇篮到坟墓"的财务保障，[11] 罗斯福把1935年签署的《社会保障法案》看作是"一个正在建造但绝非完整的结构中的一块基石"。[12]

"社会保险"这个名字本身就为我们提供了一条线索，说明了罗斯福的计划。在1944年的国情咨文中，罗斯福从经济权利的角度定义了他宏大的愿景，包括获得他形容的"有用和有报酬的工作"的权利，以及获得足够的收入、体面的住房、适当的医疗服务和免受因年老、失业、事故或其他不幸造成的经济困难。

罗斯福说："所有这些权利，构成了安全保障，即保险。"

自罗斯福首次提出其目标以来，美国陆续通过了一些扩大法案。1935年的《社会保障法案》鼓励各州建立失业保险计划。1965年，随着针对老年人和残疾人的医疗保险和针对低收入者的医疗补助计划的通过，一个更宏大的医疗保健愿景开始形成（1973

年，65 岁以下的残疾人开始有资格参加医疗保险，进一步扩大了其保障范围）。

罗斯福知道社会保险会面临来自某些群体的持续反对。他是对的。在这些反对者看来，罗斯福是一个"社会主义者"，而社会保险是另一次政府对自由的侵犯。但是，在试图为子孙后代保护这个制度时，罗斯福犯了一个基本错误，这个错误危及了整个制度，并强化了赤字迷思，其后果超出了社会保险的保障范围。

为了加强社会保险是自给自足的这一观念，1935 年的《社会保障法案》将福利的支付与工资税挂钩，旨在明确该计划将如何被"支付"的方式，即劳动者将缴纳他们工资的一部分，然后领取福利。大多数人（现在仍然这样）认为工资税支持了用于支付福利的资金。

不久之后，第一个社会保险信托基金创立，此后每年"不需"用来支付福利的资金被投资于美国国债，并由信托基金进行安全保管。这使人们更加相信，是劳动者的工资税，而不是联邦政府，正在提供维持社会保险正常运转的资金。

以这种方式资助社会保险，罗斯福还有另一个理由。他想让人们看到他们正在为之付费，这样人们就会觉得自己有资格享受获得的福利。如果你现在正在工作，那么一定会注意到每个月从你的工资中扣除的工资税显示为联邦保险捐款条例（FICA）税。罗斯福推断，通过使这一扣款可见，我们每个人都会强烈地认为自己理应得到这些福利，而"任何该死的政客都无法取消我的社会保险福利"。[13]

罗斯福还做了一些其他事情，使该计划在政治上更加脆弱。1939 年，在建立信托基金的《社会保障法案修正案》中，他设立了一个托管人委员会，要求受托人通过预测未来 75 年的计划收支来评估该计划的财政偿付能力。做到这一点的唯一方法是，做出大量的假设来决定未来几年将向社会保险支付多少钱以及基金的收益情况。除这些事项外，受托人还必须回答以下问题：75 年后，会有多少人处于工作状态？这期间又有多少人在工作？经济增长会有多快？工资会增加多少？当 22 世纪快到来之时，人们的平均寿命会有多长？有多少人将成为残疾人？通货膨胀率会发生什么变化？会有多少婴儿出生？

当然，没有人能够准确回答这些问题，所以委员会的专家们做出了所能做出的最好预测。据 2019 年的报告，委员会的最佳预测是，到了 2035 年，社会保险的主要信托基金将被耗尽，即余额将降至零。[14] 劳动者将向社会保险支付费用，但受托人预计，从劳动者工资中预扣的工资税将低于支付全部福利所需的金额。如果发生这种情况，联邦法律规定政府必须削减相应开支，这将迫使计划削减 22% 的福利。

罗斯福认为，只要每个人都能"看到"用来支付福利的钱在那里，他的政敌就很难攻击这个计划，但问题是现在每个人都可以看到钱不在那里了。存入信托基金的盈余预扣款可以使该系统维持一段时间，然而最终，基金账户将变空（除非有什么特殊情况发生），这将削减福利，不是因为政府无力支付，而是因为国会制定了一项法律，规定如果信托基金的余额低于零，就不会支付全部福利。

美国尽责联邦预算委员会（CRFB）高级副总裁马克·戈德温（Marc Goldwein）发表了一篇专栏文章，用了一些通常用来反对社会保险的词。首先，戈德温声称，该计划正在面临"危机"，并走向"灾难"。为什么呢？他说："根据现行法律，我们不能向一般新退休人士承诺全额福利，更不用说目前或未来的劳动者了。"[15]

戈德温没有提到的是，国会可以通过一次投票来改变现行法律，"危机"将永远消失。毕竟一开始，国会是按照罗斯福的要求建立的社会保险制度。正如现代货币理论所显示的，像美国这样的主权货币发行国政府在财政上从来不会受到限制，只要支付义务是以自己的货币单位（美元）来计价，联邦政府就总是有能力支持这些项目。政府缺乏的并不是支付的财政能力，而是支付的法律授权。

那么，为什么不直接修改法律呢？也许是因为这从未被认真讨论过，社会保险计划的捍卫者并没有对资金结构本身提出质疑，而是倾向于罗斯福的想法，认为保护该计划的最佳方式是表明有办法支持信托基金，以便受托人能够报告该计划在 75 年的预测范围内资金充足。[16]

但是，即使社会保险在未来的 75 年内资金充足，它依然会受到一些批评者的攻击。经济学家劳伦斯·科特利科夫（Laurence Kotlikoff）因敦促立法者评估该计划的财政可持续性花的时间太长而臭名昭著。要多长时间呢？科特利科夫希望在人类可以计算的范围内（甚至更远）进行思考，试图预测在无限的未来，社会保险会有多少收入，又将有多少支出。这样的预测实在荒谬，但许多立法者已经认真对待了这一理论，邀请他在众议院和参议院委员会听证会上做证。科特利科夫告诉国会议员，社会保险的无底洞，在未来的无限时间范围内，加起来缺少了 43 万亿美元之多。[17] 以这种方式评估，社会保险不仅仅是有问题，它在"直到无穷尽的未来"中已经破产了！

社会保险的资金设置曾经导致福利的削减，在 20 世纪 80 年代初，由于预期的资金短缺，国会以多种方式削减福利，例如推迟提高生活费用的年度生效日期，这略微降低了总体福利费用，并对高收入受益人的福利征税。最重要的是，退休年龄从 65 岁逐步提高到了 67 岁。

当退休年龄提高时，人们不仅工作时间更长，福利也被削减，因为在退休期间得到的福利更少。而那些因为不能再工作而提前退休的人得到的更少，因为社会福利函数反映了较低的总支付额。事实上，仅仅通过延迟两年退休，国会就将早于65岁退休的人的总福利减少了30%，[18]这一调整也影响到那些在正式退休之后开始领取福利的人。

但是，社会保险的资金结构不仅容易受到保守的共和党人的攻击，也让许多民主党人提议削减这一自己政党的标志性项目。一些报道指出，克林顿总统曾试图在1997年与当时的众议院议长纽特·金里奇（Newt Gingrich）达成妥协协议，削减社会保险和医疗保险，但弹劾调查阻止了该协议的进行。[19]

2000年竞选总统时，艾伯特·戈尔（Al Gore）用保险箱的概念讲述了他将如何保护社会保险在未来不遭到削减。当时，联邦预算处于盈余状态，戈尔认为政府应该把这些盈余的钱锁在信托基金里，这样社会保险的财务状况就会更好。在他与乔治·W.布什（George W. Bush）的第一次大选辩论中，戈尔像念咒语一样，一遍又一遍地重复这个想法。

无论用意多么好，这个保险箱的比喻都是另一个被误导的经济观念的例子。这种想法的根源在于认为山姆大叔只有有限的资金，只有将其中一些资金锁在信托基金，才能在某种程度上使政府更容易承担未来的福利支付。戈尔的保险箱比喻在政治上适得其反。小布什嘲笑这个词，他告诉选民，社会保险的信托基金只不过是一个"装满欠条的柜子"，只是一场庞氏骗局。在担任总统期间，小布什提出了一个将社会保险私有化的提议，幸运的是，他没有成功。[20]

戈尔的本意是好的，但想象一下，如果他能简单表述为"社会保险是安全的，没有必要进行重大改变。联邦政府可以履行它所做的每一个承诺，因为它永远不可能没钱"，那将会有多好。不幸的是，（目前为止）还没有一个政治家向美国人民提出这类保证。

2013年，奥巴马总统提出了他自己的福利削减方案，即所谓的链式消费物价指数（Chained CPI），这是一个用花哨术语包装的简单想法：让社会保险福利的增加速度慢于通货膨胀的速度，所以福利的实际价值随着时间的推移会变小。经济和政策研究中心解释道："对于 65 岁退休的普通劳动者来说，这意味着到 75 岁时每年减少约 650 美元，到 85 岁时每年减少约 1 130 美元。"[21]

链式消费物价指数将使最年长的退休人员（也往往是最贫穷的退休人员）的福利减少近 10%。[22] 比较公平的方法是使用 CPI-E 之类的指数（老年人消费物价指数，E 代表"老年人"），该指数对占老年人和残疾人生活开支较大比例的成本变化给予更多权重，例如医疗和交通等，[23] 与 CPI-E 指数挂钩将通过增加福利而不是削减福利来帮助在贫困中挣扎的老年人。

有人提议再次提高退休年龄，就像 20 世纪 80 年代那样，这次是提高到 70 岁甚至更高。退休年龄每提高一岁，福利就会减少 6%~7%，[24] 同时也会加剧社会不平等的现象。[25]

有时，立法者会提出对社会保险进行经济状况调查，以削减或取消高收入人群的福利。乍一听似乎合理，但为什么政府要向比尔·盖茨（Bill Gates）或奥普拉·温弗瑞（Oprah Winfrey）这样的富人支付社会保险福利？明明这些人一辈子都不愁生计！原因有两个。首先，罗斯福建立的社会保险计划是一项全民制度，有助于在近一个世纪内维持公众对该计划的广泛支持，经济状况调查若将其变成一个仅向"需要"公共援助的部分人提供福利的项目，那将会破坏这种支持。其次，经济状况调查和前述的其他许多变化（如链式消费物价指数、提高退休年龄等）一样，会将会计问题与财政问题混为一谈，想办法让更多的钱留在会计账簿上的时间更长，可以延长该计划支付福利的法律年限，但这对提高政府的财政支付能力毫无帮助。这是上届国会强加的、毫无必要的负担，使社会保险（和部分医疗保险）几十年来非常容易受到攻击。

信托基金的设立，反而导致计划可持续性的混乱，我们可以通过比较社会保险的信托基金（有两个）和医疗保险的信托基金（也有两个）的处理方式看出。每年，社会保险和医疗保险董事会都会发布一份年度报告，审查社会保险信托基金（老年和遗属保险与残疾保险）和医疗保险信托基金（补充医疗保险和医院保险）当前和未来预计的财务状况。多年来，报告的总结结论都是："根据目前计划的福利和融资情况，社会保险和医疗保险都面临着长期的融资短缺。"[26] 具体来说，老年和遗属保险、残疾保险和医院保险信托基金都被认为"处于危机之中"。

据 2019 年的报告，老年和遗属保险信托基金将于 2034 年耗尽，残疾保险信托基金将于 2052 年耗尽，医疗保险信托基金将于 2026 年耗尽，除非政策有所改变，否则这些项目将不再被授权支付全额福利。但有一个信托基金没有问题，即补充医疗保险（又被称为 Medicare B 和 D 部分）。为什么这个信托基金是健康的，而其他的信托基金则将耗尽资金？答案很简单：如果信托基金耗尽，补充医疗保险有法律授权支付全部福利，而其他保险基金则没有。"对于补充医疗保险，由于现行法律提供了资金保障，受托人预测 B 和 D 部分将在无限期的未来保持充足的资金。"[27] 这使补充医疗保险在财政上保持无限期的安全，直到永远！

就是这么简单，因为政府不承诺付款，社会保险和医疗保险中的医院保险被认为在财政上是不可持续的，而医疗保险 B 和 D 部分则维持财务健全，因为国会已经给予其法律授权，无论发生什么情况，政府都要付款。

事实上，国会可以通过修改现行法律，使同样的授权适用于其他项目。国会没有这样做，这不是经济选择，而是政治考量。然而，大多数报纸或大多数专家、学者都不会提到这一点，我们听到的都是社会保险即将破产的消息。

这种近乎无休止的恐惧宣传正在对年轻人造成伤害。我在大学任教，每年都会问我的学生，有多少人认为在退休后能够领取社会保险金，每年举手的人都会变少。这与泛美研究所的一项调查结果一致，该调查发现"80%的千禧世代（1981—1996年出生）的劳动者担心他们无法用到社会保险"。[28]

这是非常可悲的，因为绝对没有理由让社会保险不能为未来世代而存在。更不幸的是，这些对社会保险的攻击发生在国家面临日益严重的退休危机之时，而此时的社会保险比以往任何时候都更加重要。

人们曾经把退休比喻成一张三脚椅，椅子的三条腿来自工作的退休金、个人储蓄和社会保险福利金。不幸的是，对数以百万计的美国劳动者来说，其中两条腿已经被锯掉了，个人储蓄因美国劳动者工资增长停滞而受到影响，而雇主也正在削减可靠的养老金。

《华盛顿邮报》报道了位于塔尔萨的麦道公司工厂的工人在公司关闭工厂时失去工作和养老金的故事。[29]这并不是意外：当这些工人起诉公司时，法庭文件显示，麦道公司之所以选择关闭塔尔萨的工厂，是因为许多员工已接近退休年龄，他们即将可以领取全额退休金。

通过关闭工厂，公司只向他们支付全额养老金的一小部分，员工们最终赢得了诉讼，但赔偿金（平均为30 000美元）远远低于他们的养老金。结果呢？许多人在工作了一辈子后没有享受到退休的乐趣，只能被迫继续工作。为了维持生计，一位79岁的前雇员在沃尔玛做接待员，每天站立8小时，一位73岁的老人值夜班给卡车装货，一位74岁的老人在十字路口做警卫，还有一位76岁的老人开始捡垃圾以赚取额外现金。

虽然很极端，但这些员工的情况并不少见，全国各地的企业都通过减少养老金福利来削减成本，这就是这么多美国老年人口陷入困境的原因之一。一项研究指出，40%的美国中产阶级的生活品质将在退休后降低，即跌出中产阶级，且850万人有陷入贫困或接近贫困的危险。[30] 对于许多退休人士来说，社会保险是唯一能使他们不至于变得贫穷的依靠。

雇主已经调整了养老金固定收益计划（DB Plan），这些计划保证退休后每月有固定的给付金额。取而代之的是，许多雇主现在提供养老金固定缴款计划（DC Plan），如401（k）计划，一种为退休创立的特殊储蓄账户。1975年，私营企业有90%的员工拥有养老金固定收益计划，这通常是劳资谈判的结果。到了2005年，由于工会失去议价能力，这个数字已经下降到1/3。[31]

尽管比完全没有退休计划好，但401（k）计划中的钱必须能持续支持整个退休期间，而它几乎无法提供退休人士期望可能从养老金固定收益计划中获得的月收入。这种转变伤害了低收入劳动者。经济政策研究所（EPI）的一份报告指出："高收入者（意味着他们有更大的供款能力）更有可能选择参加养老金固定缴款计划。"[32]

这份报告还发现，"从固定收益计划到固定缴款计划的转变加剧了种族之间的差异"，对单身人士和女性构成了"特别挑战"，并扩大了有大学学历和没有大学学历的劳动者之间的收入差距。

其他数以百万计的美国劳动者根本没有退休计划，正如EPI的报告所总结的，"对于许多群体，如低收入、非裔、西班牙裔、未受过大学教育和未婚的美国人，这些典型的处于工作年龄的家庭或个人在退休账户中根本没有储蓄，即使有储蓄，退休账户的存款中位数也非常低"（报告原文强调）。退休危机与更广泛的工资危机及教育、医疗保健和其他基本需求的成本上升有关，这样看来，退休的三脚椅越来越像一堆没用的棍子。

并非只有当前的劳动人口会受到社会福利保障削减的影响。目前，社会保险使1 500万美国老年人和100万儿童摆脱了贫困，[33]

但他们中的许多人仍然接近贫困线。2018年，平均退休福利为每月1 409.51美元，女性通常比这少20%左右，而当年的联邦贫困标准是每年12 140美元（平均为每月1 011美元）。

在这种情况下，我们应该寻找增加而不是削减福利保障的方法，因为增加了福利保障也不会耗尽资金。限制社会保险的本质制约因素是政治，而非经济。

其他福利计划也处于危险之中

我用了很多篇幅讨论社会保险的问题，因为其财务结构说明了赤字迷思是如何导致决策失误，并可能破坏社会目标的。但是，关于社会保险财务问题的争论也加深了对其他福利项目的误导，特别是让人们持续认为这些福利项目正变得越来越难以负担。

的确，如今的福利项目确实占了联邦支出的很大比例，但并不是史上第一次出现这种情况。美国内战结束后，联邦政府向残疾、贫困和年老的联邦退伍军人及其家属提供养老金。到了1910年，有28%的65岁以上男性以及超过30万名军人遗属获得了联邦福利。[34] 在1880—1910年的30年间，联邦政府将1/4以上的财政预算用于福利，这项早期的福利计划实施了很长时间，截至2017年，一位内战老兵的女儿仍在领取她的福利！[35]

在大萧条期间，随着社会保险和解决普遍失业和贫困计划的建立，联邦的福利支出再次增长。当时也有一些危言耸听者，如参议员丹尼尔·黑斯廷斯（Daniel Hastings）说，社会保险"可能会阻止一个伟大国家的进步，使人们生活过得像普通欧洲人一样"。[36] 鉴于西欧更强大的社会安全网，这种说法在今天看起来特别有讽刺意味。

当医疗保险在1965年战后经济繁荣时期创建时，当时的辩论焦点并不是政府开支，而是集中在罗纳德·里根总统[37]和其他人提出的对社会主义的恐惧。共和党参议员、总统候选人巴里·戈德华特（Barry Goldwater）[38]等反对者还嘲笑医疗保险过于慷慨，他说：“既然我们给养老金领取者提供了慷慨的医疗服务，为什么不提供食品篮、公共住房、度假胜地呢？为什么不给那些吸烟的人提供定量的香烟、给那些喝酒的人提供定量的啤酒呢？"

当然，戈德华特是在说反话。同时一些人提出了更合理的担忧。《纽约时报》的一名记者问道："医院门口会不会有老年人排队，有没有足够的房间安置他们，有没有足够的医生、护士和技术人员照顾他们？"[39]事实证明，医院门口没有老年人排队，但思考我们的经济是否有生产能力提供真正的福利，如医生、护士、医院床位等，以满足政府项目所产生的需求，一直以来的确很重要。

随着财政辩论越发右倾，医疗保险的反对者越来越多地将反对意见转移到对该计划的财政承受能力上。2012年的一篇专栏文章提出了这种典型的论点，例如一位投资银行家写道："如果不降低医疗保险成本的增长速度，它们将耗尽联邦预算，将出现与2008年经济危机类似的债务危机。"[40]

老布什总统的前顾问盖尔·威伦斯基（Gail Wilensky）声称，医疗保险"目前的形式是不可持续的"，并补充说，"随着婴儿潮世代的新生儿变老，以及历史上的最低人均支出的增长，需要结合以下措施应对：福利削减、变更资格条件、增加分摊成本、增税或减少对供应商的付款"。[41]

金融专栏作家菲利普·莫勒（Philip Moeller）写道："尽管短期内不会出现重大变化，但根据医疗保险和社会保险受托人周一发布的年度报告，这两项计划的财务状况依然堪忧。如果不进行认真的改革，将会占用越来越多的政府支出份额。"[42]

保守派曼哈顿研究所的戴安娜·弗奇戈特－罗斯（Diana

Furchtgott-Roth）直截了当地总结："医疗保险显然是不可持续的。就目前的情况来看，医疗保险无法履行其对未来老年人口的承诺，那些说要解决赤字问题的当选政治家，他们的工作是为未来的医疗保险提供可辩论和讨论的替代方案。"[43]

所有这些论点都是基于赤字迷思而被误导了方向。事实上，只要我们有足够的人力和设施来满足人们对医疗服务的需求，医疗保险就会在唯一重要的条件下长久且可持续地运作下去，即国家的实际生产资源。

福利制度也因为所谓的抚养比率（Dependency Ratio）而受到攻击，这个比率度量了目前劳动人口和领取福利的非劳动人口之间的比例关系。对于医疗保险和社会保险，人们的担忧是以年龄抚养比来表达的，《华尔街日报》[44]上的一篇文章提供了这种论点的一个典型例子：

1980年，每100个18~64岁的美国劳动人口，对应了19个65岁及以上的非劳动人口。但从那以后，情况出现了快速变化，根据周四公布的各州年龄及种族的最新人口普查数据，在2017年，每100个劳动人口就对应了25个65岁及以上的非劳动人口。

年龄抚养比率的这些变化常常被形容为令人震惊和意想不到（但事实并非如此）。它们甚至被用来论证目前的系统是老年人口对年轻人口的背叛，就像一位保守派作者在《华尔街日报》的评论："无法面对近在眼前的事实证据，就是一种形式上的代际盗窃。"[45]

按照这种逻辑，老年人口是自私地让政府用有限的美元为他们提供福利，而他们应该牺牲自己的利益，让这些美元为后代所用。如我们所见，正是这种对政府支出的错误思考方式，导致我们做出不仅对老年人口且对所有人都有害的决策。

这种批评往往伴随着美国人口越来越长寿的说法，不幸的是，事实并非如此。的确有些人的寿命更长了，但美国疾病控制中心（Centers for Disease Control）在2018年的一份报告显示，美国的整体预期寿命已连续三年下降。[46] 因为毒品、酗酒和自杀造成的"绝望死亡"（deaths of despair）在下降的数字中起了很大作用，其他一些因素包括流感死亡人数的增加以及慢性下呼吸道疾病和中风死亡人数的增加。

寿命问题背后的关键是公平性问题。预期寿命与收入密切相关，而这方面的统计数据令人震惊。《美国医学会》杂志上的一项研究发现，美国最富有的男性比最贫穷的男性多活近15年，而最富有的女性比最贫穷的女性可以多活10年。[47]

批评社会福利的人可能会弄错事实，但他们非常擅长政治修辞。在攻击受欢迎的制度时，词汇的选择变得非常重要，这也难怪他们把自己的努力称为福利改革，而不是福利削减或福利取消。

甚至"福利"这个词本身也有了更丰富的政治含义。《纽约客》杂志的亨德里克·赫兹伯格（Hendrick Hertzberg）指出，政策制定者最初将这些制度描述为"应得福利"（earned entitlements），而随着时间的推移，这个词消失了。然后，"在20世纪70年代中期，这个词重新出现在两位著名的保守派学者罗伯特·尼斯特（Robert Nisbet）和罗伯特·诺齐克（Robert Nozikc）的作品中，但去掉了'应得'（earned）这个前缀。"[48]

这是一个聪明的举动。他们放弃了对大多数人来说听起来是正向的"应得"一词，而强调了"福利"。在20世纪70年代，"福利"个词已经有了负面含义，就像我们描述一个被宠坏或有特权的人一样。根据作家理查德·埃斯科（Richard Eskow）的观察，这个词甚至出现在《精神疾病诊断与统计手册》（DSM）中，用来描述自恋型人格障碍的症状，[49] "有一种福利感，即不合理地期望得到特殊对待，或认为旁人可以自动符合自己的期望"。

赫兹伯格指出，里根总统最初在他的早期演讲中用的是"社会安全网"之类的中性表达，但很快就跟随尼斯特和诺齐克的步伐，开始使用"福利"这个词。商业媒体随后迅速效仿。这个词巧妙地羞辱了领取福利的人，而这些羞辱有时一点也不客气，里根以恶毒和种族歧视的刻板印象攻击了福利领取者（其实大多数福利领取者是白人，但这并不重要）。

当奥巴马成立国家财政责任和改革委员会（NCFRR，即赤字委员会）时，任命艾伦·辛普森（Alan Simpson）为联席主席，另一位联席主席是来自北卡罗来纳州的民主党政治活动家和投资银行家埃斯金·鲍尔斯（Erskine Bowles）。辛普森负责引导公众舆论宣传，而低调的鲍尔斯则利用他在克林顿白宫担任副幕僚长期间累积的人脉关系开展工作。

然而，没有人比彼得·G.彼得森（Peter G. Peterson）在反对社会福利制度的运动中做得更多。彼得森于2018年去世，但他在这一领域的所作所为，或更重要的是他的钱，使他在死后仍影响重大。彼得森的名字从未被公众熟知，但这位赤字鹰派的亿万富翁将多达10亿美元[50]的资金投入公共关系活动，致力于破坏民众对社会福利制度的支持。

彼得森曾是贝尔豪威尔（Bell & Howell）公司的首席执行官、尼克松总统任期内的商务部长以及雷曼兄弟公司的负责人，后来成为黑石集团的投资基金和对冲基金的联合创始人，赚了数十亿美元。他资助了一系列的智囊团、会议和虚伪的公关活动，并投入大量时间与金钱来培养两个政党的领袖人物，他的年度财政峰会上既有共和党人士，也有民主党人士参加（比尔·克林顿多年来一直是峰会上受欢迎的发言人），高薪聘请主要的电视新闻人物担任司仪和主持人。

赤字迷思　　　170

彼得森以及他所支持的政治家、学者和政策顾问，花了几十年时间试图说服美国人民：政府支出，特别是在福利方面的支出，正在使经济滑向悬崖。他们中更激进的人，如保罗·瑞安主张将社会保险完全私有化，他们的论点是，既然社会保险正在耗尽资金，不如把我们所有的退休金都放在华尔街的篮子里。无论他们是对政府财政的运作方式一无所知，还是参与了更邪恶的计划，要把更多资金输送到华尔街，这些人都在利用赤字迷思来危害数百万美国人的财务安全。

当奥巴马与他的赤字委员会决定将重点放在减少国家债务时，他似乎误判了这个仍在金融危机中挣扎的国家的公众情绪。然而，该委员会确实为彼得森的想法提供了平台，在非常规的安排中，它也依靠彼得森提供资金和资源。《华盛顿邮报》在2010年4月的报道中指出：

（赤字委员会）执行董事布鲁斯·里德（Bruce Reed，从民主党领导委员会借调）表示，委员会将与其他团体合作传递信息，包括彼得森基金会，该基金会将在周三举行一场由前总统比尔·克林顿主持的财政峰会。另外在6月，委员会成员计划参加由非营利组织"美国之声"举办的二十城电子市政会议，共同商讨预算问题。[51]

"美国之声"组织同一时期从彼得森基金会获得了超过400万美元的资金支持，[52]彼得森基金会还支付两名赤字委员会工作人员的工资。[53]根据《华盛顿邮报》的报道，一个自由派团体也为赤字委员会提供了一名工作人员，但发现其理念不被接受，由此认为该委员会已经"脱离正常轨道"。

委员会的成员们无法就一项计划达成一致，因此两位联席主席迅速按照彼得森批准的思路提出了自己的计划，该计划立即得到了彼得森[54]的赞赏，并在联邦预算委员会（CRFB）[55]的尽责帮助下进行了宣传（CRFB也是得到彼得森资助的众多团体之一）。

彼得森的各个组织与奥巴马的赤字委员会之间的亲密关系反映了彼得森对政府机构的长期影响，2012年他举办的财政峰会就是一个例子，当时奥巴马政府正试图与众议院议长约翰·博纳（John Boehner）就预算问题进行"大谈判"。峰会上的演讲嘉宾包括博纳和奥巴马政府的财政部长蒂姆·盖特纳（Tim Geithner）——刚好是谈判的两位主要人物，以及比尔·克林顿、保罗·瑞安和艾伦·辛普森。[56]

当辛普森以官方身份丑化成千上万的美国人时，其他共和党人则在夸大其词地宣称社会保险中的残疾保险存在欺诈行为，[57]这也是另一种妖魔化形式，最明显的是，要求统计超额支付款项的参议院共和党人，并没有要求统计少付款项的情况。

与参议院共和党人所说的相反，残疾保险既不慷慨，也没有充斥着欺诈行为。要获得社会保险的残疾福利津贴资格是非常困难和耗时的，而被拒绝后的申请上诉则更难。2018年，听证会的平均等待时间为535天，在许多城市超过了700天，到2018年底，有801 428人在等待听证会。2016年，有8 699人在等待听证会期间死亡。[58]

这种妖魔化的目的是要人们对领取福利感到羞耻，并让其他人因此产生怨恨。2000年初，在堪萨斯州的威奇托市，当我向当地的工会成员讲述社会保险问题时，我深刻地感受到了这些攻击的不公正性。一位看起来像摩托车手的先生在演讲后走到我面前，尽他所能地与我握手，因为多年从事体力劳动，他几乎无法举起手或握紧手了。他感谢我的演讲，并表示他期待着即将到来的退休生活。

这位先生以及像他一样的劳动者，在辛苦劳作一生后，不应该因为想要退休并领取福利而受到侮辱。

福利领取者是里根总统和其他共和党人尖酸刻薄言论攻击的目标,但民主党总统比尔·克林顿签署了1996年的所谓福利改革法案,希望帮助人们重新开始工作,但它的实际作用是迫使人们退出援助名单,使许多家庭陷入贫困。国家贫困中心(National Poverty Center)[59]的一项研究指出:"1996—2011年,极端贫困的普遍性急剧上升。"这在很大程度上是这一"福利改革"带来的后果。

更强有力的证据表明,福利改革的许多前提根本是错的,且对穷人不公平,例如,认为现金补贴会鼓励人们放弃工作或鼓励未婚生子等。《纽约时报》[60]的爱德华多·波特(Eduardo Porter)引用了一项研究,显示即使在1996年福利削减之前,"每10个美国人中只有4人领取了1~2年的福利,只有大约1/3的人领取了5年或更长时间的福利"。波特还引用了1995年的一项研究,表明即使在取消失业母亲的福利之前,"福利金并没有增加单身母亲的数量"。他还补充说:"而接下来20年的经验表明,取消福利也并没有减少单身母亲的数量。"

不断的攻击虽然没有削弱公众对福利制度的支持,但破坏了公众对其财务长期可行性的信心。反福利制度的人群为自己的勇气而自鸣得意,但这种攻击老年人、残疾人和穷人的福利制度的行为一点也不勇敢,特别是当富有的竞选捐助者和由亿万富翁资助的智囊团在奖励着这种"勇敢"的时候。

我们应该如何谈论福利制度

现在,我希望你已经了解,我们之前对福利制度的思考和讨论都是错误的。尽管本章的重点在美国,但这种错误的想法也伤害了世界各地的许多人,导致了许多社会重要项目被削减,如英国的国民健康服务（NHS）和日本严重不足的养老金。[61] 在这些国家，赤字迷思剥夺了人们获得更好公共服务的权利，因为政府深信他们没有足够的资金来维持这些福利项目的运转。这不仅使那些本来可以通过这些项目改善生活的人遭受痛苦，还伤害了我们所有人。我们的社会安全网加强了彼此之间的社会联系，有助于支持整个经济，想想所有的杂货店收银员、卡车司机、小店主和其他人，他们的工作至少有一部分依赖于全国各地的人们花费他们的"福利"。

这就是围绕这些项目的言论总是被误导的原因之一，联邦政府不应该试图像"围坐在餐桌旁的家庭"那样来管理预算，我们不需要通过牺牲小我和财政限制来勒紧我们的裤腰带。你有没有注意到，有些人虽然说牺牲小我，但总是要别人做出牺牲？

那么，我们应该如何谈论福利制度？最重要的是要记住，有三个不同的议题，在谈论社会保险和医疗保险等项目时必须将它们分开。这些议题是：政府的财政支付能力、支付这些福利的法律授权，以及我们经济能够提供真正的福利项目的生产能力。

我们已经了解，现代货币理论强调政府作为货币发行者的作用，对于像美国、英国和日本这样的国家，政府的财政支付能力永远不应受到质疑。这是好消息，因为它意味着人们永远不应该以政府缺乏支付医疗费用或向退休人员或残疾人支付福利的能力为由，被迫承受严苛的紧缩政策，但这并不意味着政府能够负担得起这些支出就可以毫无限制。为越发慷慨的福利制度提供资金，可能会使经济超出其实际资源的限制（如充分就业），加剧通货膨胀，这对所有人都有害。这才是应该传递的关键消息，而这在我们当代的辩论中几乎完全没人提及。

有一次我听到一个很有影响力的人试图向一名国会议员解释这一点，我永远不会忘记发生在众议院的那个非凡时刻。它始于众议院前议长保罗·瑞安的一个问题，瑞安自称为赤字鹰派，他在国会的大部分时间试图用来将社会保险私有化，并一再敦促其他立法者加入他的行列，让有保障的退休制度变为私有化的个人退休账户系统，让华尔街的基金经理们负责劳动者的退休收入。多年来，瑞安到处发表演讲，并接受电视台访问，像经验丰富的推销员一样推销他的私有化计划，他大谈计划中个人选择和自由的好处，声称在目前的系统因不可持续的财政承诺而崩溃之前，我们迫切需要采取行动。

2005年的某一天，瑞安决定在一个特别的国会证人面前宣传他的计划，在阐述了他对社会保险面临的所谓"财政危机"的立场后，瑞安询问证人是否同意这一评估，当证人开始回答问题时，瑞安的脸上失去了所有的光彩。这不是瑞安想要的答案，证人的回答将有关福利制度的两个最重要的问题区分开来：政府的财政支付能力和我们经济实现承诺实际利益的生产能力。

这位证人是艾伦·格林斯潘，正如许多读者所知，格林斯潘在1987—2006年担任美联储主席。由里根总统任命的格林斯潘很难被称为进步派人士，让美联储主席来回答关于"处理福利制度"的问题似乎是一个安全之举。瑞安几乎可以肯定，同样相信自由主义的格林斯潘，会同意社会保险的财政状况是不可持续的，转向个人退休账户系统才是好主意。因此，瑞安向格林斯潘抛出了一个慢速球问题，希望他能尽职尽责地将其击出公园，一棒打出全垒打。

瑞安说："拥有个人退休账户是使未来退休人士的福利在退休后更有保障的方式。"然后他向格林斯潘提出了一个冗长的、句子叠加的问题：

你是否相信个人退休账户作为偿付能力系统的一个组成部分，确实有助于提高偿付能力？当你拥有个人退休账户政策时，如果它伴随着福利抵消，你是否相信个人退休账户可以帮助我们实现系统

第六章　你值得拥有！　　175

的偿付能力，使那些未来的退休人士的福利更加安全？[62]

简而言之，瑞安是在问格林斯潘，他是否同意社会保险陷入了财务困境，而转向一个由华尔街管理的私人退休账户系统将有助于解决这一危机。

面对来球，格林斯潘没有挥棒，相反，他俯身向麦克风前倾，说出了一些令瑞安震惊的事情：真相。格林斯潘首先否定了瑞安问题背后的整个前提，他说："我不会说现收现付的福利制度是不安全的，从某种意义上说，没有什么能阻止联邦政府随心所欲地创造金钱，并将其支付给某人。"[63]

让我们再重复一次最后这句话："没有什么能阻止联邦政府随心所欲地创造金钱，并将其支付给某人。"

这是完全正确的回答，它破坏了瑞安关于政府财政支付能力的整个前提。山姆大叔总是能够支付款项！这就是格林斯潘的观点。涉及联邦政府支付福利的财政能力时，钱不是问题，时任美联储主席的格林斯潘知道，美联储可以支付任何由国会授权的付款，就像现代货币理论所表述的那样，国会所要做的就是承诺为该制度提供资金，而钱总是在那里。

讽刺的是，格林斯潘在1983年主持削减社会保障福利时，从未指出过这些问题。那时，他接受了社会保险正面临着不可避免的资金短缺的前提，作为回应，格林斯潘主持的委员会通过逐步提高退休年龄和增加工资税来提供"预付资金"以支付未来的款项，从而"重新平衡"了社会保险的财政状况。这些变化的全部动机源于一个错误信念，即维持社会保险的唯一方法是制订计划，收缴足够的税收来支付承诺的福利。

事实上，格林斯潘所主持的委员会建议的福利削减或其他变化都完全没有必要，格林斯潘应该始终都知道这一点。所以格林斯潘在那天回答瑞安时说得很对，而且他并没有就此罢休，第二部分的回答甚至更好，他把重点放在了另一个应该讨论的关键问题，而与瑞安问的那个问题并不相关。格林斯潘并没有谈论福利制度的财务问题，而是告诉瑞安，应该考虑的问题是："我们应该如何建立一个系统，以确保创造出真实的产品，让福利可以买到这些东西。"[64]

换句话说，我们正处于老龄化社会，目前在生产我们所有人都需要的真实商品和服务的数百万人将会很快离开劳动力市场，进入退休状态。因此，像社会保险和医疗保险这样的制度将在未来几年后服务越来越多的美国人。当我们考虑福利制度时，我们应该考虑如何确保经济保持足够的生产力，以提供如医疗保健和消费品等真实的商品，满足未来福利受益人的需求。

我不确定瑞安是否完全理解了格林斯潘的观点。当我们谈论福利制度是否可持续时，我们需要从经济的实际生产能力角度出发，考虑经济如何吸收这些钱，而不是考虑钱从哪里来的问题。拿出钱来支付福利很容易，真正的挑战是管理可能出现的通货膨胀压力，因为这些钱进入了实体经济中。

难怪瑞安会感到惊讶。在其他场合，格林斯潘经常说，社会保险面临的主要挑战是其财务可行性，但在那天，格林斯潘在美国国会大厦宣誓后，他说出了真相、全部的真相、唯一的真相——只要政府致力于支付承诺的福利，社会保险就可以很好地持续下去。

要找到愿意如此开诚布公地谈论以上事实的专家并不容易，但我们需要了解，社会保险面临的所谓危机是一个人为的、政治性的问题，而不是财务问题。

我第一次学习到这一点是在1998年，在读了一篇名为《从救世主手中拯救社会保险》[65]的文章后。这篇文章的作者是美国西北大学经济学教授罗伯特·艾斯纳（Robert Eisner），他是经济学界受人尊敬的先驱者，也是真正勇敢的发声者。艾斯纳无所畏惧，他是最早看穿社会保险赤字迷思的人之一，他毫不畏惧地指出任何被误诊问题的错误观点，无论那些人是左派还是右派。

与格林斯潘一样，艾斯纳并不认同社会保险在财政上无法持续的观点。他写道：

不管是现在还是将来，社会保险都不会面临危机，它不会破产，而会一直"在那里"，不仅是对于现在就在享受或在不久的将来可以享受的人群，还是对于婴儿潮一代和之后的"X世代"，只要那些想蚕食社会保险或以"私有化"的名义破坏它的人不掌控政治，那这一切都不会有所改变。他们不太可能掌控政治，因为老年人和他们的子女都有投票权，而且随着问题的全面影响变得明显，他们会更加明智地投票。

艾斯纳的文章还关注另一个重要问题，当我们在谈论社会保险和其他福利时需要牢记，是一些自我强加的规则限制了政府支付福利的法律授权。和格林斯潘一样，艾斯纳明白，联邦政府总是有财政能力来支付承诺的福利，是支付福利的法律授权在作祟，使社会保险等制度看起来要破产，艾斯纳的文章让人更清晰地了解哪些是重要的议题，而哪些又是无关紧要的。

虽然几乎每个政治家都痴迷于社会保险信托基金将最终被耗尽的长期预测，但艾斯纳提醒我们，信托基金"只是会计实体"，保持老年和遗属保险（OASI）与残疾保险（DI）的基金余额为正，实际上并没有改变政府支付福利的财政能力。保持信托基金有足够的正的电子会计分录，可以保持支付福利的法律授权，但无论有没有这些会计分录，只要国会同意支付，社会保险都是完全可持续的。艾斯纳谈道："会计师可以宣布基金账户的最后一行加总项为负数,也可以宣布其为正数,但无论如何,财政部都可以继续进行被法律授权的任何支出。尽管会计师宣布了越来越大的基金赤字,财政部还是可以支付社会保险所需要的所有款项。"

等一下,我是不是在告诉你,一位广受尊敬的经济学教授认为,解决社会保险所面临的"危机"的办法是让国会简单地承诺支付款项,而不管信托基金的余额如何?没错,而且这正是补充医疗保险(SMI)已经采用的运作方式。

你我不可能以这种方式管理财务,但这是因为我们是货币使用者,而不是像山姆大叔那样的货币发行者。艾斯纳明白这一点,"与普通民众不同的是,我们的政府及财政部不会也不可能破产"。他想传递的信息是,不要再为账簿上的这些财务预期缩减而烦恼,只要遵守承诺付款就好,毕竟人们在法律上有权享受福利。

如果保持社会保险顺利运行真的那么容易,为什么民主党人和共和党人总是为该制度的财务问题而争吵?为什么几乎每个人都专注于削减福利或用增加税收作为支撑该系统的方法?为什么没有一群像艾斯纳(于1998年去世)那样敢言的专家小组来平息事态?根据白宫管理和预算办公室(OMB)最高长官巴里·安德森(Barry Anderson)的说法:"很少有评论社会保险的学者或分析师有胆量(或有知识)来承认这一基本事实。"[66]

简单的解决方案是只要给予老年和遗属保险、残疾保险与补充医疗保险相同的法律授权就可以。但对于那些缺乏勇气或知识来支持这个简单解决方案的人,艾斯纳提供了另一条前进的道路,这只不过是一个会计技巧,但将防止社会保险因信托基金余额不足而面临被削减,有了足够的会计分录,受托人就会报告一个健康的长期前景,支付福利的法律授权将保持不变,人们感知到的危机将会消失。这不是他喜欢的解决方案,但如果在账本上增加更多的数字会让大家睡得更安心,艾斯纳表示,有无数"简单、无痛的补救措施来解决这个会计问题"。

虽然民主党人经常关注如何通过增加工资税来增加信托基金，例如把非工资收入纳入预扣税额或取消税额上限，使所有工资收入纳入预扣的联邦保险税（FICA），但艾斯纳表示，有一个更轻松的解决方案。[67] 由于信托基金几乎完全由非市场化的、附息的政府债券组成，为什么不确保这些债券可以支付足够的利息，以保证信托基金的余额满足会计师的要求？如果这些债券支付25%、50%或100%的利息，那么信托基金的余额就会爆炸，整个"问题"就会永远消失。这显然是一种会计技巧，但艾斯纳并不在意。他只是向立法者表明，有一个简单的方法可以保护福利制度不会因为信托基金余额不足而面临被削减。他写道："毕竟不是上帝，而是国会和财政部决定了基金余额中不可流通的政府债券的利率。"就艾斯纳的观点来看，用尽可能多的钱填充信托基金，既简单得令人难以置信，又完全没有必要。

自艾斯纳之后，在现代货币理论之外，很少有经济学家按照类似的思路对传统说法提出挑战。尽管艾斯纳发表论文时，现代货币理论尚未出现，但他的主要论点与现代货币理论的观点完全一致。他知道，货币发行者总是可以增加会计分录，让整个福利制度保持良好的（会计）健康状态。

我们需要用现代货币理论提供的观念来谈论福利制度，辩论最终应该以我们的优先事项、价值观以及为人民服务的实际生产能力为中心，现代货币理论为我们提供了进行明智辩论所需的视角。

格林斯潘关注的是人口结构的变化，这些变化使美国的劳动者减少，进而影响国内生产总值。抚养比率是一个合理担忧，但不是因为没有足够的钱，而是因为我们可能难以制造出人们在未来几年内想要和需要的物质商品和服务。格林斯潘明白，只向未来的退休人员支付货币福利是不够的，这笔钱的实际购买价值也很重要。为了防止"太多的钱追逐太少的商品"这一古老的通货膨胀问题,我们需要一个有足够生产力的经济环境,以提供所需的商品和服务。如何做到这一点呢?

首先,我们必须决定优先事项,民意调查显示,福利制度在我们的社会目标中名列前茅。其次,应该考虑如何实现这些社会目标,同时确保我们的经济有足够的生产力来满足这些目标,而不造成通货膨胀。

以退休为例。我们大多数人可能会同意,为退休人员提供经济保障的系统是好事,我们希望有一个社会,老年人在退出劳动力市场后不会被遗忘。社会保险和医疗保险的存在是为了确保人们在进入不以就业为导向的生活阶段时得到基本保护。我们希望这些制度存在,是因为我们希望人们能够得到所需的医疗护理,并有稳定的收入补充保障,以便能够过上体面的生活。

2017年,联邦政府在医疗保险制度上花费了1万亿美元,其中3/5用于美国最大的联邦医疗保险计划,其余的花在医疗补助、儿童健康和《平价医疗法案》的保险费补贴上,另外还有9 450亿美元以社会保险福利的形式支付给老年人、其家属和残疾人。总的来说,这些所谓的福利制度花费了近2万亿美元,约占整个联邦预算的一半,[68]这些都是大数字。但是,正如我们了解到的,这只是数字而已,我们负担得起。但是真正的资源呢?

1946—1964年出生的婴儿潮一代的人数创下了纪录,他们正逐渐离开劳动力市场,迈入退休阶段。在接下来的18年里,平均每天有一万名美国人将年满65岁,一些人将继续工作几年,但当他们年满65岁时就有资格享受医疗保险。到2030年,美国历史上将第一次出现65岁以上老年人口超过18岁以下儿童的情况,[69]婴儿潮一代的人口将占到总人口的1/5。

我们需要做好准备。与35岁的人相比,一个70岁的老人将消耗更多的医疗保健资源，而需要较少的儿童照管资源，这意味着经济需要多生产一些东西，少生产另一些东西。而且，除非未来的劳动力规模有意外的增加，如另一波婴儿潮或新的移民涌入，否则我们必须用逐渐萎缩的劳动力来满足这些需求。

我们应该现在就开始着手准备。需要培训更多的医生和护士，建造更多有无障碍设施的住房，并投资基础设施、教育和研发（包括自动化）。通过正确的投资，我们可以提高经济的长期生产能力，并避免因实际商品和服务供应减少而导致竞争加剧的通货膨胀压力。

现代货币理论不会认为政府的货币发行权使它可以为所欲为，相反，把注意力集中在面临的真正限制上，我们才能找到最佳的解决方案，这才是辩论应该采用的方式：基于现实世界的资源做出现实的决定。

削减福利的建议让我觉得不人道，也许你也有相同的感受，老年人、残疾人和穷人有权享受体面的生活和经济保障，因为他们是人，而不是因为某个信托基金说有足够的钱来照顾他们。这些福利制度及它们所代表的价值观，应该成为我们社会结构的一部分，即使你不同意我的观点，也应该在正确理解政府财政的情况下进行这种对话。

当我们展望未来、思考如何更好地满足我们的需求时，我们不应该问："我们如何付钱？"而应该问："我们如何获得资源？"

我们并非生活在一个完美的世界里，实际资源并不是无限的。如果我们想做些什么使生活更好，例如为所有人提供医疗服务，确保每个人都能在经济上有保障地退休，或使每个公民远离贫困等，那么有时候就必须在这些不同的目标之间做出选择。

我们需要从今天起就做好准备，投资那些能够使我们有足够的生产力来实现目标而不引发通货膨胀的事物，一切有助于我们做到这一点的行动，包括自动化、更好的基础设施、受教育的机会、科技研发或改善公共卫生等，都是对未来的明智投资。

我们在内战后负担得起，我们在 20 世纪负担得起，同样，我们现在也可以负担得起这些福利制度。关于福利制度的纷争，源于对金钱的本质和税收真正目的的过时思维，让我们无法就优先事项、我们希望生活在什么样的社会以及建设社会所需的资源进行更深入的辩论。

我们最大的挑战不是成本，而是确保我们的经济在未来几十年内能否生产出正确的产品；问题不在于会计表格上的细枝末节，而在于缺乏远见。即使在一个资源有限的世界里，也有很多方法可以改善所有人的生活，只要我们足够聪明、敢于想象、勇于尝试。

第七章

真正重要的赤字

> 只要存在富足，贫穷就是邪恶。政府是邪恶的对手，同时解决人们的困境。
>
> 约翰·F. 肯尼迪

2015年，我来到华盛顿，加入了参议院预算委员会的民主党幕僚团队。

那时我们刚刚进入从金融危机中艰难复苏的阶段。

几十年来，美国把信任和权力寄托在一个由金融和政治精英组成的全球网络上，而这些精英却没有解决地球上大多数人的经济问题。经济崩溃提供了一个短暂的机会让我们重新思考优先事项。奥巴马总统是在金融危机发生后立即当选的，他获得了变革的授权，并在国会两院获得了坚定的多数席位。但在我到任时，共和党人已经控制了众议院和参议院，在赤字支出上毫无意义的谨慎和小心（至少在社会福利项目方面）再次报复性回归。

民主党人处于少数地位，这使共和党人可以发号施令、制定议程，使我们不得不进行防御。当我在会议上帮助准备谈话要点时，我想象着成为多数派之后的可能画面：可以将议程集中在美国人民面临的众多挑战上，并编写一份预算，以帮助数百万人过上更安全、更有生产力和更幸福的生活。但由于民主党人处于少数地位，我无能为力。

而事实上，这可能并不重要。尽管两党之间有很多争执，但当谈到联邦政府如何"获得"能够花在经济上的钱时，每个人的看法都是一致的。民主党人和共和党人都以看待家庭预算的方式看待联邦预算，即通过货币使用者而非货币发行者的视角。双方大致同意，美国面临着迫在眉睫的财政危机，只是在问题的根源上互不相让：民主党人认为问题出在减税和代价高昂的战争上，而共和党人则指责在社会保险、医疗保险和医疗补助等项目上过度支出。

即使民主党执政，我怀疑我们也会向赤字迷思低头，在桑德斯参议员的领导下，重点会转向罗宾汉式的劫富济贫：向富人征税或削减国防开支，以保障其他地方更慷慨地支出。但考虑到政治现实，避免赤字增加仍然是国会的首要任务。

作为民主党的首席经济学家，进入国会的权力殿堂后，我理应让人们听到现代货币理论，不过我怀疑我的想法是否能产生影响。更无法忍受的是，我从学校申请了休假，远离熟悉的朋友和家人，搬到华盛顿特区，而周围的人却把大部分时间花在了担心预算赤字上，这让我经常觉得无能为力。

然后我突然想到：赤字只是所拥有的和所需要的之间的差距。《韦氏大学英语词典》将赤字定义为"数量或质量上的不足"或"能力或功能上的缺乏或损害"。美国政府的财政赤字并不是最值得关注的问题，我们也面临着其他非常重要的赤字——在良好的工作机会、可获得的医疗保健、高质量的基础设施、清洁的环境、可持续的气候等方面的赤字。如果预算委员会的参议员们这么想谈论赤字，那么为什么不谈谈这些赤字呢？

幸运的是，当时的国会预算办公室主任道格·埃尔门多夫（Doug Elmendorf）被安排在参议院预算委员会上发言。这是例行公事，我知道该期待什么，埃尔门多夫一定是西装笔挺，戴着眼镜，拿着一份 CBO 最新的《长期预算展望报告》，首先向委员会介绍报告的主要结论，呼吁注意预期的预算短缺，并警告说，如果政府不能使其财政状况井然有序，就有可能发生债务危机。然后各参议员轮流上台发言，大放厥词或争论是否需要削减开支或增加税收来解决赤字问题。我实在无法忍受这样一个个毫无意义的会议，因此，我制订了一个计划。

我的老板是委员会的首席委员，按照惯例，他要在主席的开幕词之后立即发表准备好的讲话。工作人员需要起草这些讲话，我决定从这里切入，这是一个开始全新对话的机会。我向其他工作人员提议，完全不用考虑财政赤字，而是应讨论真正重要的赤字。

幸运的是，桑德斯参议员愿意倾听并深切关心普通人的意见，像我一样，他认为联邦预算是一份具有道德意义的文件，并且表达了国家的优先事项。我们都相信，美国不是一个由粗犷和原子化的个人主义者组成的国家，而是一个应该共享、相互联系的命运，作为一个民族，我们共同兴衰。有了这种精神作为我们的共同基础，我与参议员以及其他工作人员一同重新起草了他的开场白：与其再次讨论如何降低预期的财政赤字，不如谈谈我们在基础设施建设、就业、教育、健康等方面的赤字。

这就需要桑德斯参议员自己来实现这一焦点的转移，他做到了。听证会结束后，国会出版物《国会山报》的头条写道："伯尼·桑德斯翻转了'赤字'剧本。"[1]

我们提出的这些赤字是对民众影响最大的赤字，这些赤字被忽视了太久，但却是任何体面社会的核心所在。国家的基础设施正在崩坏，大学教育的费用上涨得越来越让人难以承担，有 4 500 万美国人背负着超过 1.6 万亿美元的学生贷款债务。收入和财富不平等接近历史最高水平，自 20 世纪 70 年代以来，普通劳动者的实际工资水平仅增长了 3%，近 1/4 的美国人表示他们永远无法负担退休。我们的医疗保健系统并不完善，有 8 700 万人没有医疗保险或保险金额不足。现在，"翻转剧本"和从前一样必要。

在最基本的概念层面上，美国的联邦预算编制过程一团乱，完全无法应对这些愈发恶化的危机。这是一个假设政府缺乏资金而不是货币发行者的预算编制过程，就其本质而言，整个过程使参与者对任何最终目标都视而不见，只追求在长期内实现财政预算的所谓"平衡"。这是一个由技术官僚设计的过程，他们束缚了政策上可能的选择，将抽象的会计分录需求凌驾在有血有肉的人们的需求之上。

现在，我们必须开始讨论真正重要的赤字问题，一起来看看吧。

良好工作机会的赤字

里克·马什（Rick Marsh）在俄亥俄州洛兹敦市的通用汽车工厂工作了 25 年，2019 年初，该工厂被关闭了。马什的父亲之前也在那里工作，并曾是当选的工会委员，《纽约时报》指出，这是他"唯一的真正的工作"。

马什拥有一套房子，有一个患有脑瘫的女儿。他可以在宾夕法尼亚州西部的天然气田找到一份工作，但工资大约是他在通用汽车工资的一半；他也可以利用他的资历，调到通用汽车的其他工厂。但他和妻子不愿意采用这两种选择，因为这意味着他们要放弃在学校和当地的公共服务机构等为女儿辛苦建立的广泛互助网络。[2]

马什的故事很普遍。美国的制造业就业率仍然远远低于《北美自由贸易协定》《世界贸易组织协定》和其他有利于企业的贸易协定签署之前的水平，这些协定把支撑马什所属的行业和其他许多行业的三脚椅腿踢开了。金融危机让事情更加糟糕，2008年之后的8年里，美国人失去了21.2万个电信业和12.2万个制造业的工作机会。通常能够提供生活工资和良好福利的公共部门的工作机会也同样出现了下滑，各州和地方政府削减了约36.1万个工作岗位，而美国邮政则裁减了11.2万名工人。

的确，自2008年金融危机以来，经济在持续地缓慢复苏，截至目前，就业机会仍在缓慢增加。到了2020年初，失业率为3.7%，远低于金融危机高峰期的10%，然而，增长的就业绝大部分集中在低技能、低工资的职业中，这就是为什么数以百万计的人正试图做两份或三份工作来拼凑足够的收入以维持生计。罗西奥·卡拉万特斯（Rocio Caravantes）在2014年接受《芝加哥论坛报》的采访时说："靠每小时8.25美元的工资收入生活是不可能的。"[3] 当时，卡拉万特斯不得不在芝加哥市中心的豪华酒店做擦洗地板和清洁厕所的两份工作，保证每两周可以挣到495美元。她的房租是每月500美元，每天必须乘坐一个小时的公交车才能到达工作地点，而且一天也不能请假。卡拉万特斯告诉《芝加哥论坛报》，她原本以为，如果表现良好，工资就会增加，"然而我错了"，她说。同时，每小时8.25美元仍然是伊利诺伊州的最低工资，联邦最低工资是每小时仅7.25美元。

超过40%的美国人表示，他们在紧急情况下拿不出400美元。[4] 不要误会，出现这种情况完全是因为工作的报酬太低，如果市场上有很多好工作，就不会发生这种问题。如果劳动力市场真的健康且强大，雇主就会被迫提高工资以吸引劳动者。

我们可能已经恢复了工作的数量，但新工作的质量却低得多。例如，食品服务业增加了200万个工作岗位，而零售业增加了120

万个，根据美国劳工部发布的"经济新闻"，零售业工人的平均年薪中位数为 28 310 美元，而食品服务和食品预处理工人的收入更少，平均年薪中位数刚超过 22 000 美元。事实上，自 2008 年金融危机以来，增加的工作中，有近 3/4 的工作岗位年薪不超过 50 000 美元，大多数工作岗位的年薪要低得多。从 20 世纪 70 年代到 2018 年，经通货膨胀调整后的普通劳动者工资只增长了 3%，在同一时期，收入阶梯中最底层的 1/5 的劳动者还经历了工资收入的下滑。[5]

这些零售或餐饮业的工作报酬没有理由比之前的更低。但是，在这些行业中，工会从未能够像在 20 世纪中期的制造业那样获得立足点。在这些行业中，雇主掌握着所有筹码，并用尽所有诡计（从外包到特许经营，从雇用承包商而不是全职聘用），以尽可能地压低工资和减少福利支出。

这一切还有一个地域差别：可以找到工作的地方与以往不同了。几十年前，在 1990—1991 年经济衰退的复苏过程中，美国中西部的农村市场和小城镇的就业率在全国是最高的。但自那以后这种反弹的能力就下降了，在金融危机后的复苏中，最高的就业增长率发生在城市地区，如洛杉矶、纽约和休斯敦等大城市，人口不太密集的地区和农村地区的就业增长速度不到以前的 1/3。[6] 实际上，某些地方未从 2008 年的金融危机中恢复过来，就业市场直接消失了。

伊利诺伊州的开罗曾经是密西西比河和俄亥俄河交汇处的一个繁华小镇，有许多商店、汽车旅馆和夜店，但工业化衰退和种族主义加剧（开罗大多是非洲裔美国人）给这个小镇带来了沉重的打击。现在，该镇有两家达乐（Dollar General）和一些其他商店，当作家兼摄影师克里斯·阿纳德（Chris Arnade）问一名 47 岁的当地教师玛娃（Marva）她为什么要留下来时，玛娃的回答很简单：

赤字迷思　　192

"(开罗)是我的家。这是一个小社区,是我的家,你不能就这样抛弃你成长的地方。"[7] 这听起来有些残酷,但现代美国经济常常迫使人们在家乡和生计之间做出选择,而即使人们愿意离开,搬到一个全新的城市,代价也往往是昂贵、困难且充满危险的。

与此同时,即便对于生活在工作机会增加的地方的、幸运的美国人来说,他们仍然常常不得不从事比以前更差的工作。人们从高薪工作中被解雇,只能用与他们的技能和教育背景不相称的低薪工作来替代,这种现象被经济学家称为"不充分就业"(underemployment)。例如,丽莎·卡西诺-许茨(Lisa Casino-Schuetz)是两个孩子的母亲,她拥有硕士学位,曾经有一份六位数薪水的稳定工作。随后金融危机爆发,工作消失了,她不得不在一家体育医疗机构找了一份每小时 15 美元的工作,后来这份工作也没了。她换到亚马逊做客服,但这份工作也没了。"我经常问自己:'为什么是我?我做错了什么?'"[8]

不充分就业的影响范围很广,以至于作家安德烈·汤普森(Andrea Thompson)建立了一个博客来收集就业者的故事,这其中甚至包括汤普森 64 岁的祖母。汤普森的祖母一生都是厨师,她被诊断出患有糖尿病后,在接受一连串的手术治疗的同时,只能在当地高中做一名拿着低报酬的午餐厨子,但无法负担与病情相关的医疗费用。

这种"人人都可有可无"的猖獗观念在就业和薪酬之外的各方面影响着美国人。在美国精神病学会(APA)2018 年的一项调查中,2/3 的人表示他们担心无法承担支出,其他的担忧是个人健康和家人安全,而这两者都受到财务状况的影响。正如 APA 网站所指出的那样:"近 3/4 的女性、年轻人(8~24 岁)和近 4/5 的西班牙裔成年人对支付账单有些许或极度的焦虑。"《社区卫生杂志》(*Journal of Community Health*)2017 年的一项调查显示,1/3 的美国劳动者认为他们的工作没有保障，[9]这种焦虑的感觉更容易引发肥胖、失眠、烟瘾、工作时长减少以及总体健康状况恶化。经济学家苏珊·凯斯（Susan Case）和安格斯·迪顿（Angus Deaton）研究了自1999年以来美国中年白人死亡率急剧上升的现象，发现其主要原因是自杀、毒品和酗酒，即所谓的"绝望的死亡"，这些死亡绝大多数源于经济上的焦虑。

美国劳动者并不是唯一面临这些挑战的人群。大卫·N. F. 贝尔（David N. F. Bell）和大卫·G. 布兰奇福劳（David G. Blanchflower）发现，自2008年金融危机之后，不充分就业让他们研究的25个欧洲国家的大多数人工资降低，[10]但美国劳动者比他们的欧洲同行更艰难，因为与许多欧洲国家相比，美国的就业情况更不乐观。此外，美国是唯一不要求雇主提供带薪产假的发达国家，事实上，美国是唯一不要求雇主提供任何形式的带薪假期的国家。当然，一些美国雇主会主动增加假期，但作为一个群体，美国劳动者得到的假期时间只有英国、法国或西班牙劳动者的1/4。

人们一直在讨论高薪的制造业工作转移到国外以及它对美国梦的影响。在中西部工业化地区，特朗普总统在2016年勉强获胜，因为他承诺美国将重返伟大，回到从前，让民众回到有一份稳定的制造业工作并过上充实生活的时代。我的猜测是，人们真正渴望的从前是这样的：一份工作就能养活一个家庭，买一栋房子，车库里有两辆车，供孩子上大学，每年带家人度假一次，退休后有一笔体面的退休金。它以"恢复制造业的工作"或"让美国再次伟大"的口号出现，但实际上是要让人们找回曾经失去的工作安全感，以及中等收入的工作曾经能够提供的生活。

归根结底，良好工作机会的赤字归结于资金在经济中流动的方式。现在，这些流动给一小部分幸运的美国人带来了良好的薪酬和巨大的福利，但更多的人只能分到微薄的薪酬和微不足道的福利。

正如现代货币理论所指出的，资金是联邦政府无法耗尽的一种资源，任何工作，即便是零售店店员、快餐店打工者或是芝加哥豪华酒店的看门人，都没有理由不拥有一份有体面的薪酬、合理的工作时间，以及安全和福利的好工作。

在下一章，我会解释现代货币理论提出的建立联邦就业保障的建议如何能为所有雇主设定一个最低标准，为任何想要工作的人提供可维持生活的工资和福利。现代货币理论还提供了其他工具来解决带薪休假和休假时间的问题，以便让人们的生活质量得到改善，健康水平和幸福感也能随之提高。这些想法可以实现真正的充分就业，提高底层人们的收入，并将经济收益扩散到社会各阶层，有效地消除美国的工作机会赤字。

当我们为一个更绿色环保、更安全、更有保障的未来而改造我们的经济时，人们既值得，也应当拥有一份高质量的工作。

储蓄的赤字

良好工作机会的赤字对美国社会产生了各种连锁反应，好工作的丧失意味着高薪的丧失，意味着无力进行储蓄。曾几何时，对许多美国人来说，一个大学学位会带来一份高薪工作，能够提供安全、体面（即使不是最优）的健康福利以及未来稳定的退休生活。但现在不再是这样了，劳动者无法为未来的老年阶段进行储蓄，而是在40岁甚至50岁时仍在偿还学生债务。他们不知道自己如何存足够的钱来退休，如果他们有孩子，他们会为支付孩子的教育费用而焦虑。

这就是储蓄赤字的出现。

事实上，我们可以说，典型的美国劳动者没有办法为退休准备存款。一项研究发现，美国工作年龄人群的退休账户余额中位数为零，[11] 其他一些调查发现，没有任何退休储蓄的美国人比例从21%[12] 上升到 45%[13]，如果包含那些只有 5 000~10 000 美元储蓄的群体，这个比例甚至会更高。到目前为止，人们缺乏储蓄的最大原因是收入不足和支付账单的需求，超过 66% 的美国人认为他们存的钱不足以供退休后的生活使用。[14] 美国有 2 亿多正值工作年龄的劳动者，其中有超过 1 亿人没有任何形式的退休资产，包括雇主承担的 401（k）s 计划或个人养老金账户。[15] 可以预见，低收入者的情况更为糟糕，51% 的人没有退休储蓄，[16] 拥有退休账户的劳动者平均账户余额为 40 000 美元。尽管如此，仍有 77% 的美国人没有符合其年龄和收入水平的退休储蓄。2019 年 6 月，65 岁以上的人中有 1/5 仍在工作，这还不包括仍在积极寻找工作的人。[17] 美联社公共事务研究中心在 2019 年进行的另一项民意调查中发现，近 1/4 的美国人预计根本无法退休。

事实并非一直如此。婴儿潮一代出生在相对平静的经济增长时期，他们的父母，即所谓的"最伟大的一代"，出生于经济大萧条时期，但经历了社会的进步、社会保险制度的建立、大兵法案的颁布、失业保险的扩大，以及二战后经济经历的长达数十年的繁荣。但可以肯定的是，这种增长是不平等的，非裔美国人在很大程度上因为种族歧视而被排斥在外，而且其中一些时期充满了政治斗争。但这几代人通常都期望比他们的父母活得更好，至少对大多数人来说，美国梦依然存在，人类预期寿命和健康状况总体上也有所改善，生产力提高的成果由雇主与雇员共享。申请破产的西尔斯百货公司在 20 世纪 60 年代和 70 年代与员工分享其丰厚的利润成果，从清洁工到高层管理人员，所有员工都可以共享股票期权、利润分享计划和养老金。

正如我们说的，关于社会保险的悲观命运只是对赤字迷思的想象和延伸，但真正破坏美国人民退休保障的重大变化是养老金固定给付计划的消失。

这类固定给付计划保证劳动者退休后有固定的收入，这曾经是战后第一代人视为理所当然的制度（更不用说全面的医疗福利，在许多情况下还包括工会卡）。但在1980年前后，雇主开始用固定缴款计划取代固定给付计划，如401（k）s，退休后的收入多少取决于劳动者在其工作生涯中能够为该计划储存多少资金。如今劳动者普遍被期待要为退休进行储蓄，但当他们为生计而挣扎时，根本无法储蓄。

参议员伊丽莎白·沃伦与她的女儿阿米莉亚·沃伦·泰亚吉（Amelia Warren Tyagi）合著了一本书：《双收入陷阱：为什么中产阶级父母会破产》（The Two-Income Trap: Why Middle-Class Parents Are Going Broke），许多家庭现在正面临着书名中的情景。随着薪资停滞不前，以及医疗保健和大学学费的成本上升，父母双方都被迫工作以支付基本费用，努力使家庭保持在中产阶层，同时对未来充满高度的不安全感。虽然这本书是在2004年出版的，但其中的核心议题，即中产阶级的空洞化，在今天变得更加紧迫和普遍。不断上涨的教育成本意味着他们必须为子女的大学学费支付更高的费用，而不断上涨的医疗费用和减少的雇主医疗福利进一步削弱了储蓄能力。固定给付制养老金的逐渐消失使个人和家庭失去了收入保障，甚至在越来越难存钱的情况下，还进一步增加了对储蓄的需求。

在从金融危机后"复苏"的过程中，储蓄赤字一直存在。《华尔街日报》最近的一篇文章概述了家庭无法为未来储蓄，而只能通过无担保个人贷款和其他形式的负债来融资，岌岌可危地保持在中等收入范围。除住房抵押贷款外，个人的债务在2013—2019年激增了1万亿美元，其增长主要归因于学生债务、汽车贷款和未支付的信用卡债务的激增。在一个例子中，来自康涅狄格州西哈特福德的一对 28 岁的年轻夫妇，他们从事技术工作，两人年收入为 13 万美元，他们有 5.1 万美元的学生债务、1.8 万美元的汽车贷款以及 5 万美元的信用卡债务，再加上 27 万美元的住房抵押贷款以及与婴儿托管服务相关的费用，他们不再外出就餐，特别是在发生一场车祸后，他们更加深陷于债务危机。西雅图地区的一对 34 岁夫妇，总年收入为 15.5 万美元，他们有 8.8 万美元的学生债务和每月 1 200 美元的婴儿托管费，每月支付 1 750 美元的房租，因为他们没有能力在西雅图购买一套两居室的房子，那里的房价中位数接近 75 万美元。这两对夫妇，即使他们的家庭总收入相对较高，也买不起房子，更不用说储蓄了。[18]

意料之中的是，储蓄赤字在不同种族和民族群体中的表现各不相同。美国经济政策研究所的一项研究追踪了以 32~65 岁的人为户主的家庭退休储蓄情况，发现白人、非裔和西班牙裔美国人之间存在严重差异。截至 2013 年，65% 的白人家庭有一些储蓄，而只有 26% 的西班牙裔家庭和 41% 的非裔家庭有退休储蓄，与金融危机前相比，拥有退休储蓄的西班牙裔家庭减少了 12%，非裔家庭减少了 6%。在那些有储蓄的非裔和西班牙裔家庭中，他们的储蓄金额与白人家庭相比也有明显的差距，拥有退休账户的白人家庭储蓄中位数是 73 000 美元，而非裔和西班牙裔家庭只有 22 000 美元。而且，与白人家庭不同的是，非裔和西班牙裔家庭的退休账户在金融危机后并没有反弹：从 2007 年到 2013 年，白人家庭的储蓄中位数增加了 3 387 美元，而西班牙裔的储蓄中位数减少了 5 508 美元，非裔家庭则减少了 10 561 美元。

男女之间的经济不平等现象也持续存在。经济政策研究所指出："在每个不同的教育水平上，女性的薪资水平始终低于男性，而拥有大学学历的男性平均薪资高于更高学历的女性平均薪资。"越来越多的女性成为家庭收入主要的来源，因此薪酬歧视使她们更难以储蓄，另外缺乏可负担的婴儿托管服务也是这种现象存在的原因之一。[19]

储蓄赤字似乎是无法解决的，但我们在第六章中看到，没有任何理由怀疑社会保险的财政偿付能力，而且有充分的理由呼吁扩大社会保险福利和建立更健全的社会退休制度。现代货币理论还为我们提供了工具，使所有美国人有机会再次获得高薪工作，更不用说还可以立即免除学生贷款，使婴儿托管服务能够被负担得起甚至免费。这样一来就可以释放成千上万的美元，这些家庭就可以增加退休储蓄或通过购买房屋积累资产。工薪家庭应该储蓄，但首先我们必须建立一个让他们有能力可以储蓄的经济。

为了实现这一目标，我们有一个需要解决的重要问题：医疗保健赤字。

医疗保健赤字

我们正在用生命为美国的医疗保健赤字买单。1970 年，美国人民的平均寿命是所有发达国家中最高的，到了 2016 年，美国已经落后于大多数发达国家与地区［即经济合作与发展组织（OECD）成员］的平均水平。今天，在最先进和发达的 OECD 成员中，美国的预期平均寿命最低，婴儿死亡率是所有发达国家平均水平的两倍多，只有智利、土耳其和墨西哥的婴儿死亡率比美国高。

我们的医疗保健赤字不仅体现在美国与世界其他地区之间的差异，美国内部的平均寿命也因社会经济地位和种族等因素而有着明显差异。从 1980 年到 2010 年，最富有的美国男性的平均寿命急剧上升，达到 88.8 岁，同时，最贫穷的美国男性同期的平均寿命略有下降，为 76.1 岁。对于女性而言，这种"寿命差距"体现在最富有的女性平均寿命为 91.9 岁，而最贫穷的女性平均寿命仅为

78.3 岁。

我们还可以聚焦到一个具体的城市，以巴尔的摩为例，在该市的低收入地区，平均寿命比最富有的地区少了近 20 岁，在黑人人口占 90% 以上的麦迪逊东角社区，平均寿命不到 69 岁，而在附近白人占 78% 以上的梅德菲尔德、汉普顿、伍德贝利和雷明顿社区，平均寿命为 76.5 岁。[20]

这并不是说美国在医疗保健方面不花钱。实际上，我们的花费比任何其他发达国家都要多得多。据 OECD 的数据，美国在医疗保健上的支出为人均 10 586 美元，是加拿大的一倍多（加拿大的人均支出为 4 974 美元）。西班牙的医疗保健人均支出为 3 323 美元，预计到 2040 年将达到全球最高的 85.8 岁的平均寿命。据预测，到那时，美国将排名第 64 位，平均寿命为 79.8 岁。所以问题出在哪里？如果我们花了更多的钱，为什么我们没有活得更久、更健康呢？

目前大约有 2 850 万美国人仍然没有医疗保险，这意味着在美国没有医疗保险的人数比其他任何类似的国家都多。事实上，由于共和党削弱了《平价医疗法案》，美国拥有医疗保险的人数正在下降。此外，由于所提供的承保范围不充分，即使是拥有医疗保险的人，也常常无法负担所需的护理，这就是所谓的保险不足问题，再加上完全没有医疗保险的人，到 2019 年，总共有 8 700 万美国人没有所需的医疗保险。[21]

许多拥有医疗保险或有雇主投保的"良好"保险的人，往往在需要医疗服务时也被迫自掏腰包支付数千美元的自付额或共付额。例如，根据《平价医疗法案》，2017 年《青铜计划》（Bronze Plan）的个人平均自付额超过 6 000 美元，家庭平均自付额接近 12 400 美元。[22] 在发生意外紧急医疗的情况下，这些个人或家庭将不得不分别支付高达 6 000 美元或 12 400 美元的费用。还记得 40% 的美国人称他们很难承担额外的 400 美元来应对突发状况吗？[23] 根据人口普查局的数据，2018 年与医疗保健有关的费用使 800 万人陷入贫困。[24] 研究表明，仅在过去一年中，就有 1.37 亿美国人因医疗债务而面临贫困的生活。[25] 此外，医疗债务是人们将退休账户的钱取出来的首要原因，因此医疗保健赤字与储蓄赤字息息相关。

由于费用问题，近 1/4 的美国人表示将不去看病，近 1/5 的人出于同样的原因没有购买处方药，许多被认为有保险的人没有得到他们需要的护理。典型的保险通常不包括某些关键的护理，如视力、听力或心理健康，许多人在这些方面出现了问题，但由于保险的漏洞没有得到治疗。

另一个说明保险不足问题的例子来自政策分析家马特·布鲁尼格（Matt Bruenig），他的研究结果表明，如果共和党在 2017 年成功废除了《平价医疗法案》，那么在接下来的 10 年里，将有 54 万人因为缺乏医疗保障而死亡，即使共和党没有成功，也将有 32 万人因缺乏医疗保障而死亡。这是一个重要的问题：即使在奥巴马医改制度下，仍有数百万美国人没有保险。[26]

把所有这些加起来，即使在 2010 年《平价医疗法案》通过之后，美国在医疗服务方面依然远远落后于其他发达国家就不足为奇了。我们的医疗保健赤字导致了工作和娱乐时间的损失，最糟糕的是许多人因为过早死亡而没能享受与朋友和亲人在一起的时光。

至少，现代货币理论告诉我们，未能为每个美国人提供适当的保险和护理，并不是因为政府无法"负担"这笔费用，而是我们自己接受了一个由私人保险公司、雇主计划和拼凑的政府计划的破碎网络提供的保险系统，创造出了无数的障碍，在这个系统中，医院、供应商、药品公司和私人保险公司可以压榨我们的每一分钱，获取更多的利润，而人们很难获得所需的医疗服务。如果要建立一个每个人都有权获得所需医疗服务的系统，必须确保我们有真正的资源做到这一点，资金来源不是制约因素，真正的资源才是问题。弥补医疗保健赤字，我们需要更多的保健医生、护士、牙医、外科医生、医疗设备、医院病床等，为了适当地照顾所有人，我们需要建立更多的医院和社区卫生中心，更多地投资于医学研究，并创造一个能够培训出下一代医生和护士而不会使美国人埋没在债务中的经济，这一点引出了需要解决的另一个赤字。

教育赤字

教育体系方面的不平等从学前教育开始，一直持续到高中及以后。证书系统引诱学生无止境地追求大学学位，这与良好工作机会的赤字有关，因为越来越多的雇主要求高学历。[27] 储蓄赤字也渗透到教育赤字之中：数百万学生无法负担不断飙升的大学费用，庞大的学生债务严重拖累了我们的经济。

教育赤字早在学前班就开始了。一些地区努力为居民提供服务，例如，纽约市正试图为其部分居民提供免费的学前教育。[28] 但总的来说，学前教育对典型的工薪家庭来说仍是一个沉重的负担，每年要花费9 120美元或每月760美元。奥巴马政府在这个问题的解决上取得了一些进展，提出了"全民学前教育"，建立了联邦与州政府的合作关系，为中低收入家庭的4岁儿童提供高质量的学前教育，另外通过了"5岁前学前教育发展助学金"计划，使18个州的2.8万名学生享受到了改善后的学前教育课堂环境。[29] 此外，奥巴马于2015年12月签署了"让每个学生取得成功"法案（ESSA），这是一项两党合作的法案，旨在为高需求的学生和家庭提供帮助，同时巩固了之前提到的对高质量学前教育的投资。[30] 不幸的是，特朗普多次谈到要取消ESSA并削减奥巴马时代的教育计划。

在 K-12（学前至高中教育）阶段，学校的大部分资金来自地方财产税，这造成了教育质量的巨大差异。密西西比州贫困农村的财产税收入显然与康涅狄格州的格林威治大不相同，这两个地区的学校质量也反映了这一点。显然，这剥夺了许多学生在阅读和数学等传统学科中所需的机会和资源，使他们非常失望。这种伤害甚至延伸到了体育领域，体育本应是可以打破社会阶级桎梏的平衡器，但《纽约时报》研究了艾奥瓦州的城市公立学校是如何被更富有的郊区私立学校打败的，因为它们有资金进行更好的训练，获得更好的装备。在过去的 10 年中，德梅因市的公立高中球队和富裕的郊区学校的比赛成绩是 0∶104，17 岁的高三学生达斯汀·哈格勒（Dustin Hagler）评论说："输球当然很难过，但不仅仅是输球而已，是根本就赢不了，没有人看好我们。"橄榄球成为美国学校教育不平等的一个隐喻，哈格勒的挫败感很可能吐露了全国弱势儿童群体的心声：与较富裕学区相比，他们就是没有相同质量的教育资源。[31]

我们教育系统的赤字也出现在高等教育阶段。在 1987—1988 学年，四年制私立学校的学费是 15 160 美元；到了 2017—2018 学年，这一费用增加了一倍以上。公立学校的学费也呈现类似趋势：1987—1988 学年是 3 190 美元，但在 2017—2018 学年已经上升到 9 970 美元。[32]

学费上涨导致了全国性的学生债务危机：2017 届学生的平均借款额是 28 650 美元。对于就读私立非营利性大学的美国人来说，平均债务额为 32 300 美元；对于就读营利性大学的美国人来说，平均为 39 950 美元。有色人种的学生也不成比例地受到影响，平均而言，2012 年，黑人学生比白人学生多负债 3 500 美元。这种不成比例的负担导致非裔美国人在所有类型的高等教育中辍学比例越来越高。在四年制的营利性大学中，申请学生贷款的黑人学生有

65%辍学，而白人只有44%辍学。整体来看，在2009年，有学生贷款的黑人学生中有39%辍学，其中2/3的人认为高额学费是他们被迫离开学校的原因。[33]

总的来说，高等教育赤字使4 500万美国人背负着学生债务，限制了他们的自由，使他们无法为社会和经济做出充分的贡献。仅在2018年第四季度，学生拖欠的贷款的官方数字高达1 660亿美元，但据纽约联邦储备银行估计，在此期间可能有多达3 330亿美元的学生贷款处于拖欠状态。彭博社的市场分析师亚历山大·坦斯（Alexandre Tanzi）指出，这个数字已经接近于2008年金融危机后政府在问题资产救助计划（TARP）中所提供的4 410亿美元。[34]

虽然2017届学生的平均债务约为3万美元，但许多人欠下的债务更多，有些远超10万美元。学生一般每月需要偿还350~1 000美元的本金和利息，这些欠款往往使他们难以搬离父母的地下室、建立家庭、购买汽车甚至出去吃饭。值得注意的是，所有这些活动原来都支持经济及就业。

我们告诉年轻人，攀登收入阶梯的方法是上大学，这是获得更高收入和更多财务保障的途径。但这已不再是事实，大学学位变成了最低要求，没有它，你就有可能跌落收入阶梯。问题是，拥有大学学位的人的收入并没有增加，事实上，对于60%的大学毕业生来说，如今的薪资水平比2000年时还要低。[35] 基本上，大学毕业生的收入（按实际价值计算）依然停留在二三十年前的水平，而上大学的成本却大幅上升（按实际价值计算）。我们把读大学看作成功之道，为此背负了沉重债务，相信这是出人头地的途径，但其实我们只是在原地踏步。

现代货币理论可以为摆脱教育赤字做出什么贡献？大多数K–12的资金来自地方财产税，这使得它超出了联邦政府的控制范围，我们将在下一章更详细地看到如何通过联邦政府项目的拨款来引导资金，帮助州立大学系统减免学费。现代货币理论还阐明了我们如何能够通过联邦政府轻松而迅速地清偿所有的学生债务，释放出可以重新用于经济的资金，创造数以百万计的新的就业机会。[36]最后，工资停滞和工作申请中不断提高的教育要求这两个趋势都是由于雇主掌握了太大权力，利用现代货币理论的工具，我们可以恢复充分就业和紧缩劳动力市场，帮助劳动者恢复争取权益的能力。

正如所研究的其他赤字一样，当我们不再问"我们如何支付"，而是通过现代货币理论的视角来研究这个问题时，我们不仅可能有解决方案和希望，而且可以实现目标。

基础设施建设的赤字

你是否曾经坐在车里，堵在拥挤的高速公路车阵中？或者在机场长时间地等待着航路畅通可以起飞？如果我们有更环保、更有效率的交通方式，那不是很好吗？《纽约时报》在 2019 年刊登了一篇图片报道《拉瓜迪亚机场地狱故事》。[37] 拉瓜迪亚机场是纽约市三大机场之一，正耗资 80 亿美元进行整修，但仍没有通往城市机场铁路的连接线。我们有多少人因为高速公路车道太少而每天都被堵在路上，就算是车道较多的高速公路，也经常有一条或更多条的车道由于需要填补不断出现的坑洞而被关闭？有多少人因为公共交通系统晚点或完全瘫痪而导致上班、上课或赴约迟到？有多少次你听到你的孩子大喊"网络又断掉了"？有多少人曾在医院急诊室的等候室里坐了几个小时等待就诊？或者更糟糕的是，被收治后却一直躺在走廊上的病床上等待检查室空出来？

我们都知道，一个国家的基础设施，包括公路、桥梁、大坝、堤坝、学校、医院、铁路、电网、宽带、废物和水处理系统等，维持着社会和经济的平稳运转，这些设施与人们教育程度普及率的重要性不相上下。但众所周知的是，美国的基础设施已经无法完成这一任务，这就是基础设施建设的赤字。

我们都对这种情况有感同身受的挫败感，但有时这种赤字会变成一场悲剧：当桥梁坍塌、火车相撞、堤坝崩溃，或一个城市的饮用水变得有毒时，人们就会承担更多的经济成本、受伤或因此失去生命。

美国中西部地区的洪水使我们的基础设施建设赤字昭然若揭。2019年夏天，洪水淹没了内布拉斯加地区，造成了340家企业和2 000多所住宅的损失，其中农业和畜牧业受到的打击最为严重，据估计，牧场和农作物的损失超过8亿美元。1927年建造的斯宾塞大坝倒塌了，夺走了内布拉斯加州人肯尼·安吉尔（Kenny Angel）的生命和他的家。内布拉斯加州自然资源部的报告称，尽管大坝在2018年接受了检查并被评级为"良好"，但"存在缺陷，在罕见的极端风暴中可能会导致大坝倒塌"。还有其他濒临崩塌的堤坝和大坝。[38] 根据2017年美国基础设施综合评估报告，有15 498座大坝被评级为"高危隐患"，其定义为"大坝故障或人为操作不当预计会危害生命，也可能会造成重大经济损失，包括对下游产业的损害、环境破坏以及对其他关键基础设施的破坏"。存在高危隐患的大坝数量已经上升到2 170座以上。[39]

事实上，我们已经远远落后。美国土木工程师学会（ASCE）给美国的基础设施建设综合评级为D+，据估计，在10年内需要4.59万亿美元的建设费用才能使其达到B级标准，ASCE对B级的定义为"系统或网络整体处于良好状态，一些设施出现年久老化的迹象，少数设施表现出明显的缺陷。但整体而言安全和可靠，几乎不存在产能问题，风险最小"。ASCE总结说，最严重的基础设施损害包括航空、饮用水、能源、废物处理、堤坝、道路、学校和其他形式的基础设施，而这些对人们的健康、福祉和未来繁荣至关重要。换句话说,发生在 2014 年的弗林特市饮用水污染事件只是冰山一角。[40]

例如,在新泽西州纽瓦克市的饮用水在 2019 年 8 月检测出铅含量超标,[41] 可能是由于 2018 年分发的过滤器无法正常工作。根据 ASCE 的数据,新泽西州基础设施建设评级为 D+,与美国整体一致。ASCE 发现,对供水系统的最大威胁是设施老化和缺乏再投资。

ASCE 的最新报告中没有提到最基本的基础设施需求:可负担的优质住房。全国性的住房赤字也是基础设施建设赤字中的一部分。

研究员彼得·高恩(Peter Gowan)和记者瑞安·库柏(Ryan Cooper)研究了住房问题,特别是对于租房的人,自 2008 年以来情况变得更加糟糕。他们写道:

有沉重房租负担的租房者数量仍然高于金融危机前的水平。2007 年,800 万户家庭将其收入的 30%~50% 用于支付房租;2017 年,这一数字为 980 万。2007 年,900 万户家庭的房租支出占其收入的 50% 或更多;2017 年,这一数字为 1 100 万。这些负担沉重的租房者(支付其收入的 30% 或更多作为房租)现在占所有租房者的 47%。[42]

这种基础设施的短缺正在剥夺贫困家庭安全和健康的生活场所。大多数租房的家庭在住房上的花费超过了建议收入的 30%。地方区域规划和建筑法规也阻碍了新住房供应的建设,在此过程中提高了住房价格。最重要的是,家庭找不到负担得起的住房,甚至助长了教育赤字。你所在的学区越富裕,学校教育质量就越高。

历史上影响非裔美国人的住房赤字问题也依然存在。当今美国的黑人住房拥有率竟然与住房歧视合法的时代几乎持平。这种歧视始于20世纪30年代，当时政府制订了一项住房增加计划，但主要针对中等收入和低收入的白人，联邦住房管理局（FHA）成立后，种族隔离更加严重，联邦住房管理局拒绝为非裔美国人社区及其周围地区的抵押贷款提供担保，同时补贴那些大规模生产住宅区的建筑商，只要所建房屋不出售给非裔美国人即可。FHA认为，如果非裔美国人在这些地区购买房屋，这个区域的房价就会下跌，他们所担保的白人房屋就会贬值，美国人的种族主义和保持房价的愿望结合在一起，形成了一个自我证明的反馈闭环，合理化了这种行为。1968年通过的《公平住房法案》（The Fair Housing Act）允许非裔美国人在这些"白人"社区购买房屋，但2015年的一项统计显示，35~44岁的黑人住房拥有率为33%，甚至还低于在住房歧视依然合法、联邦住房管理局鼓吹种族隔离的20世纪60年代的水平。因此，要解决住房赤字问题，我们必须大胆地解决种族歧视，它限制了人们获得可负担得起的居住权和受到良好学区教育的权利。

简单地说，我们可以做的比现在多得多。对于一个追求伟大的国家来说，D+的评级成绩是可耻的，我们需要用可持续能源改造企业和房屋，为所有人建造可负担得起的住房；修复结构缺陷的桥梁，让高速铁路覆盖全国，解决机场的问题，加固堤坝、水坝，改善污水和供水系统等。这些基础设施建设将让人们的生活更加便利，拯救生命，提高国家的长期生产力，并促进机会平等，提供许多弥补就业赤字所需的高薪工作。

现代货币理论的新视角可以使政治家在引导投资方面更加积极主动。一个很好的例子是参议员伊丽莎白·沃伦在赢得民主党总统候选人初选期间提出的平价住房计划，即在未来10年投资5 000亿美元用于建设、改善和维修低收入者住房。同样，联邦政府在解决基础设施建设和住房等方面的需求时从不缺钱，实际资源才是真正的限制。而且，没有理由认为美国即将耗尽混凝土、钢铁、木材或金属等资源，事实上，在住房方面，空置的房屋比无家可归的美国人要多得多。[43] 资源就在那里，只是没有把钱用在真正需要的地方，因为我们仍然被赤字迷思束缚，把钱用在了不需要的地方。

气候赤字

到目前为止，我们讨论的所有赤字都仅限在美国，但正如没有人是一座孤岛一样，任何一个国家或社会甚至整个人类都应该是一个整体。如果没有一个宜居的地球，没有清洁的空气和水、肥沃的土壤、稳定的气候、适宜的温度或健康的生态系统，美国和全球各国都无法维持生存。现在让我们来谈谈气候赤字。

科学研究表明，为了避免最糟糕的气候变化，我们需要将21世纪的全球变暖控制在比工业化前的水平高1.5℃。然而，目前的计划却将温度上升限制在比该阈值高3℃或4℃。

如果我们不能缩小这样的差距，会发生什么呢？联合国政府间气候变化专门委员会（IPCC）的最新报告描绘了一幅可怕的未来画面：海平面上升、更严重的洪水和干旱、更猛烈的暴风雨和飓风，以及导致更多死亡的热浪，世界各地的许多沿海城市和社区可能变得不再适合人类居住，剧烈的气候模式变化可能会破坏农作物和淡水供应，导致数亿人口成为新气候难民。疾病、饥荒、基础设施故障和经济危机都将在世界各地蔓延。[44]

仅仅是变暖1.5℃和2℃之间的差距就会产生重大的影响。在变暖2℃的情况下，37%的人将面临每5年一次的极端高温天气（而在变暖1.5℃的情况下为14%[45]）；海平面的上升将使额外1 000万人处于危险之中。[46] 总的来说，到2050年，将有几亿人口面临与气候有关的风险或灾难。即使我们成功地将气候变暖控制在1.5℃

内，我们仍将目睹全球 70%~90% 的珊瑚礁死亡，因为海洋吸收了大气中更多的二氧化碳而变得更酸。如果地球变暖 2℃ 或更高，基本上世界上所有的珊瑚都会死亡。如果变暖 3℃ 或更高，到 2045 年，如今海岸线上的 30 多万个家庭，共约 55 万名美国人可能会面临"慢性洪水"，这意味着每隔一周可能就会发生一次洪水，到 21 世纪末，将会有 240 万个家庭共约 470 万人受灾，这大约是把洛杉矶和休斯敦两个城市的所有家庭加在一起的数字。[47] 举一个具体的例子，南卡罗来纳州的查尔斯顿，潮汐洪水发生的可能性增长了 10 倍以上，从 2014 年的每年 11 次增加到 2045 年的每年 180 次。[48]

2019 年 7 月，阿拉斯加的夏季高温创下了 32.2℃ 的历史纪录。如果全球变暖按照目前的趋势持续下去，这种破纪录的气候现象将变得更加普遍，到了 2050 年，美国的一些地区和城市将遭受长达一个月的热浪及漫长的酷暑，在户外活动将变得危险，降雨将以更大的爆发力和更长的时间间隔极端出现，而不是平均分布。例如，加利福尼亚在 2019 年就一直处于洪水[49] 和干旱引发的森林火灾[50] 之中，而暴雨和严重的干旱之间的反复交替预计将变得更加激烈，[51] 这会给原本已经非常紧张的水源供应带来更大的压力。研究表明，到 2071 年，为美国提供清洁淡水的 204 个流域中，有 96 个可能将无法满足当地每个月的供水需求。[52] 同时，据世界卫生组织（WHO）估计，到 2025 年，全球一半的人口将生活在水资源紧张的地区。[53] 想象一下，如果农业和滑雪场等当地产业所依赖的气候模式在未来几十年内发生剧烈变化，会发生什么？或者，当淡水供应进一步减少时，已经面临水资源短缺的那些美国城市该如何应对？

在世界各地，热浪和沙尘暴变得更加严重，寒冷地区缩小，沙漠面积扩大，从 1961 年到 2013 年，干旱地区每年增加 1%。目前，欧洲的农业已经受到热浪的影响，而美国的农业也面临春夏两季的特大洪灾。美国国家航空航天局（NASA）高级科学家、联合国政府间气候变化专门委员会报告的主要撰稿人辛西娅·罗森茨威格（Cynthia Rosenzweig）指出，如果气候变暖持续下去，全球主要农业地区可能同时面临"多个面包篮的失败"，即更多粮食短缺的问题。[54]

布鲁金斯大学的内森·赫尔特曼（Nathan Hultman）有一个非常形象的形容：在上一个冰河时代，全球温度比今天低 4℃~7℃ 时，芝加哥市被埋在半英里（约 0.8 千米）的冰山之下，这意味着全球几摄氏度的温度差异可以导致气候、天气和生态系统的巨大变化。如果还按照目前气候变暖的趋势发展，全球人口将经历 3℃ 或 4℃ 的升温，也就是说，不管冰山的反向对照是什么东西，在全球变暖的趋势下，我们都将面临急剧的变化。[55]

人类的肆意活动也在以其他方式破坏生态系统，而气候变化将加剧这种破坏。据世界自然基金会和伦敦动物学会 2015 年的一份报告，由于过度捕捞，各种海洋野生动物的数量已经只有 1970 年的一半，随着海洋温度和酸度的上升，有增无减的气候温度变化将杀死更多生物。[56]我们还面临着世界昆虫种群潜在的大规模死亡，据 2019 年的分析报告，昆虫种群以每年 2.5% 的速度减少，1/3 的昆虫物种处于濒危状态，40% 的物种在减少。[57]主要的罪魁祸首是人类农业中的过度砍伐和杀虫剂的使用，这本身就通过土地使用与气候变化联系在一起，但各地区气温的上升也在加速那些无法迅速适应的昆虫物种的灭绝。我们可以想象，如果海洋生物和昆虫继续减少，会对全球生物多样性、农业、工业和粮食供应产生怎样严重的后果。

化石燃料燃烧时，除了释放二氧化碳，还会释放颗粒物（即粉尘）、臭氧和其他污染物，这些污染物加剧了心血管疾病和其他健康问题的发生，而使大量的人病亡。据 2014 年的估计，仅颗粒物一项每年就造成多达 3 万例的过早死亡。[58] 将气候变暖的幅度限制在 1.5℃而不是 2℃，也将防止到 2100 年时过度污染导致全球 1.5 亿人的过早死亡，特别是在亚洲和非洲的主要城市地区。[59]

最后，全球的不平等现象将使一些人更直接地受到气候变化的影响。在过去 20 年中，已经有 42 亿人遭受了与天气有关的灾害，而发展中国家和低收入国家的人们受灾最为严重。联合国前秘书长潘基文指出："可悲的是，面临气候危害风险更大的是穷人、弱势群体和被边缘化的群体，在许多情况下，他们已经是被排除在社会经济进步之外的人群了。"在美国，2005 年卡特里娜飓风袭击新奥尔良时，低收入的非裔美国人遭受了最多的灾害和损失，而他们的恢复重建过程也最困难。[60]

当然，全球变暖可能不会摧毁人类文明，但就算在一切运转正常的情况下，全球减少贫困的努力可能也会倒退几十年，这从本质上意味着额外的数亿人将因此死亡。[61] 但是，这是在假设 IPCC 报告没有明显低估这种危险的前提下做出的判断，[62] 这些只是最可能发生的情况。我们仍可能低估了连锁效应和反馈回路，这意味着一个可能性很小但确实可能发生的后果，即一切照旧也会导致更多灾难性的后果。

赫尔特曼总结了联合国政府间气候变化专门委员会报告的结论并写道："全球气温只升高了 1℃，就已经产生了一些重大的影响。升高 1.5℃会有更严重的影响，升高 2℃的影响更大。尽管从目前的势头来看，我们正处于一个升高大约 3℃或更高的前进方向上，但我们还不想预估升高 2℃以上会发生什么情况。"

为了达到将全球变暖控制在 1.5℃的目标，全球需要在 2030 年前将化石燃料的使用量减少一半，并在 2050 年前停止使用所有化石燃料。[63] 直截了当地说，这将需要对美国和全球文明进行全面的变革，我们从事农业和使用土地的方式、生产能源的方式、设计城市和交通的方式，都将需要进行广泛的革新。我们需要在美国国内和全球全面使用最新科技，大幅提高房屋、建筑、工厂、交通系统和其他一切能源使用的效率。除此之外，我们还必须彻底改造国家基础设施，以提高对气候变化的适应能力，让汽车、家庭供暖甚至是重工业的能源使用全面电气化。我们还需要大规模投资太阳能、风能、电力存储和其他新能源设施，以便我们所有的电力都来自可再生能源。这一切都需要尽可能快地完成。[64]

美国在这方面也负有特殊的责任：美国是世界上第二大温室气体排放国，占比15%，而中国占比25%，但美国的人均排放量是中国的两倍多。

这种对美国社会的全面变革是可能完成的。联合国政府间气候变化专门委员会和其他科学家都认为，美国和全球所需的变革都可以通过现有的技术或多或少地完成。同样，如果我们意识到限制是真正的资源，而不是金钱或国家赤字的"负担"，我们就能了解，如果快速采取行动，就有可能消除气候赤字。此外，消除气候赤字所需的所有工作将有助于消除就业机会赤字，而为了支持我们的社区和城市抵御气候变化所做的努力，将是消除基础设施建设赤字的重要部分。

墨卡托全球公共气候变化研究院（MCC）运行着一个碳排放钟，倒计时记录着人类还有多少天可以排放温室气体，并且仍然保持在全球变暖2℃以内。[65] 它类似于安装在纽约市的美国国债钟，显示到目前为止的赤字支出历史记录。[66] 但与国债钟不同的是，MCC的碳钟显示的是真正重要的赤字。

截至本书撰写时（2020年），按照目前的碳排放速度，我们还有不到26年的时间来解决气候赤字问题。

民主赤字

你可能认为，没有什么比维持人类文明的全球气候赤字更重要了，但是，美国人民的生活中还有一个缺口，虽然范围不一定较大，但影响更深，这个赤字是造成所有其他赤字的原因。这就是为什么我们永远无法创造足够多的好工作，为什么我们许多人没有得到充足的医疗保健或教育，为什么我们似乎毫不在意地把地球生态推到了崩溃的边缘。这是少数人和多数人之间的赤字，是有权势的人和无权势的人之间的赤字，是有发言权的人和没有发言权的人之间的赤字。这就是美国的民主赤字。

正如民主依赖于权力、价值观和宪法一样，民主赤字依赖于资源：谁拥有金钱、财富、影响力和杠杆，而谁没有。

请记住，现代货币理论告诉我们，政府的赤字永远是别人的盈余。在近几十年来的美国，随着政府赤字的增加，美元不成比例地流入富人的口袋，使他们与其他美国人民之间的贫富差距越来越大，这种经济上的不平等在美国并不新鲜，但近年来，它已经严重到与19世纪末镀金时代和"强盗贵族"时代同等的程度。

基尼系数是经济学家经常用来衡量收入不平等的指标。基尼系数为零意味着一个完全平等的经济，而系数为1则意味着一个人实际上独占了所有的收益。任何国家都不会达到这两种极端情况，但世界经济论坛（WEF）报告说，在发达国家中，没有一个国家的基尼系数高于美国，而且我们迅速扩大的收入差距完全没有缩小的迹象。[67]

然而，许多人可能会问，这有问题吗？从其他各种衡量标准来看，美国经济似乎都表现良好。不平等不就是世界的常态吗？难道这不是这片充满机遇的土地上的活力和创造力的自然延伸吗？金钱的诱惑不就是刺激人们达到创造性和成就的高峰，在这个过程中使所有人受益吗？简而言之，不平等真的重要吗？

是的，不平等很重要。经济领域与社会和政治领域都密不可分，收入和财富都是人类拥有的政治权力和社会影响力的衡量标准，如果经济领域出现了分配不均的现象，那么社会与政治领域也会分配不均。

收入为人们提供了物质必需品，但体面的工资和体面的工作时间也使人们有时间稳定地参与到家庭和社区活动中。一个在社会科学领域里众所周知的事实是，社会资本指的是社区纽带，如俱乐部会员、参加教会活动、结婚、与邻居互动等，会随着财富和收入的增加而显著增加。研究显示，在工作中过度劳累的美国人更容易在人类群体中感受到被孤立和疏远。[68]

自1980年以来，收入最高的前1%人群的收入已经翻了一番，而收入最低的50%人群的收入却从超过社会总收入的20%下降到只有社会总收入的13%。特朗普总统可能会吹嘘这个时代歌舞升平，但现实是，所有美国人中有一半的人都是以薪水为生，有4 000万人生活在贫困中，1/5的儿童生活在贫困中。[69]贫困代表无休止的心理压力，担心食品不足，易受污染、铅中毒和疾病的危害等，这些压力对所有年龄段的人都造成了巨大的伤害，尤其是对儿童的身心发展造成了永久性的影响，使他们陷入了难以摆脱的痛苦循环之中。[70]简单地说，贫穷使人们失去了蓬勃发展和参与美国梦的机会。

财富与收入一样，是权力和民主问题的根本。举例来说，如果你在一家公司拥有大量股权，你就可以决定它如何投资、是否外包、是创造低薪就业还是具有良好工资和福利的高质量工作；如果你在一个社区拥有房产，你对该社区的人是否有能力负担住房和水电费有巨大的权力，更不用说可以影响该社区的经济发展进程，例如谁可以拥有房产而谁不能拥有，也就是这个房产将由谁来支配，这其实是绅士化问题的核心所在。拥有大量财富的人基本上可以决定其同胞生计的命运。截至2016年，美国最富有的10%的家庭拥有全国总财富的70%，同时收入最高的前1%人群控制着近40%的财富，[71]这一比例比1929年（经济大萧条发生）之后的任何时期都高。

当财富和收入不平等变得极端时，政治领域的不平等也开始扩大。富人和有权势的人可以参加高额的筹款活动，将政治捐款提高到最大限度，得到参与并影响政治进程的权力，与此同时，数以百万计的人远离政治，因为他们认为自己的声音（和投票）并不重要。在2012年的美国大选中，年收入超过15万美元的美国人中有超过80%的人参与投票，但在收入低于1万美元的人中，只有47%的人参与投票，这一趋势也可以追溯到2010年和2008年，[72]在2016年大约有一半的合格选民没有参加投票。例如，威斯康星州密尔沃基市的投票率是16年来的最低，而该市最贫穷的社区2012—2016年的选民参与率下降得更为严重。《纽约时报》问一名由于昂贵的医疗保险而捉襟见肘的当地理发师塞德里克·弗莱明（Cedric Flemming），为什么这么多人没有在2016年大选中投票？他的回答很直白："密尔沃基人民太累了，双方的候选人都很糟糕，反正他们从来也没有为我们做过任何事情。"[73]

行驶在美国大城市的街道上，你会看到一些生活艰难的社区，人们勉强维持生计，建筑破旧，没有杂货店等，但行驶一段距离后，你可能会进入一个拥有数百万美元房屋的社区，或者有穿制服门卫的豪华公寓，那里居民的生活方式完全不同。无家可归者在纽约、旧金山和洛杉矶的街道上徘徊度日，而那里的酒吧和餐馆轰鸣作响，坐满了挥金如土的人；职业运动员签订价值数百万美元的合同，身体的任何一点扭伤和疼痛都会立即得到顶级专家的关注，然而数百万美国人却连基本的医疗保险都负担不起；在工作中发生重大失误的首席执行官可以获得数百万美元的遣散费，而普通人却只能捡拾被这些人所破坏的经济碎屑。

美国农村地区也受到了经济不平等的严重影响。当石油公司、沃尔玛、亚马逊和电视购物繁荣起来的时候，小城镇却被摧毁了，店面倒闭、失业、贫困学区和毒品已经成为当今小城镇和内陆城市悲惨故事的一部分。《国家》杂志最近的一篇文章介绍了在美国农村像霍利·菲尔普斯（Holly Phelps）这样的"隐藏的无家可归者"，她有前科，是带着两个女儿的单身母亲，来到伊利诺伊州马里恩市的一家自助洗衣店工作，但买不起住房，她的母亲是个酒鬼，住在离她一个多小时车程的地方，她说："我没有正常的地方可去，我不知道要去哪里，只能把东西放在一个棚子里……没有人理解我所经历的一切。"因为她没有露宿街头或睡在收容所里，所以即使她和她的家人每晚都没有安全的地方睡觉，她也不被视为无家可归者。[74]

2016年大选后，居住在俄亥俄州扬斯敦市的非裔美国人安东尼·赖斯（Anthony Rice）告诉记者兼摄影师克里斯·阿纳德，这个街区的大多数人都没有投票，因为"选举的输赢跟我们无关"，赖斯说，他投票给希拉里，但也不介意特朗普当选，特朗普的胜利也没有让他感到惊讶。"奥巴马承诺了很多，但只实现了一点点。也许纽约市得到了兑现的承诺，但我们这里的街区仍然充满了倒塌的房屋。"[75]

"没有人来帮助我们，我们像是被扔进了监狱，"来自加利福尼亚州贝克斯菲尔德市的另一位老先生告诉阿纳德，"那些坐在办公室里的政府官员都是罪犯，包庇他们的大人物朋友同样是罪犯，而我们这些在街上的选民生活在痛苦中。"[76]

那些收入不高的美国人根本不觉得他们的痛苦故事能被政府的

决策者和政治家注意到，也不觉得需要费心参与美国的民主。他们也许是对的：2014年一篇引人注目的政治科学论文发现，尽管普通美国人的政治偏好和富有的精英阶层的政治偏好之间存在很多重叠，但当这两组利益发生分歧时，总是富裕阶层的政治偏好得到满足，几乎无一例外。[77] 从功能上讲，大多数美国人对民主的参与显得似乎无关紧要，这凸显了一个问题：在一个有着如此巨大经济不平等的国家里，有意义的民主能否实现？

民主党人经常抱怨说，最富有的美国人的问题是他们没有"缴纳应付税款"，税收的确是导致社会不平等问题的部分原因，但绝非全部。现代货币理论并没有采取劫富济贫的罗宾汉方式，向富人征税以帮助穷人，正如我们所看到的，联邦税收并没有支付任何产品，也没有提高任何人的生活水平。同时，"山姆大叔的赤字需要关注"这一迷思会促进扩大我们真正的民主赤字：如果民选总统认为他们必须先向富人乞讨，然后才能把钱花在公共利益上，或者他们必须与富人争夺这些钱，那么当然，这些最富有阶层的喜怒哀乐和政治怪癖将成为政府首要关切的内容。

但税收在其他方面确实重要。《世界不平等报告》（World Inequality Report）指出："在美国呈现收入不平等趋势的部分原因是没有与时俱进的税收制度。"[78] 税收可以用来遏制财富的无限累积，这一点很重要，因为富人利用他们的财富来积累政治权力和影响力：他们以有利于自己的方式重新制定税法，并改写劳动法、贸易协定、专利和保护规则等，他们重新制定了公共政策，以服务于自身经济利益。这就是为什么许多企业向股东和高层管理人员支付巨额款项，向受过良好教育的上层群体支付较少款项，把剩下一点点微薄的款项留给其他所有人；这就是为什么硅谷的公司在旧金山市中心有闪闪发光的摩天大楼，但密歇根州弗林特市的工人阶级社区却无法获得无毒的水；这就是为什么我们的福利制度、医疗保健系统和退休体系都处于濒临崩溃状态，以及为什么我们一直面临未解决的气候危机。因为富有的精英阶级不解决这些问题所能得到的利润和权力，比解决这些问题时所能得到的利润和权力要多得多。

在二战后广泛共荣的经济增长时期，美国的不平等问题最为缓和，那时的税制不少于 24 个税级，适用于所有超过 190 万美元（按 2013 年的美元实际价值计算）的个人或家庭收入，最高税率为 91%。[79] 当然，这些税率的目的不是为政府支出提供资金，而是要对任何一个人或家庭，从所有美国人相互依存的共同经济体中获取的财富额度设置上限。加强税收法规的累进性是扭转几十年来收入和财富不平等趋势的关键。

但仅仅向富人征税是不够的。这些异常集中的财富和收入有可能使社会分裂，为了让财富和收入可以更均衡地分配，我们需要制定政策，防止处于最顶端的一小部分人获得的收益远超出其应得的公平份额。前劳工部长罗伯特·赖克（Robert Reich）写道，除了常规的税收和再分配政策，我们需要一系列旨在进行预先分配的政策。[80] 我们必须彻底改革劳动法，以加强工会的作用，并禁止雇主通过强制仲裁或禁业限制协议等方式对雇员施加的强制杠杆作用。我们还可以重新制定许可证和知识产权法，以减少寡头企业利用这些法律来扼杀竞争，并吸走我们的金钱。我们必须使劳动者更容易进行集体谈判，并通过就业保障、公共投资和更好的宏观经济政策维持我们在二战期间经历的那种紧缩的劳动力市场，从而推动劳动者的工资和福利以及议价能力的提高。

除非我们这么做，否则民主赤字将使我们变成一个"可以购买入学资格的教育系统"，一个"可以用钱购买国会的政治系统"，一个"可以花钱避免牢狱之灾的司法系统"，以及一个"可以购买而别人无法得到照顾的医疗保健系统"。[81]

除了民主赤字，美国持续扩大的不平等鸿沟还产生了实际的经济后果。想象一下，如果不平等现象持续有增无减，直到只有极少数人拥有全部的财富，经济将会崩溃，因为没有足够多的有收入的人来维持经济正常运转，公司会倒闭，最终只有少数人受雇为富人建造游艇、给他们做园丁或帮他们驾驶私人飞机飞往世界各地。国际货币基金组织 2015 年的一项研究发现，"所得最低的 20% 人口（穷人）收入份额的增加与较高的 GDP 增长有关"，[82] 而所得最高的 20% 人口（富人）的收入份额增加时，"GDP 增长实际上下降了"。如果增加穷人的收入，他们通常会消费更多，把这些钱直接花费到经济中；相反，富人的更多收入会导致更多的股市进出和储蓄，资金并不会回流到经济中。因此，不要再寄希望于涓滴效应了！

在二战结束后的 25 年里，美国人的实际小时工资随着劳动者生产力的提高而同步增长，[83] 这反映在广泛共荣的经济增长中，也形成了一种潜在的社会共识，即勤劳和正直可以得到相应的回报，你可以出人头地。然而，1980 年所谓的里根革命（Reagan Revolution）开启了一个肆无忌惮的贪婪时代：降低富人的税收，削弱对公司的监管，加速与劳工组织和协商工资权利的对抗。特别是在 1980 年之后，生产力和工资之间出现了巨大的差距，生产力继续保持稳定的上升趋势，但工资没有，就算有也只是小幅增长。如果从 1973 年到 2014 年，小时工资遵循与生产力相同的增长趋势，那么在此期间的收入不平等就不会扩大。[84]

所有这些提高的生产力都去了哪里？被顶层阶级抢走了。早在 1950 年，标准普尔 500 指数覆盖的公司 CEO（首席执行官）的平均收入是普通劳动者的 20 倍，到了 2017 年，这些公司的 CEO 的平均收入是普通劳动者的 361 倍。[85] 自 1980 年以来，全球 1% 的人口拥有底层 50% 人口两倍的财富，[86] 最顶层 25 人拥有的财富相当于美国 56% 的人口的财富，[87] 比尔·盖茨、杰夫·贝索斯和沃伦·巴菲特这3个人所拥有的财富超过了一半美国底层阶级人口（大约1.6亿人）所拥有的总财富。

在过去的40年里，劳动者创造了新的财富，但并没有分享到这些财富，因为美国企业内部也存在着民主赤字，许多企业就像是封建的经济领地，一小部分富有的农场主对大量普通美国人发号施令，并从中获得利益。

现代货币理论帮助我们从全新的视角看待政府支出，并为我们提供了更多选择来思考如何解决经济不平等和民主赤字问题，不仅是通过向富人征税，而且是通过投资于那些能够真正提高中低收入美国人生活水平的项目。民主意味着我们都能够发声，我们都有发言权，而且每一个人都很重要。我们需要一个可以认识到这一点的政治环境来恢复民主社会的一个基本制度：一人一票制。我们必须在经济和政治领域都尽可能地重拾这个制度，因为这两者最终是不可分割的。

宪法将支出的权力交给国会，即我们选出的民意代表手中，但在实践中，财政赤字的迷思阻止了国会使用这一权力来解决阻碍我们经济发展的真正赤字问题。通过将预算的讨论从对债务和赤字的关注转移到对真正重要赤字的关注上，现代货币理论给了我们想象新政治和新经济的力量，使我们不再执着于关注缺少了什么，而是更关注我们有机会能做些什么。

第八章

建设惠民经济

2010年夏天，沃伦·莫斯勒（在第一章中提到的现代货币理论经济学家）来到密苏里州堪萨斯城，和我一起参加与国会议员伊曼纽尔·克利弗（Emanuel Cleaver）的会面。克利弗议员是联合卫理公会的牧师，也是堪萨斯城的第一位非裔市长，2004年，他当选为密苏里州第五国会选区众议员，该选区位于密苏里州中西部，我曾任教的密苏里大学堪萨斯城分校也在这个选区。在我们的共同好友、一位在我的大学里攻读博士学位的当地政治家的牵线下，克利弗同意与我们会面。[1] 我永远不会忘记那次会面。

严格意义上说，那时金融危机（2007—2009年）已经结束，但经济仍然处于崩溃状态，几乎有10%的劳动人口没有工作，非裔美国青年（16~19岁）的失业率接近50%。在莫斯勒和我看来，国会在2009年2月通过的7 870亿美元经济刺激计划还远远不够，无法解决止赎危机和让数百万人重返工作岗位。莫斯勒认为，国会实际上可以通过三个简单的步骤来解决问题。[2] 首先，联邦政府需要资助就业保障计划，以确保每个失业劳动者能够获得新的带薪工作机会；其次，他呼吁放宽工资税免税期，暂时将社会保险的工资税预扣率从6.2%降至0，这相当于为大约1.5亿美国人提高6.2%

的工资，对于同时支付雇主和雇员预扣税款的自雇人士来说，这意味着到手的实际收入将增加12.4%，在消费支出疲软的时候，这将改善数百万公司的财务状况；最后，莫斯勒意识到金融危机对各州和地方政府预算造成的巨大压力，为了帮助这些作为货币使用者的政府应对税收大幅减少的难关，他建议提供5 000亿美元的援助，按人口平均分配给所有50个州、哥伦比亚特区和美国海外领土，这将保护数以万计的教师、消防员、警察和其他公共部门的工作人员，让他们的工作和收入在政府收入枯竭的情况下能有所保障。

当我们走进克利弗议员在西31街的办公室时，政府财政赤字为1.4万亿美元。立法者完全处于恐慌状态，国会预算办公室刚刚发布了《长期预算展望》，在报告的开头有这样一句话："近来联邦政府的预算赤字是自第二次世界大战结束以来，在整体经济中占比最高的时刻。"[3] 报告继续说，如果不采取任何措施阻止赤字增加，"更高的债务将增加财政危机发生的可能性，投资者将对政府的预算管理能力失去信心，政府也将被迫支付更多的借贷成本"。[4] 为了解决人们感受到的财政危机，奥巴马总统成立了一个两党委员会，责令其寻找大幅削减赤字的方法，而莫斯勒和我在那里的原因，是希望鼓励克利弗议员接受一个至少是暂时增加赤字的政策。

议员和我们打招呼并请我们坐下，他露出了热情的笑容，之后坐进了他豪华的原木办公桌后面的行政椅。莫斯勒首先解释说，他并不担心国会预算办公室的报告，无论赤字有多大，联邦政府总有维持财政赤字的能力，正如奥巴马总统曾经声称的那样，货币发行者永远不可能把钱花光。莫斯勒解释说，我们现在所需要的是一个野心勃勃的政策组合，结合目标明确的减税和增加支出的政策，让经济恢复增长并开启新的繁荣时代。克利弗议员并不买账，他认为美国已经濒临破产，国会到哪里去找到钱来实施莫斯勒的建议？赤字已经很高了，而国会中的每个人都在寻找增加收入和削减支出的方法，我想议员一定觉得自己是恶作剧的受害者。

我看着他在那张超大的椅子上不自觉地扭动身体，整个谈话过程就像这本书的各章节一样，莫斯勒一步步地为议员讲解，从政府征税以自给自足，到最后解释为什么社会保险并没有像普遍认为的那样即将"破产"。我看得出来，这对克利弗议员来说是一次痛苦的经历，他的身体语言说明了这一切，在将近45分钟的时间里，他在那张大椅子上不安地扭动着，他只打断了我们一两次，而且只是为了让莫斯勒回应他错过的讨论中的某些重要部分。当莫斯勒解释说，征税目的是为了调节通货膨胀，我们永远不需要偿还国债，以及我们应该将出口看作真正的成本，将进口看作真正的利益时，他面露难色，仿佛浑身不舒服，我完全理解他的感受，因为我在20世纪90年代中期第一次遇到莫斯勒时也有过同样的情绪反应，我也经历过接下来的事情。

在长达一小时的预定会面只剩下几分钟的时候，事态有所改变。这就是哥白尼式的突破时刻，我立即意识到了这一点，莫斯勒的话一语中的，这就是我们所希望的突破。克利弗议员第一次通过现代货币理论的视角来看待这个世界，事情逐渐变得清晰，从那一刻起，他的整个举止都变了，他瞪大双眼，姿态变得自信十足，然后他身体前倾，双手紧握，看着莫斯勒的眼睛轻声说："我不能这么说。"

我回想了那段对话至少有一百次。他是在害怕什么？为什么一个关于金钱、税收和债务的现实故事会如此难以启齿？《圣经》中有一段话（取自约翰福音8：32），耶稣在圣殿的演讲结束时告诉他的听众："真理会使你们自由。"克利弗牧师可能已经向他在圣詹姆斯联合教堂的会众宣讲了这段经文，但在和我们会面的那天，那个夏日，当数以百万计的美国人挣扎着寻找工作或防止房屋被查封的时候，他决定不说出真相，至少不是由他来说出真相。

克利弗议员是一个有信仰的人，但在这个被赤字迷思彻底淹没的政治舞台上工作，他会更理性地思考。他可能已经被莫斯勒说服，但不打算成为传递信息的信使，[5]毕竟这实在是太冒险了，特别是在华盛顿特区及其周围地区，只有一种可以被接受的方式来谈论金钱、税收和国债：税收为山姆大叔提高了收入，纳税人的钱为政府提供资金，借贷使国家陷入债务，这给我们的子孙后代带来了负担。你可以安全地说出这些短语中的任何一句，这样一来，你就会被视为一个认真严肃的知识分子，但一旦偏离这些传统观念，你就会被那些自称预算专家、立法者和国会幕僚的内部圈子所排挤，他们有意无意地传播这些赤字迷思，宣扬财政限制永远是安全的做法，而挑战这些就是异端邪说。克利弗议员非常明白这一点。

现代货币理论不是宗教，不需要寻找顺从的追随者或门徒，它所提供的只是对现代法定货币如何运作的现实叙述，以及关于如何将这种理论转化为更好的公共政策的一些指示和想法。通过帮助我们更清楚地看到什么是阻碍（例如通货膨胀）和什么不是阻碍（例如耗尽金钱），现代货币理论为经济如何运转提供了新的思考模式，它告诉我们，在几乎所有情况下，这些关于货币、债务和税收的迷思和误解阻碍了前进。借由破除这些迷思，现代货币理论表示，我们有可能为自身、全球伙伴和子孙后代建立一个更强大、更安全的未来。那么，如何才能达到这个目标？[6]

我相信克利弗议员是个好人，他想做对他的选区和国家最有利的事。在我们会面之后，他意识到国会有能力做得更多，即使国会预算办公室和华盛顿首府的政治评论家都在鼓吹悲观阴霾的预算前景。但他只是一个人，尽管拥有民选国会议员的身份，这看起来给了他比其他人更多的权力，但在那一刻他无能为力，双手被公共讨论中的赤字迷思所束缚。要想改变这种状况，公众对经济的理解就必须改变。没有任何一位国会议员能带来这种变化，我们自己要改变。就像我的前老板伯尼·桑德斯总说："变革从来都不是自上而下的，它总是自下而上发生的。"如果我们要利用现代货币理论来开辟新的政策空间，就要有足够多的人，每一位像你一样的读者，帮助让公共讨论转向一个新的方向。通过现代货币理论的视角，我们可以看到另一种不一样的、更有希望的可能性。这就是我们的未来、我们的经济、我们的货币体系，我们可以让它为我们工作。

现代货币理论的叙述性层面

尽管本书讨论的是如何根据现代货币理论的见解采取行动，但我不希望你把它视为每个政府都应该采用或实施的政策，因为现代货币理论并不是一套预先包装好的全球整体政策，它最主要的是对现代法定货币如何运作的叙述。随着对货币体系理解的加深，我们有能力区分什么是人为障碍而什么又是确实存在的限制，现代货币理论的叙述性层面可以帮助我们摆脱一直以来迷思和误解的困扰，准确了解货币体系的运作方式，这是建立一个为所有人服务的经济的必要第一步。要实现这个更美好的世界，就需要超越现代货币理论的叙述性层面，转向其指示性、政策制定的层面。这意味着必然要问，我们希望我们的公共机构（例如国会和美联储）在支持促进集体利益的政策议程中发挥什么作用呢？

叙述性层面就像医生的诊断工具包，在实习医生能够为病人开出治疗方案之前，他们必须首先了解身体的机能，学习关于循环系统、消化系统、神经系统等方面的知识，只有在展现出对人体运作方式的理解能力之后，他们才被允许成为可以开具处方的医生。我们今天面临的问题是，制定经济政策的人尽管拥有经济学高级学位，但往往对货币体系如何运作没有真正的了解，借由一个更好的叙述性框架，现代货币理论可以帮助我们看到一系列使经济更强大、更健康的广泛政策措施。

现代货币理论对货币体系的看法改变了我们对货币发行国"量入为出"的思考方式。它要求我们从真正的资源限制、通货膨胀，而不是从感受到的财务限制的角度来思考，它教导我们不要问"你将如何支付"，而是"你将如何提供资源"。它告诉我们，如果有技术知识和可用的资源（即劳动人口、工厂、设备和原材料等），就可以把人类送上月球，或着手施行绿色新政以应对气候变化，为执行这些任务提供资金永远不是问题，拿出钱来是最容易的部分，管理通货膨胀风险才是最关键的挑战。与其他经济学理论相比，现代货币理论将通货膨胀作为讨论的核心问题，而不是限制支出，它还提供了一系列比当今任何措施都更复杂的方法论来管理通货膨胀。

现代货币理论所描述的是布雷顿森林体系建立之后的现实货币体系，我们不再使用金本位制，但许多政治论述仍然根植于那种过时的思维方式，每当记者问政治家从哪里找钱来做这些事时，都能看到这种情况。我们早该明白作为主权法定货币发行者的意义，对于货币发行者来说，钱从来不是问题，无论是从字面上还是从形象上看，钱都不是某种稀缺的、像黄金一般的物理存在，政府不需要"找到"钱才能进行支出，每当美联储代表财政部进行授权支付时，钱就会从电脑键盘上通过敲击后变出来。

这听起来像是免费的午餐，其实不然。现代货币理论并不是一张空白支票，让我们随意为新项目提供资金，也不是一个扩大政府规模的阴谋。作为一个分析框架，现代货币理论旨在识别我们经济中尚未开发的潜力，即所谓的财政空间。如果有数以百万计的人在寻找带薪工作的机会，而我们的经济有能力在不提升物价的情况下生产更多的商品，提供更多的服务，那么我们就有财政空间将这些资源用于生产性就业。如何选择利用这一财政空间是一个政治问题，在这里，现代货币理论可以用来捍卫传统上较为自由（如全民医疗保险、免费大学教育或中产阶级减税）或较为保守（如军事开支或企业减税）的政策。

关键是，现在的经济运转状况，就像一个1.8米高的人在一间2.4米高的房子里一直弯腰徘徊。因为有人跟他说，如果想站直，那么头部就会撞伤。多年来，我们本可以站得笔直，但一直都在弯腰徘徊。这种对政府债务和财政赤字的非理性恐惧导致美国、日本、英国和其他国家的政策制定者在全球金融危机之后的数年中，从财政刺激转向紧缩政策，带给全世界数以万计（甚至数亿）的人难以估量的损失。在这种经济衰退中，民粹主义在左右两派中都开始兴起。不是所有的事情都可以通过更慷慨地运用联邦预算来解决，财政紧缩政策加剧了许多社会问题和经济问题，但削减预算不是造成经济停滞和社会不平等加剧的唯一原因，要恢复劳动者的经济保障，需要解决社会上的垄断势力，对税法、劳动法、贸易和住房政策等进行全面改革。[6]

我们需要一个全新的经济模式，不再依靠不负责任的央行官员来确定通货膨胀和失业的"正确"组合，这残酷且低效。为了建立一个真正为人民服务的惠民经济，民选代表需要担负起维护就业和收入保障的责任，作为拥有对联邦预算强大控制权的国会，必须在稳定产出和就业方面发挥积极和持续的作用。

现代货币理论的指导性层面

回想一下彼得·帕克（Peter Parker，即蜘蛛侠）的原则："能力越强，责任越大。"现代货币理论的指导性层面使我们不仅仅是旁观者，而且是在一个通晓现代货币理论的世界中讨论如何制定财政和货币政策。现代货币理论认为我们应该降低货币政策（至少目前的形式是）的重要性，将财政政策提升为稳定宏观经济的主要工具。国会掌握着钱包（即花钱的权力），我们需要利用这一权力来建立一个为我们所有人服务的惠民经济。我知道你在想什么：我们真的可以相信政府能妥善使用这一权力吗？我的答案是：可以，也不可以。

我说可以，是因为作为个人，我们已经将这种权力委托给政府，现代货币理论并没有赋予国会新的权力来控制货币政策，我们的民选政府在近半个世纪前就摆脱了金本位制的束缚，这一决定使国会可以不受限制地使用公共资金。拥有钱包的权力意味着永远不必问：“我们从哪里找钱？”不管是要减税还是要花费数万亿美元进行无休止的战争，国会只需要得到足够多的选票，然后，钱就出现了！

目前的联邦预算约为4.5万亿美元，约占国内生产总值的20%。如果国会愿意，可以制定一个5万亿、6万亿美元甚至更大的预算，在教育、基础设施、医疗保健和住房等方面投入。国会授权的任何金额的支出都会发生，美联储精心设计的主要交易商网络系统就是为了保证这一点，这就是S（TAB）模式的现实：在支出前，并不需要通过征税或借贷来筹集资金。问题是，我们希望联邦政府如何使用这个强大的权力？应该要花多少钱？应该资助什么？通货膨胀怎么办？税收呢？我们能否相信国会在拥有财政空间的情况下，可以在正确的时间做出正确的选择，进行生产性投资，并在资源变得稀缺的时候进行必要的限制？也许我太愤世嫉俗了，但我希望有某种保险政策来保障政府能够妥善地使用这些权力。

联邦预算有两个部分。一部分是国会有自由裁量权的预算，即每年国会有权改变投入现有或新项目的资金数额，用于国防、教育、环境保护和交通运输的大部分资金都来自年度可自由支配的预算拨款。还有非自由裁量或强制性的另一部分，这或多或少是由法律法规预先规定的，如社会保险、医疗保险和医疗补助等项目的支出就属于这一类别，失业保险、补充营养援助计划（SNAP，即以前的食品券）、美国国债利息和学生贷款也是具有约束力的承诺，这些支出的增加或减少与国会行动无关，只要有人成为残疾人、退休、失业、年满65岁、购买美国国债或获得联邦学生贷款时，联邦政府将自动释放资金以支付这些支出。

整体而言，强制性支出占联邦支出的60%多一点，而利息占近10%，[7]这意味着70%的联邦预算基本上开启了自动驾驶模式，只剩下30%是可以由立法者自由支配的。[8]当然，只要有足够多的选票，国会就有权力更改预算的任何部分，比如可以停止发行国债，让美联储来提供有息证券，[9]随着时间的推移，就可以完全消除联邦预算中的利息支出。[10]国会也可以投票通过一个单一支付的全民医保法案，这将大大增加强制性支出，但从长期来看可以让人们节省数万亿美元。[11]或者，国会可以简单地为交通运输和教育等事项划拨更多的可支配资金。正如我们在本书第一章中所了解的那样，国会是一个法律机构，有权终止或修改任何自我施加的、用来阻止立法者拨款或阻止美联储代表财政部清偿已获授权的付款限制[如现收现付规则、伯德规则、债务上限限制、302（a）分配、不透支原则等]，即使是1974年国会法案通过建立的国会预算办公室和众议院参议院预算委员会，也可以被解散或按照国会指示采取新的行政程序。[12]当然，美联储也是国会的产物，其职权范围和工作任务也可以随时更改。

在讨论一个有现代货币理论信息的世界里如何改善政策之前，请允许我分享几个故事，以说明我们今天做事的方式是不正确的。成为参议院预算委员会的民主党首席经济学家之后，我所做的第一件事是开会讨论拟提出一个万亿美元的基础设施法案。十几位国会高级幕僚聚集在德克森参议院办公大楼三楼的一张大会议桌旁，没有人质疑这项基础设施投资的巨大需求，一万亿美元虽然听起来野心勃勃，但也只能解决一小部分的问题，没有人对这个需求的价格感到犹豫，但对是否（以及如何）支付这个价格进行了大量的讨论。

在我告诉你这场辩论之前，重要的是要了解"支付"这个词对国会的立法者和幕僚们来说意味着什么。事实上，所有的联邦支出都是以完全相同的、唯一的方式进行：美联储将款项打入相应的银行账户。但用国会这些人的话来说，要先证明你能"找到"充足的钱来支付你提议的任何支出，这样才叫"支付"。这其实就是一场游戏，它植根于有缺陷的（TAB）S模型，阻碍了我们经济巨大的潜力。为了避免增加赤字，立法者都在寻找一种无须借贷就可以支付所提议的支出的方法，这通常意味着他们会去寻找新的税收收入。[13]

因此，回到刚才关于万亿美元的基础设施法案的辩论。讨论一开始，幕僚们就被问及我们是否认为应该在法案中附加一个所谓的"付款"条款。那是我上任的第一周，所以当另一位幕僚首先发言时，我松了一口气。他说："不，我认为我们应该提出一个像光票（Clean Bill）一样的法案。"那样的法案意味着只有支出，不包含任何关于如何支付的叙述。另一位幕僚表示同意，我也马上赞同了他们的观点。美国需要进行这些投资，显然我们也有足够的财政空间来做这件事，而且传统上两党都会支持基础设施建设，由于共和党控制着参议院，我们推断，该法案至少需要共和党人的一些支持才能通过。如果提议增加税收，就肯定会失败。但并非所有人都同意，另一位幕僚反对说，除非确切说明如何支付，否则媒体不会认真报道这项立法。最后，该法案包含了一项提案，希望借由修补对大多数富人有利的税收漏洞来增加收入。不用说，该法案没有获得通过，同时，最新的美国土木工程师学会报告显示，我们早该投资维护基础建设。因为延迟维护，我们需要的维护成本已经攀升到了 4.59 万亿美元。[14] 有时，立法者愿意闭着眼睛投票批准支出，而不担心钱从哪里来。以国防支出为例，每年国会都会投票批准一项国防政策法案，2017 年，一项长达 1 215 页的《国防授权法》在参议院以 89∶9 的投票结果顺利通过，白宫要求提供 7 000 亿美元，但参议院批准了 7 370 亿美元，还额外增加了 370 亿美元，而对从哪里"找"钱没有一丝担忧。[15] 他们只是以压倒性的跨党派支持，增加了五角大楼可自由支配的预算。

这似乎是双重标准。国会议员科尔特兹说："我们为战争开出了无限额的空白支票，为共和党的减税政策开了一张 2 万亿美元的支票，没有人问那些人要如何支付这笔钱。"[16] 她是对的。不知何故，总有钱用于战争和减税，然而对于其他任何事情，立法者都期望他们能够自己"支付"这些支出。至少在纸面上是这样的。

国会共有 535 名议员，其中参议院有 100 名，众议院有 435 名，众多的提案要求有源源不断的新资金来源。在参议院任职期间，我了解到有一个"一站式购物平台"，为立法者提供一系列所谓的"支付"办法。如果议员需要找到 100 亿美元、500 亿美元、5 000 亿美元或更多的资金，卡尔文·约翰逊（Calvin Johnson）都能帮你搞定。多年来，得克萨斯大学法学院的公司法和商业法教授约翰逊帮助管理一个"货架项目"（The Shelf Project），约翰逊和其他税务专家一起收集了一系列不同的提案，当国会需要增加收入时，随时可以"从架子上择一取用"。[17] 在 2010 年的参议院财政委员会上，约翰逊的证词题目为"筹集一万亿美元的 50 种方法"。[18]

在夏天，当议员们回到自己的选区时，这些资料夹大多放在架子上，积满灰尘。但当国会开会，有人需要一个貌似合理的收入来源附在某些立法上时，约翰逊的电话就从没停过，他和同事们对他们的工作充满了热情。他们并非仅仅为了帮助立法者找到财源而拼凑提案，对他们来说，这个项目是为了让税收制度更公平、更有效率。但在许多国会议员幕僚的眼里，"货架项目"有点像兄弟会房子里的档案柜，里面存放着数百份旧的期中考试卷，换句话说，当你想作弊绕过《现收现付法》的障碍时，这就是你该找的地方。

寻找财源的过程大概是这样的："你好，我是某某参议员办公室的工作人员。参议员在10年内需要3 500亿美元。你有什么办法吗？"约翰逊可能会建议对税法的某些部分进行单一修正，以筹集全部的3 500亿美元，或者，他可能会拿出几个文件夹，找出一些能凑齐全部金额的办法，一个或几个方案没什么区别，目的是为你的老板找到充足的资金来玩这个游戏。

我自己的感觉是，国会中几乎每个人都知道这个寻找财源的付费游戏有多疯狂。我第一次意识到这一点，是在2015年某个马拉松式的连续投票周（vote-a-rama week）期间。[19] 连续投票就像是一个疯狂的马戏团，所有100名参议员聚集在一起，对大量无约束力的预算修正案进行快速投票，参议员一个接一个地站起来，敦促他们的同事投票支持其"赤字平衡"修正案，以扩大社会保险覆盖范围、减税、提高最低工资等。我在参议院的后排座位上看了部分过程，最好笑的是听到加州参议员芭芭拉·博克瑟（Barbara Boxer）对她的一位同事说："我投了你的修正案，尽管你的财源是狗屁。"

我自己也是这样的观点，博克瑟的观点简单直白，我们起草、评估和通过法案的方式糟糕透顶，假装联邦政府需要像一个家庭一样进行预算控制，认为税收是政府需要的东西（即收入），但其实税收是为了减少我们其他人的消费能力，以使政府自己的支出不会使经济超过其充分就业的限制。我们通过要求政府"支付"新的支出来束缚立法，即使经济可以安全地吸收这些支出而不需要增加税收。之所以这样做，是因为我们认为这些如家庭预算一样的做法在某种程度上符合公众利益。其实不然。

如果政府克服了赤字迷思，并开始像货币发行者一样规划预算，而不是假装像其他人一样需要先有收入才能支付支出，那会是什么样子呢？人们可能会觉得，赤字迷思之所以存在，是为了保护我们不受那些花钱太多、纳税太少的政客的影响，这或许有些道理，但更大的问题是，赤字迷思让我们支出不足。在过度支出和不必要的财政限制之间取得平衡，可以建立一个对所有人都更好的经济。为了建立这种经济，我们需要一个新的计划。那么，现代货币理论的指导是什么？有没有一种方法可以改善人们的福祉，而又不至于让事态发展严重？财政政策真的能掌控经济方向盘吗？货币政策还能做什么？

将经济方向盘转交给财政当局意味着依靠民主选举产生的国会议员，在需要更大的赤字来支撑经济时，他们可以放宽限制，然后在经济达到充分就业的速度极限时再实行紧缩政策。这就是勒纳在20世纪40年代开创的功能性财政政策的中心思想，勒纳希望立法者不要纠结于赤字的金额并试图迫使预算达到平衡，而是编写一份使充分就业的经济保持平衡的预算。

现代货币理论从勒纳的学说中获得了灵感，但需要注意的是，我们不只是要国会从美联储手中接管方向盘，还需要提供一些指导原则，以帮助立法者负责任地行使这一权力，并为更广泛的公共利益服务。为此，我们需要建立一些新的安全保护规则，为立法者提供明确的速度限制、指示器仪表盘以及能够在大多数行驶中实现的自动驾驶功能，这样一来，即使政治政策处于严重失调的状态，财政政策也能成为一种稳定的强大力量。

强制性自动驾驶支出

如今，我们依靠美联储的货币政策积极地上下调整利率，以无形的非加速通货膨胀失业率为标准来保持经济平衡，而现代货币理论认为财政政策是一个更有力的稳定器，可以用来达到更广泛的福利指标。勒纳认为财政政策应该担任司机的角色，他认为我们可以把钥匙交给国会，让国会来决定如何操控经济方向盘。相比之下，现代货币理论希望确保汽车和司机都有能力将财政政策引向一个负责任的方向，国会将始终拥有自由裁量的权力。但在一个日益两极分化的政治氛围中，我们的经济也应该有自动驾驶的功能，这样一来，即使国会不愿意采取行动，财政政策也会对不断变化的经济状况做出反应。这就是我想要的保险政策。

让部分预算对不断变化的路况做出自动反应是极其重要的，这是避免让金融危机发展成第二次大萧条的原因。没错，国会有自由裁量的立法权，在2009年2月通过了7 870亿美元的《美国复苏与再投资法案》，但真正拯救我们的是自动发生、没有经过任何立法系统的财政调整，这些调整是因为政府预算中放置了自动稳定器，就像汽车减震器一样，在良好的驾驶条件下，你几乎不会注意到，但当道路变得颠簸时，它们就会发挥重要的作用。

当经济在2008年陷入困境时，自动稳定器开启了"自动驾驶"的财政调整机制，帮助缓冲了金融危机造成的伤害。当数百万美国人失去工作，企业挣扎着维持经营时，税收大减，同时支出急剧增加，因为数百万人通过失业保险、食品券、医疗补助和其他社会保险制度自动获得补助，其结果是财政赤字突然激增，仅在2009年，非政府的财政赤字桶就增加了1.4万亿美元以上，从山姆大叔桶里涌出的赤字变成了数百万个挣扎的家庭和企业桶里的盈余。回顾这一资金流动，保罗·克鲁格曼写道：

这是用一种有趣的方式来思考所发生的事情，它暗示了一个惊人的结论，即政府赤字主要是依靠自动稳定机制而不是国会自由裁量政策的结果，这是使经济免于第二次大萧条的唯一原因。[20]

虽然自动稳定器把我们从一个更悲惨的命运中拯救了出来，但它并没有强大到足以阻止一场极其痛苦的经济衰退。我们花了7年时间才把金融危机后失去的所有工作机会拯救回来，数百万人失去了他们的家园，一些人甚至由于长期失业而丧生。正如记者杰夫·斯普罗斯（Jeff Spross）所说："长期失业对精神和身体健康造成的损害，相当于配偶死亡造成的影响。"[21]

为了更好地保护我们的经济，尤其是保护经济中的个人、家庭和社区，现代货币理论建议增加一个强大的新型自动稳定器，即联邦就业保障。我们在本书的第二章中第一次提及这个想法，它表明我们可以真正实现充分就业，为每个想找工作的人提供一份工作。如今，美联储通过压低失业率来证明充分就业，导致数百万人陷入抢椅子的游戏中，苦于寻找可能并不存在的工作，而现代货币理论通过直接为失业者提供就业来解决这个问题，因为它是一个自动驾驶的稳定器，保证了方向盘总是会在正确的时间点上转向正确的方向。

要理解就业保障背后的经济逻辑，请回顾第一章中莫斯勒的名片故事：莫斯勒想要一个整洁的房子、干净的汽车和修剪整齐的院子，为了实现这些，他向孩子们征收一种税，只能用他自己的名片支付，征税的目的是激励孩子们去完成赚取名片所需的工作。同样，当政府要求用国家的唯一法定货币（如美元）来支付税款和其他义务时，目的是鼓励人们去工作以获得货币，而政府可以通过人们的工作获得需要的军队、司法系统、公共公园、医院、桥梁等。失业的定义是人们希望能够找到以政府法定货币支付的有偿工作，现代货币理论是唯一理解这一点的宏观经济学派，而就业保障直接源于这一理解。

一旦意识到这一点，你就会发现任何货币发行国的政府都有能力直接通过雇用失业者来消除国内的失业问题，如果政府决定不行使这一权力，那么就是选择了高失业率。截至本书撰写之时，官方失业率（3.5%）按历史标准衡量并不算高，但如果按照一个更广泛的衡量标准，即一个更接近于捕捉问题的真实程度的标准，失业率几乎要翻番（达到 6.5%），这个衡量标准被美国劳工部统计局（Bureau of Labor Statistics）称为 U-6，它告诉我们有近 1 200 万人正在寻找能赚取更多货币的工作机会，但它并不存在。其实，政府有能力可以全部雇用这些人。

目前，联邦政府选择不这样做，相反，它提供失业保险，作为人们失去工作时缓冲收入降低的一种方式。假设劳动者有资格领取失业保险金来补贴劳动者失业时损失的部分工资，失业保险的平均赔付额为每周 347 美元。当社会总需求开始下降时，这有助于缓冲经济，但并不能保护劳动者免受失业的困扰。有些人会相对较快地找到新的工作，有些人则会在失业者的行列中煎熬数月甚至数年。在严重的经济衰退中，许多人将经历长期失业，最终保险金被用尽，工作技能也弱化了。

虽然失业保险被认为是今天拥有的、最重要的自动稳定器，但它并不是我们可以创造的、最强大的稳定机制。部分问题在于并非每个失业者都有资格领取失业保险，因为并非所有的工作都在失业保险的覆盖范围内。有些人没有资格领取，因为他们自行辞职或因行为不当而被解雇；有些人是因为受雇时间不够长，不符合领取资格；或者有些人早就用完了他们的保险金。甚至许多符合条件的劳动者也没有收到任何保险金，根据劳工统计局的数据，"2018 年，在过去 12 个月内曾有工作的失业者中，77% 的人在最后一份工作结束后没有申领失业保险，在这些没有领取保险金的人群中，有 3/5 的人以为自己没有资格领取"。[22] 联邦就业保障将通过给予所有人一个普遍的就业权利来消除这种不确定性。[23]

以下就是就业保障的运作方式。[24] 政府不会让数百万人失业，而是保证通过创造无限的公共服务工作岗位，为求职者提供获得收入的机会。这将是一种纯粹自愿参与的方式，并未硬性强制实施，为了确保我们不只是创造工作机会，而是创造好的工作机会，现代货币理论经济学家建议这些工作应提供可供日常生活的工资标准，而工作内容应是有益于社会的公共事务。[25] 由于就业保障是一个永久性的保障，它将成为一个强制性的（而不是可自由裁量的）联邦支出项目，与其他强制性支出（如失业保险或食品券）一样，支出的金额将随着人们进入和退出该项目而上下浮动。如果经济陷入衰退，就会有更多人过渡到公共服务部门就业，联邦预算将自动支出更多以支持这些工作。当经济有所改善，私营部门准备再次开始招聘时，劳动者就会退出就业保障，预算将自动减少。这使得就业保障成为一个强大的新型自动稳定器，强化联邦预算中现有的自动驾驶，即调节机制。[26]

从纯粹的经济角度来看，就业保障的主要优势在于它能够在整个商业周期内稳定就业。这不仅仅有利于那些能够迅速找到新工作的人，我们所有人都能够从中受益。截至2020年，美国正经历着历史上最长的扩张期，即不间断的就业增长，但在某个时间节点，扩张必然结束，经济将陷入衰退期，这就是资本主义的本质。[27] 当企业有大量客户需求时，他们会增加雇佣和投资，但最终需求将被放缓（通常是因为人们认识到自己已经承担了太多的债务），人们会开始捂紧钱包，随着客户流失，企业会缩小生产规模并裁员。如果现在有就业保障，就可以雇用目前没有工作的1 200万人，并保护在下一次经济衰退到来时即将经历失业的人。就业保障会让现有的社会安全体系更加强大，在人们被解雇的那一刻起就提供新的就业机会，无论你是拥有自己的企业还是为别人工作，你自身的经济安全保障都可能与其他人的收入保障密切相关。

仅仅依靠失业保险是不够的，首先不是每个人都有领取资格，而且大多数州只支付13~26周的失业保险金。2007年12月金融危机开始时，已经有130万人正在经历超过27周的长期失业，到了2009年8月官方认定金融危机结束时，有500万人经历了27周或更长时间的失业，一年后，这一数字攀升至680万。尽管国会投票延长了失业保险金的发放周期，但延长期终究会结束，数百万人依然没有工作和收入。美国各地的企业和社区都遭受了这一打击，由于失业者无力偿还贷款，房屋被取消赎回权，房价暴跌，房产税收入萎缩，州和地方政府削减了从教育到交通的一切支出，学校的每班人数越来越多，基础设施恶化，深刻且持久的经济衰退伤害了我们所有人。

国会本可以再次使用自由裁量权，授权新一轮的财政刺激措施来维持总需求，但国会没有这样做，那时的立法者更专注于与预算赤字作斗争，而不是允许更大的赤字来帮助刺激陷入困境的经济。因此，国会将决定权交给美联储，而其并未采取行动，这种不作为让我们付出了代价。

如果有了联邦就业保障，情况将会大不相同，经济方向盘会自动转向更大的财政赤字方向。在克利弗议员和他的同事们看来，将方向盘转向更大的赤字是不对的，但这是当下所需要的。设想一下，你在冬天的暴风雪中开车，遇到结冰的路面使车子失控打滑，你会怎么做？大多数人可能会本能地把方向盘转向相反的方向，如果汽车在向右漂移，那么把方向盘向左转似乎是正确的做法。其实不然。正如在高中驾驶课上学到的那样，我们需要转入滑道以重新获得对车子的控制，虽然可能感觉不对，但这才是避免撞车的唯一方法。就业保障为联邦预算配备了自动功能，当经济偏离轨道时，它可以推翻立法者对赤字抵制的直觉，随着经济回到正轨，企业开始从联邦就业保障计划中雇回劳动者，此时这些劳动者将脱离政府预算，方向盘会自动进行调整以减少赤字规模。

因此，就业保障是一个强大的经济稳定器，通过在整个商业周期中维持人们的就业和收入，未来的经济衰退将持续时间更短、程度更轻。由于企业不愿意雇用那些长期失业的人，劳动者可以在经济开始疲软时立即进入保障计划，并在雇用条件改善时更快地退出，在计划中保持工作状态，并培养新技能，可以提高在经济形势好转时被重新雇用的概率。

这些人将从事什么样的工作，以及如何确保总有足够多的工作机会提供给每个想在该计划中工作的人？他们能获得多少劳动报酬？谁来管理这种规模的联邦计划？以前是否有过类似的尝试？现代货币理论积累了超过30年的大量管理学文献，可以回答这些（甚至更多）问题，[28] 本书由于篇幅所限无法完整详述，但我们可以回答一些关键问题，并根据五位现代货币理论经济学家在2018年共同撰写的一份报告来描述该计划的大致轮廓。[29]

我们所设想的是一个权力高度分散的公共服务就业（PSE）计划，提供生活工资（我们建议每小时15美元），并附带包括医疗保险和带薪休假在内的基本福利。该计划提供兼职或全职工作，有足够灵活的工作安排，以满足居家照顾者、学生、老年人、残疾人等的不同需要。虽然资金必须来自联邦政府，但工作本身将主要由居住在社区的人们来设计，他们将从完成的工作中受益。正如我们在报告中所解释的，"我们的目标是在每个社区创造就业机会，并创造有利于每个社区的项目，（因此）让当地社区直接参与从提案到实施、管理和评估的整个项目流程是有意义的"。

就业保障计划的预算可以由劳工部（DOL）负责管理，而劳工部将为符合资助条件的项目种类规定通用准则，以提供可以满足社区需求的工作机会。按照我们的设想，所有的工作都应该围绕一个首要目标：打造一种关怀经济（Caring Economy）。我们现在处于气候危机中的老龄化社会，有许多尚未完成的工作要做，可以通过创造数以百万个有着不错薪水的工作机会来解决我们面临的良好工作赤字问题，以照顾和关怀到居民、社区和我们的地球。

在创造这些工作机会时，我们认为联邦政府并没有办法了解社区最迫切的需求，在社区生活和工作的人们才比较清楚。这就是为什么我们建议政府机构与社区伙伴合作，一起对未满足的需求进行评估和分类，从而为社区量身打造适合其需求的工作岗位。各州和各市政当局将与它们的社区伙伴一起合作，创建一个工作项目库。想想看，这就像另一个大规模的"货架项目"，但不是装满财源的活页夹，而是装满了各种各样的潜在工作机会，让具有不同技能和兴趣的人在没有工作的情况下走进去浏览，然后带着一份适合他们的新工作走出来。[30]

在设计上，对公共服务工作的需求将随着时间的推移而波动。平均而言，我们估计该计划将消耗大约 1 500 万人力，一些人将选择兼职工作，但大多数计划参与者希望获得全职工作，[31] 假设最终有 1 200 万名全职劳动者参与该计划，每人有两周的带薪休假，这意味着这些人每年要为公共服务工作投入 240 亿小时的时间。[32] 现在想象一下，有 240 亿个小时，我们可以完成多少事情，以解决社会上的明显赤字问题。

我们可以建立一个 21 世纪的平民保护队（Civilian Conservation Corps），不再有小罗斯福新政时代的种族歧视和种族隔离政策，而是让数百万人在旨在保护环境的项目中工作。[33] 工作项目库中应该包括各种各样的工作机会，从防火到防洪以及可持续农业，我们可以通过清理空地、建造操场和社区花园、为儿童设计课外活动以及为成年人提供技术实操课程来关心那些因几十年来被忽视和不投资而凋零破败的社区。而且，我们可以互相照顾，陪伴老龄人口，并确保婴幼儿在成长期拥有茁壮成长所需的资源。

简而言之，就业保障是现代货币理论对我们长期就业赤字的解决方案，它没有把数以百万的失业人口当作"自然失业率"下的牺牲品，而是确保每一个想工作的人都能有一份工作。正如我们在第二章中所了解的，它也是一个更好的物价稳定器，政府以恰到好处的支出来雇佣每一个准备工作的人，保持了一个可雇佣的人口池，企业等私营部门可以随时以比计划工资稍高的价格雇佣他们。此外，通过创造获得生活工资工作的权利，就业保障加强了劳动力的议价能力，缩小了种族不平等，减少了贫困，提高了工作的底线薪资，同时建立了一个更强大、更有活力、更紧密联结的社区。[34]

之前有过这样的尝试吗？虽然还没有一个国家实施过全面的就业保障，但一些国家已经尝试了这个想法的各种版本。20世纪30年代，美国在小罗斯福总统的新政下，通过直接创造数百万个就业机会来对抗大萧条。公共工程管理局（PWA）为数十万人提供工作，建造学校、医院、图书馆、邮局、桥梁和水坝，在最初的6年里，公共工程管理局创造了约800万个建筑和保育类的工作机会，并为作家、演员和音乐家创造了数千个工作机会；全国青年总署（National Youth Administration）为高中生创造了150万份兼职工作，为大学生创造了60万份工作。正如现代货币理论所提议的那样，这些工作机会由联邦政府资助，但并不是永久性的，也不能保证所有人都能就业。

阿根廷的户主计划（Jefes de Hogar）也不是全面的就业保障，但在2001年，它成为"世界上唯一借鉴现代货币理论模型直接创造就业机会"的计划。[35]该计划是在金融危机导致经济陷入衰退并造成官方失业率超过20%的一项紧急措施中推出的，设计灵感来自沃伦·莫斯勒的研究成果，并与现代货币理论经济学家帕芙丽娜·切尔涅娃、马修·福斯塔特和兰德尔·雷协商设计，目的是要让人们迅速重新就业。户主计划开创了联邦政府资助、地方管理的就业保障计划，保证每天工作 4 小时，换取每月 150 比索的生活工资。切尔涅娃指出，这些工作机会仅限于家中有"18 岁以下儿童、残疾人或孕妇"的户主。[36] 该计划在巅峰期雇用了约 200 万人，约占总劳动力的 13%，几乎 90% 的工作是社区项目，75% 的参与者是妇女。该计划启动后仅 6 个月，极端贫困人口就减少了 25%，3 年内，一半的参与者退出该计划，其中大多数人都在私营部门找到了工作。[37]

2003 年，在年度增长与发展峰会上，南非政府正式承诺将致力于为所有人提供更多、更好以及更体面的工作，[38] "扩大的公共工程计划"（EPWP）就是其中一项措施，该计划为失业人士创造了"对社会有益的临时工作"。[39] 两年后，印度政府制订了"圣雄甘地全国农村就业保障计划"（MGNREGS），该计划致力于缩小农村和城市之间的收入差距，为了给那些生活在高失业率地区的人创造更多机会，政府保证每一个农村家庭都有 100 天的最低工资工作，且男女工资平等。印度的就业保障仍然是有针对性的（并非全面普及），但它仍是世界上最大的、由政府资助的就业保障计划之一。研究表明，通过建立统一的工资标准，印度的农村就业保障有助于促进性别平等和为女性赋权，同时也提高了政治进程的透明度。[40]

所以，不管是历史上还是近期，都有政府采取有针对性的就业保障形式的例子，但大多数是作为应对某种危机的临时措施而实施的。现代货币理论对就业保障的范围和最终目的有不同的看法，它不应只是在危机期间开启的紧急措施，随着私营部门工作机会的恢复而终止，相反，就业保障应该是为使我们经济更强大而配备的自动驾驶稳定器。这样想吧：你不会因为城市填补了一些坑洞或重新铺设了道路，就让修车师傅拆除汽车减震器，你会希望减震器一直都在，因为你知道有它们就一定会有更好的行驶效果。就业保障也

赤字迷思　　246

是如此。没有它，我们就只能依赖那些为失业者提供临时收入的、较弱的稳定器，而将数百万人永久地困在失业的缓冲区中。有了就业保障，我们就可以利用充分就业来应对经济发展道路上不可避免的颠簸。

经验表明，为失业者创造工作机会可以带来无数好处，远远超出了只是提供失业保险金的范围。这个想法并不是现代货币理论所独有的，它被称为新政中被遗忘的部分，[41] 小罗斯福总统曾希望国会以经济权利法案的形式规定就业保障，但他的政党在他死后从未正式履行过这个承诺。[42] 然而，为保障就业而进行的斗争仍在继续，这是民权运动不可分割的组成部分，也是国际人权法的基石之一，[43] 现在，许多人也视其为争取经济平等和公平性氛围的关键因素。这是一个机会，可以将人类数以百亿计的闲置时间转化为各种各样的工作，有助于建立一个更坚韧、更环保和实现生态可持续性的经济。

自由裁量权的财政调整防护栏

重要的是要认识到，现代货币理论不是万能的，它无法修复我们破碎的政治局面，也不会迫使立法者以最符合公众利益的方式投资公共资金。美国国会、日本国会、英国议会和其他立法机构都有很多公职人员，他们应该为人们编制预算，但往往却没有这样做。就业保障提供了部分解决方案，[44] 它迫使政府预算针对不断变化的经济状况做出自动反应，而且与从未真正惠及需求者的减税政策不同，就业保障针对的是遭受失业打击最严重的人群，这意味着收入将直接进入最需要的人手中。

但是，我们不能只是启用无人驾驶功能，躺在座椅上，并期望强制性支出的变化来引导我们前进，我们也需要可自由支配的支出，需要认真审议在军事、气候变化、教育、基础设施、医疗保健和其他可自由支配的方案上要投入多少经费。当前这些审议是在基于与现代货币理论相对立的家庭预算迷思背景下进行的，这种迷思告诉我们，预算应该（至少在任意的 10 年段期间）保持平衡，而且立法者需要证明他们可以在不增加赤字的情况下找到钱来支付新法案。一种梦寐以求的、允许立法向前迈进的许可来自国会预算办公室，但其本身也深受赤字迷思之苦，为了绕开限制预算编制过程的大量规则和惯例，立法者花样百出，或者干脆是临时为党派利益修改规则。我们可以假装目前的程序运转良好，但我认为参议员博克瑟的描述更为恰当。

如果不再试图实现预算平衡，而是野心勃勃地实施新政来重新平衡经济，会怎么样呢？通过现代货币理论的视角来编制预算意味着永远不要为任何特定的预算结果而努力。不管是较大的赤字、较小的赤字还是财政盈余，这些结果都一样可以被接受。年度财政结束时超出预算范围的数字并不重要，重要的是建立一种健康的经济，使我们所有人都能繁荣成长。是否有足够的良好工作给每个想工作的人？人们是否有需要的医疗保健和教育？老年人能否享受到有尊严的退休生活？每个孩子是否都有充足的食物、清洁的饮用水和安全的生活场所？我们是否正在尽一切努力保证地球适宜居住？简而言之，我们是否处理了那些真正重要的赤字？

现代货币理论告诉我们，如果有真正需要的资源，也就是说，如果有修复基础设施的建筑材料，如果有想成为医生、护士和老师的人，如果可以种植需要的所有食物，那么总会有资金来实现我们的目标。这就是主权货币的魅力所在。与撒切尔夫人的言论相反，我们拥有公共资金，不应该对其持警惕态度，正如美联储前主席艾伦·格林斯潘所说，"没有什么能阻止联邦政府创造出它想要的大量货币，并将其支付给某人"。他的继任者本·伯南克更是直接描述了政府实际上如何支付其账单，"这不是纳税人的钱，我们只是用电脑更改了账户余额的数字"。这些都是颠覆性的观点，把我们从"我们该如何支付"这个古老的问题中解放了出来，事实上，联邦政府只是用纽约联邦储备银行的电脑键盘来支付所有的账单，税收降低了其他人的消费能力，但并没有用来支付国家支出。现在是时候认识到生活在一个政府是货币发行垄断者的国家里意味着什么了，任何美国总统都不应该再声称政府已经"没有钱了"，所有记者都应该让这种说法受到质疑，所有人都应该了解真相：一个发行货币的政府有能力购买以其货币出售的任何东西，山姆大叔的口袋永远不会空。

政府的支出能力是无限的，但经济的生产能力却不是，我们能做并且应该做的事情都是有限的。现代货币理论使我们尊重物质和生态上的限制，并自我发问"如何找到资源"，通过现代货币理论的视角编制预算并强调通货膨胀的限制，而不是人为的预算约束，告诉我们要量入为出，在生物和物质资源可提供的范围内生活，而不只是追求财政上的收支平衡。

正如我们了解到的，每个经济体都有自己的内部速度限制。物质资源（工人、工厂、机器和原材料等）只能承担一定程度的需求，无法过度运转，一旦一个经济体达到充分就业，任何额外的支出，无论是来自政府、国内私营部门（即美国家庭和企业）还是来自世界其他国家或地区（外国对美国的出口需求），都会带来通货膨胀的风险。好消息是，由于经济长期运行在最高限速之下，因此几乎总是有增加支出的空间，而不会有通货膨胀加速的风险。这才是最重要的。

曾几何时，政治领导人也意识到了这一点。例如，肯尼迪总统曾寻求诺贝尔经济学奖得主、经济学家詹姆士·托宾（James Tobin）的专业知识的帮助，托宾曾担任肯尼迪1960年总统竞选的团队顾问，后来成为总统经济顾问委员会的成员。托宾回忆说，肯尼迪有一次问他："赤字有什么限制吗？我当然知道政治上是有限制的，但在经济上是否有任何限制呢？"当托宾承认"唯一的限制实际上是通货膨胀"时，总统回答说："对吧，赤字没有关系，债务可大可小，只要不引起通货膨胀，其他一切都只是说说而已。"[45]

肯尼迪的直觉是正确的。重要的不是债务或赤字的规模，重要的是我们对地球和生产资源施加的压力。

1961年5月25日，肯尼迪总统在国会联席会议上发表了著名的登月演讲，在要求为其野心勃勃的太空探索计划提供资金之前，肯尼迪向国会保证：

我相信我们拥有所有必要的资源和人才。但事实上，我们的领袖从未做出过这样的国家决策或决定如此运用国家资源。我们从来没有在一个紧迫的时间表上设立长期目标或管理我们的资源和时间，以确保实现这些目标。[46]

肯尼迪说的完全正确。我们的物质资源有限，必须加以管理。时间是最有限的稀缺资源，没有人能从一天中挤出超过24小时的时间，人类的创造力受制于现有的技术知识和能力，我们的技术能力和物质资源是唯一能限制人类可能性的东西。肯尼迪明白，美国将需要开发新技术来实施其野心勃勃的太空探索计划，让人类登陆月球并将其安全送回地球需要大量资金，以促进科学研究和新技术的开发。肯尼迪告诉国会，他的太空探索计划的任何部分"都不会如此困难或如此昂贵"，然后他要求国会和美国人民一同支持这项任务：

明确地说，这是国会议员最终必须做出的判断；更明确地说，我正在要求国会和国家对一个新的行动方案做出坚定的承诺，这个方案将持续数年并耗费大量成本。1962年财政年度需要5.31亿美元，在未来五年估计还会需要70亿~90亿美元。

肯尼迪在其登月演讲中没有提及税收或纳税人，为了使该计划得到资助，他只是要求"请国会的空间委员会和拨款委员会仔细考虑这个问题"。他知道国会有预算的自由裁量权，以提供他所要求的数十亿美元资金。与现代货币理论的论述一致，肯尼迪发现找到钱是最容易的部分，而真正的挑战才刚刚开始：

这一决定要求国家对科技、人力、物力和设施做出重大承诺，并有可能将其从其他重要活动中分流出来，因为这些活动会分散资源的投入。这意味着一定程度的奉献、组织和纪律，而这并不总是我们研究和开发工作的特点。这意味着我们无法承受无预警的停工、材料或人才成本虚增、机构间竞争的浪费或关键人才的流失。

为了实现他野心勃勃的登月计划，政府需要控制更多经济的实际资源，包括更多的科学家和工程师，更多的承包商和公务员，更多的卫星、航天器和燃料助推器等。尽管肯尼迪发表这个著名演讲时，官方失业率高达7.1%，但肯尼迪明白，登月计划可能需要政府争抢高技能劳动力和其他实际资源，为了降低通货膨胀的风险，他的政府向工会和私营企业施压，要求将工资和物价上涨保持在最低水平，以避免推高通货膨胀。这很有效，在那10年的前半时期，经济增长，失业率急剧下降，通货膨胀率保持在1.5%以下。[47]

在那次著名演讲的8年后，美国宇航局的阿波罗11号将第一批人类安全地送上了月球。今天，几乎所有人都从这一历史性成就中或多或少受益，经济学家玛丽安娜·马祖卡托（Mariana

Mazzucato）说："1957年苏联发射的人造卫星导致了美国政策制定者的恐慌爆发。"[48] 这种恐慌引发了一场太空竞赛，为我们现在认为理所当然的、许多事物的发展铺平了道路，个人电脑以及我们如今智能手机中的许多技术可以追溯到阿波罗计划和其他相关研究。[49]

你能想象一个惠民经济吗

今天所面临的挑战与60年前肯尼迪所面临的挑战有很大不同，但同样令人生畏，而且更为重要。为了避免全球灾难，我们需要减少气候变化带来的影响，并适应已经无法避免的全球变暖。要做到这一点，各国政府必须进行各种投资，其规模将比太空计划所需的大量实际资源更加庞大，持续时间将更长。

未来几年将是决定我们能否继续生存的关键，这绝非夸大其词，从这个意义上讲，其可以类比第二次世界大战。凯恩斯在其重要著作《如何筹措战费》（How to Pay for the War）中，解释了肯尼迪后来理解的内容：找到钱是最容易的部分，真正的挑战在于管理可用资源（劳动力、设备、技术、自然资源等），以避免通货膨胀加速。如果肯尼迪的经济视角错误，美国可能永远无法登月；如果凯恩斯使用了错误的经济视角，英国可能无法在第二次世界大战中获胜；如果我们这一代人继续使用错误的经济视角，我们将无法以必要的规模和速度进行正确的投资，也无法应对越来越严重的社会危机和生态危机。好消息是，我们现在有了正确的视角，这个视角就是现代货币理论。

一个公正和更加繁荣的世界，一个将生态可持续性与充分就业、人类福祉、实现社会平等以及满足所有人需求的优质公共服务相结合的世界是可以实现的。只要我们共同加深对公共资金的理解，并将政府关注的重点从对预算赤字的痴迷中转移出来，我们就可以建立一种更好的经济，一种为所有人民服务的惠民经济。

人类的想象力是无穷的，当某些人能够想象一个其他人看不到的世界时，人类历史上的变革时刻就会出现。在许多情况下，例如我们之前提到的哥白尼的例子，这种转变只是视角的转变，一旦这种转变出现，就会催生新的发现和进步的爆发。从某种意义上说，现代货币理论是一种非常简单的方式，从不同的角度来看待现代经济的整体状况，但我们不应该低估一个简单的视角转变所能带来的深刻变化，过于局限自己的想象力，以至于无法前进。出于对政府机构电子表格中记录的数字毫无根据的恐惧，我们在公共政策中限制过多，阻碍了科学的进步，进行了不必要的战争，将生活水平保持得太低，并且生活在比我们原本可以享受的少得多的状态中。

紧缩是想象力的失败，没有想象到我们如何能够同时提高生活水平，投资国家的未来，保持一个健康的经济，并管理通货膨胀；贸易战是想象力的失败，没有想象到我们如何能够同时保持国内充分就业，帮助贫穷国家可持续发展，降低全球碳排放量，并继续享受国际贸易带来的好处；生态剥削是想象力的失败，没有想象到我们如何能够同时提高生活水平，维持繁荣的经济，并使人类活动过渡到保护人类和地球。现代货币理论为所有国家提供了重要且实用的工具包，让我们开始重新思考如何照顾当地居民，保护珍贵的文化资产，振兴独特的生态系统，重新发展可持续的当地农业，提高生产力并鼓励创新。

可以通过一个例子来说明现代货币理论如何帮助我们找到改变实际结果的替代方法。美国和世界各地的政策制定者面临的主要挑战之一是向可持续和零碳排放的能源产业过渡，美国国家电力基础设施的转型已经开始，但要扩大可再生能源、储能和其他技术的规模，取代化石燃料作为主要生产燃料的地位，还有很长一段路要走。在原有模式下，政策辩论往往基于政府命令或市场激励措施，政府要求电力公司生产更清洁的电力，可能会让纳税人（家庭和企业）承担额外的费用，而市场激励措施，如对开发更多可持续能源的公司给予税收减免等，的确有可能刺激替代能源的发展，但由于开发商在等待最佳经济条件，也因此会降低市场采用率。因此，公共事业可能需要更长的时间才能淘汰现有的燃煤电厂。

由现代货币理论主导的方法如何引出新的选择呢？一种可能性是，联邦政府可以允许电力公司以账面价值向政府出售任何一种高碳排放量发电机，无论新旧，然后从费率中扣除这些成本，这有点像"旧车换现金"计划（汽车补贴折扣），鼓励美国居民将燃料效率低的旧车换成燃料效率较高的汽车，终极目的是实现零碳发电。这将释放私人资本，以迅速过渡到可再生能源，并避免因公共政策的改变而使家庭和企业承担更高的电力成本。

联邦政府可以更进一步，增加对储能技术的研发和规模化部署的资金投入，在迅速过渡到100%可再生能源的同时，美国可以拥有世界上成本最低的电力，这对企业、环境和家庭都有好处，而且政府在财政上也能负担得起。请注意，在这个例子中，政府不是直接接管，而是通过私营部门的能源市场促进公共政策的结果。当然，政府还有许多其他选择。

这里重要的不是这个例子到底好不好，而是我们开始能够想象政府的财政能力，如何能够有效地部署实际资源，以实现一个明确的公共政策目标。当我们重新思考未来需要什么样的医疗保健、教育、城市规划、科学研究、农业和住房政策时，我们对现代货币理论的了解可能会将注意力转移到需要的实际资源上，并提出改变财政政策的方案。

你能想象一种私营企业和公共投资结合起来提高人们生活水平的经济吗？你能想象每个城乡社区都有足够的卫生条件、教育资源和交通服务来满足当地居民需求的经济吗？你能想象一种能够衡量并不断改善人类福祉而不仅仅是关心国内生产总值的经济吗？你能想象一种能使所有生态系统恢复活力的经济吗？你能想象一种各国以提高生活水平和改善生态环境的方式进行贸易的经济吗？你能想象一种由强大的中产阶级组成、从事以服务业和劳动产业为基础的职业并拥有良好的工资和福利的经济吗？你能想象一种确保所有人都能无忧无虑地退休，所有的食物、住房和医疗保健需求都能够得到满足的经济吗？你能想象一个所有研究都能得到充分资助、源源不断的创意成功地被商业化或推广以服务人们的经济吗？

在资源丰富和劳动力充足的美国，我们没有理由不着手制定政策议程，为所有人提供高质量的医疗服务，为每个劳动者提供完善和适当的高等教育和职业培训，升级我们的基础设施以满足低碳世界的需求，并确保每个人都有良好的居住环境，同时重新设计我们的城市，使其清洁、美丽并充满彼此关怀的精神。我们可以成为一股正义的全球力量，引领脱碳的道路，向有实际需求的国家提供援助，同时确保国内经济蓬勃发展，从小镇到城市街区，不让任何一个人被遗忘。

有了关于我们如何支付的知识，现在就由你们来想象并帮助建立一个惠民的经济。

致　谢

如果没有我的丈夫保罗·凯尔顿（Paul Kelton）给予的支持和精神鼓励，我无法完成这本书。他对每一章的草稿都提供了反馈意见，并承担了大部分的日常杂务，例如叠衣服和做饭。这使我可以在晚上和周末躲在电脑前工作，但也意味着我错过了许多陪伴我的孩子布莱德利和凯瑟琳的时光。感谢所有人给了我写书的空间，并让我的生活充满了如此多的快乐。

我深深地感谢我的朋友扎克里·卡特（Zachary Carter），他是一位出色的作家，并介绍我认识了最好的经纪人霍华德·尤恩（Howard Yoon），他从一开始就信任这个项目，在确定该书的出版商时，霍华德建议我仔细考虑，并选择最有可能挖掘出我的作家潜力的编辑。我选择了与约翰·马哈尼（John Mahaney）合作，从此他就成了我的幸运星，我原本打算写的书并不是现在各位手中的这本，他指出了过度使用专业术语的问题，删掉了图表和复杂的方程式。他不断地提醒我："你是在为每个人写作。"他的指导促进了这本书的出版。

我还要感谢皮特·加索（Pete Garceau），他提供了封面设计，感谢帕蒂·艾萨克斯（Patti Isaacs）将我笨拙的草图变成了书中的精美插图。感谢凯特·穆勒（Kate Mueller），她对书稿进行了细致的编辑。

感谢我的父母、朋友和同事。如果没有我父母杰拉尔德和玛琳·贝尔（Jerald and Marlene Bell）的爱和鼓励，我不会有今天的成就。我也要感谢我的大学教授约翰·F. 亨利（John F. Henry），他不仅带我接触过去伟大的经济学家和哲学家，还向我介绍了兰德尔·雷——一位当今宏观经济学领域的巨人和领先的现代货币理论经济学家。马修·福斯塔特、帕芙丽娜·切尔涅娃、兰德尔·雷和我一起在密苏里大学堪萨斯分校工作了很多年，共同致力于发展沃伦·莫斯勒的思想，本书是与他们多年合作的产物。我还要感谢斯科特·富维勒、罗汉·格雷（Rohan Grey）、内森·坦库斯（Nathan Tankus）、劳尔·卡里略（Raúl Carrillo）和法迪勒·卡布，他们忍受了我两年来的不停打扰，我在一系列问题上寻求他们的意见和专业知识。我也非常感谢史蒂文·海尔（Steven Hail）、马歇尔·奥尔贝克（Marshall Auerback）、丹尼尔·何塞·卡马乔（Daniel José Camacho）、杰西·梅尔森（Jesse Meyerson）、肯尼斯·瓦普纳（Kenneth Wapner）、杰夫·斯普罗斯和理查德·埃斯科，感谢他们帮助我改进终稿。

感谢扎克·埃克斯利（Zack Exley）、杰夫·考文垂（Geoff Coventry）、詹姆斯·斯图尔特（James Stuart）、马克斯·斯基德莫尔（Max Skidmore）、本·斯特鲁贝尔（Ben Strubel）、塞缪尔·康纳（Samuel Connor）和比尔·戈金（Bill Goggin），他们都在现代货币理论兴起之前很久就拥护和支持这个学说。

也感谢那些组建阅读小组、推出播客、建立网站以帮助他人了解现代货币理论的、不可思议的倡导者。同时，还要感谢密苏里大学堪萨斯分校、石溪大学和新社会研究学院的许多研究生和本科生，多年来他们帮助完善了我的想法。感谢唐·圣克莱尔（Don St. Clair）、卡罗琳·麦克兰纳罕（Carolyn McClanahan）、派蒂·布鲁索（Patty Bruseau）和史黛西·皮尔卡德（Stacy Pilcard）的关心和鼓励，你们的体贴对我意义重大。

　　我还必须感谢一些人，他们多年来通过与我分享他们庞大的、多样的施政纲领，帮助我为这本书建立读者群：哈利·希勒（Harry Shearer）、克里斯·海耶斯（Chris Hayes）、乔·韦森塔尔（Joe Weisenthal）、萨姆·塞德（Sam Seder）、法里德·扎卡里亚（Fareed Zakaria）、埃兹拉·克莱因（Ezra Klein）、乔恩·法夫罗（Jon Favreau）、尼尔·卡武托（Neil Cavuto）、尼克·哈瑙尔（Nick Hanauer）、迈克尔·摩尔（Michael Moore）、迈赫迪·哈桑（Mehdi Hasan），以及许多其他人。也感谢国会议员亚历山德里娅·奥卡西奥-科尔特斯鼓励媒体发声，使现代货币理论"成为更多对话中出现的部分"。最后，我感谢艾米小朋友，她对未来的美好希望使她给《货币星球》节目打电话，并提出一些深刻的问题，帮助我们看穿赤字迷思。

注 释

前 言 一张车贴的震撼

1. 关于货币主权，可以把它想象成一个连续体：有些国家的主权程度很高，有些国家较低甚至几乎没有。拥有最高货币主权的国家是那些以自身不可兑换的货币支出、征税和借贷的国家。不可兑换是指国家不承诺以固定价格将本国货币转换为黄金或外币。按照这个定义，美国、英国、日本、澳大利亚、加拿大等都是货币主权国家。相反，厄瓜多尔和巴拿马等国家缺乏货币主权，因为它们的货币体系完全围绕着美元设计，但政府却无法发行美元。委内瑞拉和阿根廷发行自己的本国货币，但因为它们大量进行美元借贷而破坏了其货币主权。使用欧元的 19 个欧盟国家也缺乏货币主权，因为它们已将发行货币的权力转移至欧洲中央银行。

2. 西北政策研究院的数据显示："超过 800 万美国人失业，每年近 400 万房屋被取消赎回权，250 万家私营企业倒闭。" Institute for Policy Research, "The Great Recession: 10 Years Later," September 27, 2018, www.ipr.northwestern.edu/about/news/2014/IPR-research-Great-Recession-unemployment-forec。

3. Ryan Lizza, "Inside the Crisis," *The New Yorker*, October 12, 2009, www.newyorker.com/magazine/2009/10/12/inside-the-crisis.

4. Ibid.

5. Joe Weisenthal, "Obama: The US Government Is Broke!," Business Insider, May 24, 2009, www.businessinsider.com/obama-the-us-government-is-broke-2009-5.

6. CBPP, "Chart Book: The Legacy of the Great Recession," Center on Budget and Policy Priorities, June 6, 2019, www.cbpp.org/research/economy/chart-book-the-legacy-of-the-great-recession.

7. Dean Baker, *The Housing Bubble and the Great Recession: Ten Years Later* (Washington, DC: Center for Economic and Policy Research, September 2018), cepr.net/images/stories/reports/

housing-bubble-2018-09.pdf.

8. Eric Levitt, "Bernie Sanders Is the Howard Schultz of the Left," *Intelligencer* (Doylestown, PA), April 16, 2019, nymag.com/intelligencer/2019/04/bernie-sanders-fox-news-town-hall-medicare-for-all-video-centrism.html.

第一章　停止家庭预算般的思考

1. 美国宪法，第一条第八款第五段，参见 www.usconstitution.net/xconst_A1Sec8.html。
2. 其他机构可能会有自己的金融工具，如银行贷款催生了银行存款，在某些情况下其功能也类似于政府货币，但只有美国财政部和美联储才能自己制造货币。Brett W. Fawley and Luciana Juvenal, "Why Health Care Matters and the Current Debt Does Not," Federal Reserve Bank of St. Louis, October 1, 2011, www.stlouisfed.org/publications/regional-economist/october-2011/why-health-care-matters-and-the-current-debt-does-not。
3. 适度的债务不会损害一个国家的货币主权。
4. 我们应该注意，现代货币理论不认为货币主权是一个可有可无的选择，而是将其根据程度高低区分，一些国家拥有较高的货币主权，而另一些国家的货币主权程度则较低。由于美元处于全球金融体系的中心地位，也就是说，它储备货币，所以美国拥有无可比拟的货币主权。但像日本、英国和澳大利亚等国也有高度的货币主权，管理人民币价值的中国也拥有高度的货币主权。
5. Margaret Thatcher, Speech to Conservative Party Conference, Winter Gardens, Blackpool, UK, October 14, 1983, Margaret Thatcher Foundation, www.margaretthatcher.org/document/105454.
6. Lizzie Dearden, "Theresa May Prompts Anger after Telling Nurse Who Hasn't Had Pay Rise for Eight Years: 'There's No Magic Money Tree,' " *Independent* (London), June 3, 2017, www.independent.co.uk/news/uk/politics/theresa-may-nurse-magic-money-tree-bbcqt-question-time-pay-rise-eight-years-election-latest-a7770576.html.
7. 由于无法通过发行债券来借贷，立法者只剩下两个选择：他们可以从联邦预算的其他部分挪出资金，或者通过征收更高的税款来获得新的收入。值得注意的是，如果立法者想通过某些规定，但不能就削减开支或增加税收以维持赤字平衡达成一致，则可以放弃这一规则。
8. Warren Mosler, *Soft Currency Economics II: What Everyone Thinks They Know About Monetary Policy Is Wrong*, 2nd ed. (Christiansted, USVI: Valance, 2012).
9. 有时，教科书承认政府可以印钞票，但这种融资方法很快就从正式的预算模型中删除了，理由是印钞票会导致通货膨胀。所以学生们被告知，政府必须通过征税或借贷来为其支出提供资金。
10. David Graeber, *Debt: The First 5,000 Years* (New York: Melville House, 2011); L. Randall

Wray, *Understanding Modern Money: The Key to Full Employment and Price Stability* (Cheltenham, UK: Edward Elgar, 2006); and Stephanie A. Bell, John F. Henry, and L. Randall Wray, "A Chartalist Critique of John Locke's Theory of Property, Accumulation, and Money: Or, Is It Moral to Trade Your Nuts for Gold?" *Review of Social Economy*, 62, 1 (2004):51–65.

11. 有大量文献追溯了国家发行货币的历史。有兴趣的读者可以参考 Christine Desan, Mathew Forstater, David Graeber, John Henry, Michael Hudson, and L. Ran dall Wray 的相关著作。

12. Buttonwood, "Monopoly Money," Buttonwood's notebook, *The Economist*, October 19, 2009, www.economist.com/buttonwoods-notebook/2009/10/19/monopoly-money.

13. 美联储是"所有美联储票据的发行机构"。作为政府的财政代理人，美联储以电子方式进行大部分支付，将数字美元存入一个叫作银行储备的账户。参见美国铸币局网页 www.usmint.gov/about。

14. Board of Governors of the Federal Reserve System, "About the Fed: Currency: The Federal Reserve Board's Role" (webpage), www.federalreserve.gov/aboutthefed/currency.htm.

15. Ale Emmons, "Senate Committee Votes to Raise Defense Spending for Second Year in a Row to $750 Billion," The Intercept, May 23, 2019, theintercept.com/2019/05/23/defense-spending-bill-senate/.

16. 我们可以像现代货币理论一样深入研究这些问题。如果想更详细地了解准备金的会计处理方法，包括美国财政部、美联储以及中间券商之间的日常协作等，请参见 Stephanie Kelton, Scott Fullwiler, and Eric Tymoigne 等人的著作。

17. Izabella Kaminska, "Why MMT Is Like an Autostereogram," FT Alphaville, *Financial Times* (London), February 22, 2012, ftalphaville.ft.com/2012/02/22/892201/why-mmt-is-like-an-autostereogram/.

18. Sally Helm and Alex Goldmark, hosts, interview Stephanie Kelton, "Modern Monetary Theory," *Planet Money*, NPR, September 26, 2018, 22:00, www.npr.org/templates/transcript/transcript.php?storyId=652001941.

19. 重要的是要记住，税收对州和地方政府来说是必要的。在州和地方一级，你的税款确实有助于支付教师、消防员、警察的薪水，以及地方基础设施和图书馆的建设与维护等。

20. 当涉及对抗通货膨胀的压力时，削减政府开支或增加税收等财政调整政策并不是唯一的选择。政府还可以利用非财政手段，如地方法规来减少需求，为政府支出腾出空间。当然，工资和物价控制也发挥了重要作用。参见 Yair Listokin, *Law and Macroeconomics: Legal Remedies to Recessions* (Cambridge, MA: Harvard University Press, 2019)。

21. Stephanie Kelton (née Bell), "Do Taxes and Bonds Finance Government Spending?" *Journal of Economic Issues* 34, no. 3 (2000): 603–620, DOI:10.1080/00213624.2000.11506296.

22. 每年 4 月 15 日前后有一个大的缴税高峰，但许多个人申报者和企业也按季度缴税，因此政府的金融机构全年都在处理数以万亿美元计的税款。

23. 目前，还有一些规则管理着许多会计惯例，影响国债的出售，以及美联储管理国债的方式。所有这些规则都是由国会制定的，因此国会可以随意更改。关于这一切的更多信息，可以参见 Eric Tymoigne, "Modern Money Theory and Interrelations Between the Treasury and Central Bank: The Case of the United States," *Journal of Economic Issues* 48, no. 3 (September 2014): 641–662。

24. 经济学家将此称为涓滴经济学（trickle-down economics）或供给学派经济学（supply-side economics）。该观点认为，减税释放了巨大的消费能量，刺激了投资和创新，为经济注入活力，以至于政府在减税的同时，最终也能收取更多的税款。2019 年，美国总统特朗普将总统自由勋章授予了推广这一学说的经济学家阿瑟·拉弗。

第二章　注意通货膨胀

1. 请注意，物价上涨是通货膨胀的必要条件，但不是充分条件。通货膨胀过程需要商品价格持续上涨，因此，必须在多个时间段内看到物价水平的不断上升才能构成通货膨胀。

2. John T. Harvey, "What Actually Causes Inflation (and Who Gains from It)," *Forbes*, May 30, 2011, www.forbes.com/sites/johntharvey/2011/05/30/what-actually-causes-inflation/#3ea806e9f9a9.

3. Aimee Picchi, "Drug Prices in 2019 Are Surging, with Hikes at 5 Times Inflation," CBS News, July 1, 2019, www.cbsnews.com/news/drug-prices-in-2019-are-surging-with-hikes-at-5-times-inflation/.

4. 货币主义源自 19 世纪占主导地位的货币数量论（QTM）。QTM 用一个简单的、不言而喻的费雪方程 $MV=PY$ 来解释引发通货膨胀的因素，其中 M 代表流通中的货币数量（现有货币供应量），V 代表货币的流通速度（或每个货币单位在一个时间段内的平均转手次数），P 代表物价水平，Y 代表实际总产值（实际商品和服务）。费雪方程式是一个不争事实，因为它从会计角度上表明，总支出（MV）等于一切生产和销售的名义价值（PY），这就像说，"国内生产总值的支出等于国内生产总值的支出"。具体而言，经济学家假设 V 足够稳定，可以被视为一个常数，而 Y 则倾向于在充分就业的情况下稳定下来。接着将整个方程式进行微分，那么 V 和 Y 的变化率就变成了零（常数没有变化率），剩下的方程式只有两个可以移动的变量：M 和 P。要让这个方程式运作，我们应用一些简单的运算（小圆点表示每个变量的变化率或增长率）。由于速度（V）和实际总产值（Y）被假设为常数，因此它们的增长率等于零，这给我们留下了一个方程式，表明通货膨胀率等于货币供应量的增长速度。为了得出著名的"通货膨胀永远是一种货币发行过多的现象"结论，米尔顿·弗里德曼简单地假设了货币与通货膨胀之间的因果关系。因此，如果中央银行允许货币供应量比以前增长两倍，那么它将使通货膨胀率翻倍。

5. 这个名称来源于著名的英国经济学家约翰·梅纳德·凯恩斯，其最有名的著作《就业、利息和货币通论》重新定义了20世纪40年代中期到60年代的经济学理论和实践。

6. 一位名叫A.W. 菲利普斯（A. W. Phillips）的经济学家的研究表明，失业率和名义工资增长率之间存在统计学上的相关性。数据显示了这两个变量之间的反比关系，这意味着一个变量的上升会带来另一个变量的下降。随着时间的推移，经济学家开始用物价通货膨胀率代替工资上涨率，并以菲利普斯曲线的形式直观地描述了通货膨胀与失业之间的关系。

7. 为了保持通货膨胀稳定，米尔顿·弗里德曼希望中央银行能够遵循一个严格的规则，即货币供应量（M）的增长速度应只允许与实体经济（Y）一样快。这样一来，假设货币收入速度（V）不变，物价（P）也将保持稳定。

8. 关于中央银行保持独立性的更多讨论，请参考L. Randall Wray, "Central Bank Independence: Myth and Misunderstanding," Working Paper No. 791, Levy Institute of Bard College, March 2014, www.levyinstitute.org/pubs/wp_791.pdf。

9. 美联储的目标是个人消费支出（PCE）。如果它完全达到目标，那么用于构建PCE的一篮子商品的平均价格将每年上升2%。更多信息参见Kristie Engemann, "The Fed's Inflation Target: Why 2 Percent?," Open Vault Blog, Federal Reserve Bank of St. Louis, January 16, 2019, www.stlouisfed.org/open-vault/2019/january/fed-inflation-target-2-percent。

10. Dimitri B. Papadimitriou and L. Randall Wray, "Flying Blind: The Federal Reserve's Experiment with Unobservables," Working Paper No. 124, Levy Economics Institute of Bard College, September 1994, www.levyinstitute.org/ pubs/wp124.pdf; and G. R. Krippner, *Capitalizing on Crisis: The Political Origins of the Rise of Finance* (Cambridge, MA: Harvard University Press, 2011).

11. 中央银行还使用其他工具来影响物价，包括储蓄政策、信贷和银行监管、汇率管理和市场结构调整政策等。然而，利率调整仍然是日常管理通货膨胀的主要工具。

12. 鉴于经济学界非常重视科学和数据驱动，很难不觉得这种方法有点形而上学且抽象。

13. William C. Dudley, "Important Choices for the Federal Reserve in the Future," speech delivered at Lehman College, Bronx, New York, April 18, 2018, www.newyorkfed.org/newsevents/speeches/2018/dud180418a.

14. Stephanie A. Kelton, "Behind Closed Doors: The Political Economy of Central Banking in the United States," Working Paper No. 47, University of Missouri–Kansas City, August 2005, www.cfeps.org/pubs/wp-pdf/WP47-Kelton.pdf.

15. 事实上，包括日本银行和欧洲央行在内的世界上大多数中央银行的任务，都不包括解决失业问题。相反，它们全权负责维持物价稳定。

16. 原因很简单。企业招聘是因为它们必须这样做，而不是因为它们想这样做。给劳动者付薪是出于必须，而不是对人类的仁慈。现今主宰世界的资本主义经济，对凯恩斯（以及在他之前的马克思）来说是货币生产经济，存在的唯一理由是利润。

17. William Vickrey, "Fifteen Fatal Fallacies," chapter 15 in *Commitment to Full Employment: Macroeconomics and Social Policy in Memory of William S. Vickrey*, ed. Aaron W. Warner, Mathew Forstater, and Sumner M. Rosen (London: Routledge, 2015), first published by M.E. Sharpe, 2000.

18. 2008—2013年，美联储执行了三轮量化宽松政策，从私人手中购买了价值数万亿美元的不动产抵押贷款和美国国债，以换取美联储的数字美元（即银行准备金）。这有助于降低长期利率，希望房主能够为不动产抵押贷款进行再融资，获得收入用于其他方面的支出，而企业将借贷并投资于长期资本财产，如建造新工厂和购买新设备等。

19. Ben Bernanke, "Monetary Policy Is Not a Panacea," congressional testimony, House Financial Services Committee, July 18, 2012, posted by Stephanie Kelton, MMT, YouTube, September 23, 2012, 0:10, www.youtube.com/watch?v=eS7OYMIprSw.

20. Abba Ptachya Lerner, *The Economic Steering Wheel: The Story of the People's New Clothes* (New York: New York University Press, 1983).

21. 勒纳还希望政府避免通过借贷（即出售美国国债）作为协调其财政运作的常规方式。因为政府是货币发行者，可以直接把钱投入经济，然后留在那里。回想一下我们的S（TAB）模型，勒纳只是想让政府进行支出，不一定需要用税收或借贷来支持这种支出，税收的增加只是为了消除通货膨胀的压力，而债券的出售只是为了支持更高的利率。

22. 现代货币理论经济学家，包括马修·福斯塔特、兰德尔·雷和帕芙丽娜·切尔涅娃，都建议围绕建设关怀经济开展工作，我们将在本书的最后一章中更仔细地研究就业保障问题。要想详细了解该计划如何管理、工作岗位的报酬是多少、它将支持哪些类型的工作以及它将如何影响整个经济，请参见 L. Randall Wray, Flavia Dantas, Scott Fullwiler, Pavlina R. Tcherneva, and Stephanie A. Kelton, *Public Service Employment: A Path to Full Employment*, Levy Economics Institute of Bard College, April 2018, www.levyinstitute.org/pubs/rpr_4_18.pdf.

23. 就业保障起源于小罗斯福总统的政策，他希望政府能将保障就业作为所有人的经济权利，也是马丁·路德·金、他的妻子科丽塔·斯科特·金和菲利普·伦道夫牧师领导的民权运动中的重要组成部分。有影响力的经济学家海曼·明斯基也主张将这样的计划作为其反贫困工作的关键支柱。值得注意的是，就业保障并不要求政策制定者使用类似非加速通货膨胀失业率的方法来推测劳动力市场的松弛程度，相反，政府只要宣布一个工资标准，然后雇佣每一个来找工作的人，如果没有人出现，这意味着经济已经在充分就业状态下运行，但如果有1 500万人出现，这就表明有大量的闲置资源。在真正意义上，这是确定经济到底有没有充分利用现有资源的唯一方法。

24. 这意味着联邦就业保障成为一个新的强制性支出类别，就像社会保险或医疗保险一样，这种支出是非自由裁量的，因为立法者不能以预算为由，像为基础设施、国防或教育方面的自由裁量支出那样，对就业保障的资金进行限制。

25. Pavlina R. Tcherneva, *The Case for a Job Guarantee* (Cambridge, UK: Polity Press, 2020).
26. Vickrey, "Fifteen Fatal Fallacies."
27. 在金融危机的高峰期，每个月约有 80 万美国人失去工作。
28. 从技术上来看，私人雇主可能会以低于就业保障计划规定的工资雇佣劳动者。例如，如果这份工作有特别慷慨的带薪休假、更灵活的工作安排、更便捷的公共交通或只是更好的职业发展选择等，一些人可能愿意以较低的工资工作。然而，我认为这些将是例外。
29. Arjun Jayadev and J. W. Mason, "Loose Money, High Rates: Interest Rate Spreads in Historical Perspective," *Journal of Post Keynesian Economics* 38, no. 1 (Fall 2015): 93–130.
30. 尽管有立法保护，但雇主仍有基于种族、性别、性取向和身体残疾的歧视，并对有前科的人和无家可归者存在偏见，联邦就业保障确保了所有人的就业权利。
31. 民主党高层在 2019 年与特朗普总统会面，商讨是否能找到一种方法让国会授权进行 2 万亿美元的基础设施建设方案。
32. 现代货币理论认识到，造成通货膨胀的原因，与需求压力过大可能毫无关联。要应对通货膨胀，需要锁定造成通胀压力的根本原因，并选择有针对性的政策，从源头上解决问题。
33. 更详细的讨论，请参见 Scott Fullwiler, "Replacing the Budget Constraint with an Inflation Constraint," New Economic Perspectives, January 12, 2015, www.researchgate.net/publication/281853403_Replacing_the_Budget_Constraint_with_an_Inflation_Constraint/citation/download。

第三章　国家负债（事实并非如此）

1. 由亿万富翁彼得·G. 彼得森资助，他几十年来一直积极支持社会保险私有化。获得奖项的三名委员会成员，分别是缅因州的独立参议员安格斯·金和来自弗吉尼亚州的民主参议员马克·华纳和蒂姆·凯恩。
2. Christina Hawley Anthony, Barry Blom, Daniel Fried, Charles Whalen, Megan Carroll, Avie Lerner, Amber Marcellino, Mark Booth, Pamela Greene, Joshua Shakin et al., *The Budget and Economic Outlook: 2015 to 2025*, Congressional Budget Office, 2015, www.cbo.gov/sites/default/files/114th-congress-2015-2016/reports/49892-Outlook2015.pdf.
3. 这是第六章的主题。
4. 2018 年 6 月，外国政府及私人投资者手中持有 6.2 万亿美元的政府债券，约占美国政府债券总额的 1/3。
5. Edward Harrison, "Beijing Is Not Washington's Banker," Credit Writedowns, February 22, 2010, creditwritedowns.com/2010/02/beijing-is-not-washingtons-banker.html.
6. Edward Harrison, "China Cannot Use Its Treasury Holdings as Leverage: Here's Why," Credit

Writedowns, April 7, 2018, creditwritedowns.com/2018/04/china-cannot-use-its-treasury-holdings-as-leverage-heres-why.html.

7. 长期利率反映了未来短期利率的预期路径，再加上期限溢价，这本身就反映了安全资产的总体供需情况。期限溢价可以自行变动，但短期利率的未来路径波动不大，因为基于市场对中央银行未来设定短期利率的集体预期，联邦基金期货市场会提供给我们这些利率的大概数值（在期货市场上，交易者直接押注美联储将如何调整联邦基金利率，它们的盈亏直接取决于猜对或猜错。根据统计，联邦基金期货市场是预测最为准确的地方）。这使中央银行对长期利率具有相当强的影响力，为了行使更强有力的控制，中央银行可以有效地设定整个收益率曲线的利率，正如日本所做的那样。

8. "债券义和团"一词指的是金融市场（或更准确地说，金融市场中的投资者）的力量，迫使政府债券等金融资产的价格急剧波动，从而造成利率意外波动。最终，欧洲央行确实遏制了"债券义和团"，但代价是对希腊人民实施严苛的紧缩政策。参见 Yanis Varoufakis, *Adults in the Room: My Battle with Europe's Deep Establishment* (New York: Farrar, Straus and Giroux, 2017)。

9. 参议员杰夫·塞申斯在批评奥巴马总统的预算草案时说，"明年美国可能会像希腊一样"。国会议员保罗·瑞安提出了类似的论点，他警告说，"总统的预算忽略了我们的债务攀升，使美国危险地接近欧洲式的危机"。参见 Jennifer Bendery, "Paul Ryan, Jeff Sessions Warn Obama's Budget Could Spur Greek-Style Debt Crisis," Huffpost, February 13, 2012, www.huffpost.com/entry/paul-ryan-jeff-sessions-obama-budget-greece_n_1273805。

10. Alex Crippen, "Warren Buffett: Failure to Raise Debt Limit Would Be 'Most Asinine Act' Ever by Congress," CNBC, April 30, 2011, www.cnbc.com/id/42836791。

11. Warren Buffett, "We've Got the Right to Print Our Own Money So Our Credit Is Good," excerpt of *In the Loop* interview with Betty Liu, Bloomberg Television, July 8, 2011, posted by wonkmonk, YouTube, January 5, 2014, 0:31, www.youtube.com/watch?v=Q2om5yvXgLE。

12. 美国国债有不同的期限。政府发行的长期债券包括在十年到三十年内到期的债券：国库券，期限在一至十年；十年期抗通货膨胀债券（TIPS）；以及期限为 13 周、26 周和 52 周的 T-bills，大多数可以以不同的面额购买。长期的三十年期债券，价格从 1 000 美元到 100 万美元不等。参见 Investor Guide, "The 4 Types of U.S. Treasury Securities and How They Work" (webpage), Investorguide.com,www.investorguide.com/article/11679/4-types-of-u-s-treasury-securities-and-how-they-work-igu/。

13. 劳伦斯·科特利科夫是一位煽动派经济学家，他通常将国债称为一种"财政上的虐待儿童事件"，他将美国政府的财政失衡描述为一种庞氏骗局。我完全不同意他的观点。参见 Joseph Lawler, "Economist Laurence Kotlikoff: U.S. $222 Trillion in Debt," RealClear Policy, November 20, 2012,www.realclearpolicy.com/blog/2012/12/01/economist_laurence_kotlikoff_us_222_trillion_in_debt_363.html。

14. Patrick Allen, "No Chance of Default, US Can Print Money: Greenspan," CNBC, August 7, 2011, updated August 9, 2011, www.cnbc.com/id/44051683.
15. Niv Elis, "CBO Projects 'Unprecedented' Debt of 144 Percent of GDP by 2049," *The Hill*, June 25, 2019, thehill.com/policy/finance/450180-cbo-projects-unprecedented-debt-of-144-of-gdp-by-2049.
16. Jared Bernstein, "Mick Mulvaney Says 'Nobody Cares' About Deficits. I Do. Sometimes," *Washington Post*, February 6, 2019, www.washington post.com/outlook/2019/02/06/mick-mulvaney-says-nobody-cares-about-deficits-i-do-sometimes/.
17. "Dear Reader: You Owe $42,998.12," *Time* magazine cover, April 14, 2016, time.com/4293549/the-united-states-of-insolvency/.
18. James K. Galbraith, "Is the Federal Debt Unsustainable?" Policy Note, Levy Economic Institute of Bard College, February 2011, www.levyinstitute.org/pubs/pn_11_02.pdf.
19. Olivier Blanchard, "Public Debt and Low Interest Rates," Working Paper 19-4, PIIE, February 2019, www.piie.com/publications/working-papers/public-debt-and-low-interest-rates.
20. Greg Robb, "Leading Economist Says High Public Debt 'Might Not Be So Bad,'" MarketWatch, January 7, 2019, www.marketwatch.com/story/leading-economist-says-high-public-debt-might-not-be-so-bad-2019-01-07.
21. David Harrison and Kate Davidson, "Worry About Debt? Not So Fast, Some Economists Say," *Wall Street Journal*, February 17, 2019, www.wsj.com/articles/worry-about-debt-not-so-fast-some-economists-say-1155 0414860.
22. Scott T. Fullwiler, "Interest Rates and Fiscal Sustainability," Working Pater No. 53, Wartburg College and the Center for Full Employment and Price Stability, July 2006, www.cfeps.org/pubs/wp-pdf/WP53-Fullwiler.pdf.
23. Scott T. Fullwiler, "The Debt Ratio and Sustainable Macroeconomic Policy," *World Economic Review* (July 2016): 12–42, www.researchgate.net/publication/304999047_The_Debt_Ratio_and_Sustainable_Macroeconomic_Policy.
24. Ibid.
25. Ibid. 这与政府支付的利率有关。
26. Galbraith, "Is the Federal Debt Unsustainable?"
27. Japan Macro Advisors, "General Government Debt and Asset," December 20, 2019, www.japanmacroadvisors.com/page/category/economic-indicators/balancesheets/general-government/.
28. Fullwiler, "Interest Rates and Fiscal Sustainability."
29. 在财政部与美联储达成协议之前，美联储一直严格控制着长期利率，拒绝让利率攀升到 2.5% 以上。在固定汇率制度下，控制收益率曲线是不可能的，因为内部利率变得互相关联，政府债务需要和另一种资产选择相竞争，即按政府规定的利率将本国货币兑换成储备资产的选择。参见 Warren Mosler and Mathew Forstater, "A General Framework for the Analysis of Currencies and Commodities," in ed. Paul Davidson and Jan Kregel, *Full Employment and Price Stability in a Global Economy* (Cheltenham, UK: Edward Elgar, 1999), cas2.umkc.edu/econ/economics/faculty/Forstater/papers/Book ChaptersEnclopediaEntries/GeneralFrameworkAnalysisOfCurrencies Commidities.pdf。

30. 美联储自1942年开始锁定利率。参见 Jessie Romero, "Treasury-Fed Accord, March 1951" (webpage), Federal Reserve History, November 22, 2013, www.federalreservehistory.org/essays/treasury_fed_accord。

31. 关于现代货币理论对美联储独立性的描述，参见 L. Randall Wray, "Central Bank Independence: Myth and Misunderstanding," Working Paper No. 791, Levy Economics Institute of Bard College, March 2014, www.levyinstitute.org/pubs/wp_791.pdf。

32. 据报道，美联储已经开始思考控制长期收益率曲线的可能性。参见 Leika Kihara, Howard Schneider, and Balazs Koranyi, "Groping for New Tools, Central Banks Look at Japan's Yield Controls," Reuters, July 15, 2019, www.reuters.com/article/us-usa-fed-ycc/groping-for-new-tools-central-banks-look-at-japans-yield-controls-idUSKCN1UA0E0。

33. Japan Macro Advisors, "Japan JGBs Held by BoJ" (webpage), Economic Indicators, www.japanmacroadvisors.com/page/category/economic-indicators/financial-markets/jgbs-held-by-boj/。

34. Eric Lonergan, Drobny Global Monitor (blog), Andres Drobny, Drobny Global LP, December 17, 2012, www.drobny.com/assets/_control/content/files/Drobny_121712_10_24_13.pdf。

35. 一些债券市场的投机者认为，日本的公共债务远远超过了国内生产总值的200%，正处于崩溃的边缘。一些债券交易员认为，日本政府不可能维持如此高的债务水平，于是通过卖空日本政府债券来押注。凯尔·巴斯（Kyle Bass）因在这种交易中损失巨大而臭名昭著，这种交易被广泛称为"寡妇交易"。参见 Wayne Arnold, "Japan's Widow-Maker Bond Trade Still Looks Lethal" (blog), Reuters, June 6, 2011, blogs.reuters.com/breakingviews/2011/06/06/japans-widow-maker-bond-trade-still-looks-lethal/。

36. 货币数量论（QTM）在第二章的注释4有详细解释。

37. Milton Friedman, "The Counter-Revolution in Monetary Theory," IEA Occasional Paper, no. 33, Institute of Economic Affairs, 1970, milton friedman.hoover.org/friedman_images/Collections/2016c21/IEA_1970.pdf。

38. 截至2019年7月，美联储持有约13%市场上可流通的美国国债，它只需要存入银行准备金，就可以用同样的方式购买剩余的87%国债。参见 Kihara, Schneider, and Koranyi, "Groping for New Tools"。

39. 有兴趣的读者，请参见 Interested readers might enjoy Carl Lane, *A Nation Wholly Free: The*

Elimination of the National Debt in the Age of Jackson (Sellersville, PA: Westholme, 2014).

40. 联邦储备系统是依据1913年颁布的《联邦储备法》建立的。

41. 国债支付本金和利息。你可能购买了票面利率为5%的10年期债券，支付给政府1 000美元，政府在这10年内每年支付给你50美元作为利息，并在第10年末，将1 000美元本金退还给你。

42. David A. Levy, Martin P. Farnham, and Samira Rajan, Where Profits Come From (Kisco, NY: Jerome Levy Forecasting Center, 2008), www.levyforecast.com/assets/Profits.pdf.

43. 在第五章我们会看到，拥有贸易顺差的国家对财政赤字的依赖程度大大降低，但是像美国这样长期存在贸易逆差的国家，有财政赤字的存在会比较好，因为没有赤字，经济就不可能一直增长。参见 Wynne Godley, "What If They Start Saving Again? Wynne Godley on the US Economy," London Review of Books 22, no. 13 (July 6, 2000), www.lrb.co.uk/v22/n13/wynne-godley/what-if-they-start-saving-again。

44. Frederick C. Thayer, "Balanced Budgets and Depressions," American Journal of Economics and Sociology 55, no. 2 (1996): 211–212, JSTOR, www.jstor.org/stable/3487081。

45. Ibid.

46. 在第四章中会有详细的叙述。另参见 Scott Fullwiler, "The Sector Financial Balances Model of Aggregate Demand (Revised)," New Economic Perspectives, July 26, 2009, neweconomicperspectives.org/2009/07/sector-financial-balances-model-of_26.html。

47. 《1999》是美国歌手 Prince 在1982年的一首单曲。

48. 美国国家公共电台在2011年，通过《信息自由法案》（FOIA）获得了现已公开的副本。关于背后的事件，参见 David Kestenbaum, "What If We Paid Off the Debt? The Secret Government Report," Planet Money, NPR, October 20, 211, www.npr.org/seetions/money/2011/10/21/141510617/what-if-we-paid-off-the-debt-the-secret-government-report。

49. 这个利率被称为联邦基金利率，是银行在隔夜市场向另一家银行借出当日超额准备金时收取的利率。当联邦储备系统中有大量的准备金时，准备金不足的银行不必支出太多，就可以从拥有超额准备金的银行借贷，因为容易获得，所以非常便宜。为了降低利率，美联储只需要保证银行体系的准备金充足，利率就会自然下降，美联储可以通过购买债券来实现上述过程。

50. 有人担心，如果美联储不得不购买其他种类的金融资产，那么看起来就好像在选择谁赢谁输。参见 Kestenbaum, "What If We Paid Off the Debt?"。

51. 在金融危机之前，美国经济高速增长，收入急剧上升，这主要是股市泡沫的结果，加速了经济增长，使预算转为盈余。随着股市泡沫从2001年1月开始消失，经济陷入衰退，财政盈余并不是造成经济衰退的原因，但确实为2007年开始更严重的金融危机埋下了伏笔。参见 Wynne Godley, Seven Unsustainable Processes (Annandale-on-Hudson, NY: Jerome Levy Economics Institute, 1999), www.levyinstitute.org/pubs/sevenproc.pdf。

52. 除了购买美国国债，美联储还购买了不动产抵押贷款债券（MBS）和政府资助的房贷企业房利美（Fannie Mae）和房地美（Freddie Mac）所发行的企业债券。
53. 美联储于 2014 年正式结束量化宽松政策，那时美联储的资产负债表上有 2.8 万亿美元的美国国债，这是公开持有的 12.75 万亿美元美国国债的 22%。
54. 详细的讨论，参见 Scott T. Fullwiler, "Paying Interest on Reserve Balances: It's More Significant than You Think," Social Science Research Network, December 1, 2004, papers.ssrn.com/sol3/papers.cfm?abstract_id=1723589。
55. 美联储主席珍尼特·耶伦表示，尽管已经习惯于量化宽松政策，但她希望美联储再也不必使用这一手段。她还表示，如果美联储不得不再次实施量化宽松政策，就需要考虑购买更广泛的金融资产。
56. 这需要授权美联储进行透支，发行白金硬币或新的数字货币。
57. 有一些人担心这会导致通货膨胀，虽然他们认为债券融通赤字的通货膨胀率低于货币融通赤字的通货膨胀率。现代货币理论证明这是错误的，关键仍在于支出，而不是政府是否能够通过购买债券来调节支出。参见 Stephanie Kelton and Scott Fullwiler, "The Helicopter Can Drop Money, Gather Bonds or Just Fly Away," *Financial Times*, December 12, 2013, ftalphaville.ft.com/2013/12/12/1721592/guest-post-the-helicopter-can-drop-money-gather-bonds-or-just-fly-away-3/。
58. 当然，没有理由将其与财政预算程序绑在一起。例如，我们可以建立另外一个独立的储蓄机构，向符合条件的对象发行付息债券。实际上，美联储在 2008 年制订了这样的计划，即定期存款机制（Term Deposit Facillity）。参见 The Federal Reserve, "Term Deposit Facility" (webpage), www.frbservices.org/central-bank/reserves-central/term-deposit-facility/index.html。
59. 美国宪法于 1789 年正式生效，同年美国联邦政府成立。

第四章　他们的赤字是我们的盈余

1. Congressional Budget Office, *The 2019 Long-Term Budget Outlook* (Washington, DC: CBO, June 2019), www.cbo.gov/system/files/2019-06/55 331-LTBO-2.pdf.
2. Paul Krugman, "Deficits Matter Again," *New York Times*, January 9, 2017, www.nytimes.com/2017/01/09/opinion/deficits-matter-again.html.
3. George F. Will, "Fixing the Deficit Is a Limited-Time Offer," *Sun* (Lowell, Massachusetts), www.lowellsun.com/2019/03/12/george-f-will-fixing-the-deficit-is-a-limited-time-offer/.
4. 委员会的听证会通常在美国公共事务有线电视网（C-SPAN）中直播。参见 Jason Furman, "Options to Close the Long-Run Fiscal Gap," testimony before the US Senate Committee on Budget, January 31, 2007, www.brookings.edu/wp-content/uploads/2016/06/

furman20070131S-1.pdf。

5. 凯恩斯主义经济学家常见的论点是在特殊情况下才不会发生挤出效应，在这种情况下（通常被称为流动性陷阱），赤字上升并不会导致利率上升，因为利率保持为零。在这种情况下，政府可以放心地增加赤字，而不必担心利率上升会排挤私人投资（因为利率被设定为零）。这为政府提供了一个无须任何考量即可增加支出的机会，一旦利率开始变动，挤出效应就会立刻回应，我们会看到现代货币理论拒绝这种说法：挤出效应并非在特殊情况下才能避免。

6. Jonathan Schlefer, "Embracing Wynne Godley, an Economist Who Modeled the Crisis," *New York Times*, September 10, 2013, www.nytimes.com/2013/09/11/business/economy/economists-embracing-ideas-of-wynne-godley-late-colleague-who-predicted-recession.html.

7. Ibid.

8. Post Editorial Board, "Locking in a Future of Trillion-Dollar Deficits," *New York Post*, July 23, 2019, nypost.com/2019/07/23/locking-in-a-future-of-trillion-dollar-deficits/.

9. Wynne Godley, *Seven Unsustainable Processes* (Annandale-on-Hudson, NY: Jerome Levy Economics Institute, 1999), www.levyinstitute.org/pubs/sevenproc.pdf.

10. "Life After Debt," second interagency draft, November 2, 2000, media.npr.org/assets/img/2011/10/20/LifeAfterDebt.pdf.

11. 戈德利与利维经济研究所的另一位经济学家兰德尔·雷合著了一些研究成果，两人都明白，只有当国内私营部门的支出持续超过其收入（即形成支出赤字）时，克林顿式的政府盈余才有可能发生。他们解释道，问题在于私营部门是货币使用者，而不是货币发行者，因此不能永远处于赤字状态。詹姆斯·K.加尔布雷斯是另一位有着相同见解的经济学家，虽然难以置信，但加尔布雷斯说，当他指出克林顿总统的财政盈余并不是那么值得庆祝的成就时，遭到了其他经济学家的嘲笑。

12. Katie Warren, "One Brutal Sentence Captures What a Disaster Money in America Has Become," Business Insider, May 23, 2019, www.businessinsider.com/bottom-half-of-americans-negative-net-worth-2019-5.

13. 你可能会认为政府盈余是国民储蓄的一种，千万不要这样想！请记得，山姆大叔与我们其他人都不同，他发行美元，而我们其他人只是使用美元。山姆大叔可以花自己没有的钱，当他从我们手中拿走美元时，他并没有变得更富有。政府可以像1998—2001年那样实现财政盈余，但是当出现那个正数符号时，政府究竟能"得到"什么呢？答案其实是什么都没有。就像橄榄球裁判官布触地得分，认定传球时接球球员已经出界了，所以减了6分一样，我们的财政记分员从看板上减去一些数字，但实际上他没有得到任何回报。从货币发行者的角度来看，一桶美元的作用就像橄榄球比赛中的一桶积分一样，都没有什么用处。抛开政治因素不谈，今天的财政盈余并不能使政府在未来能花更多的钱。

14. 许多主流的宏观经济学理论仍继续利用这种可贷资金理论来看待利率，凯恩斯在他的名

注 释　273

著《就业、利息和货币通论》中力图消除这些想法，但不幸的是，将近一个世纪之后，这种古老（并错误）的理论仍然不断出现在我们的生活之中。

15. Scott Fullwiler, "CBO — Still Out of Paradigm After All These Years," New Economic Perspectives, July 20, 2014, neweconomicperspectives.org/2014/07/cbo-still-paradigm-years.html.

16. 金融净资产包括流通中的货币、银行准备金和未清偿的政府债券。

17. 我们在这里谈论的是使用主权货币运作的政府，例如美国、日本、英国和澳大利亚。参见 L. Randall Wray, "Keynes after 75 Years: Rethinking Money as a Public Monopoly," Working Paper No. 658, Levy Economics Institute of Bard College, March 2011, www.levyinstitute.org/pubs/wp_658.pdf。

18. 如在前言中所定义。

19. 如果需要复习债券在现代货币理论中的作用，请参见第一章。如果还想了解更多，请参阅现代货币理论经济学家艾瑞克·提摩尹（Eric Tymoigne）的著作，他详细分析了美国政府财政和货币运作的情况。参见 Tymoigne, "Government Monetary and Fiscal Operations: Generalising the Endogenous Money Approach," *Cambridge Journal of Economics* 40, no. 5 (2018): 1317–1332, sci-hub.se/https://academic.oup.com/cje/article-abstract/40/5/1317/1987253。

20. 例如，可以授予美联储发行有价证券的权力。有关中央银行发行有价证券的更多信息，请见 Simon Gray and Runchana Pongsaparn, "Issuance of Central Bank Securities: International Experiences and Guidelines," IMF Working Paper, 2015, www.imf.org/external/pubs/ft/wp/2015/wp15106.pdf; and Garreth Rule, *Centre for Central Banking Studies: Issuing Central Bank Securities* (London: Bank of England, 2011), www.bankofengland.co.uk/-/media/boe/files/ccbs/resources/issuing-central-bank-securities。

21. 国债一级市场交易商的特殊地位，在于其需要"以合理的竞标价格按比例在所有国库拍卖中投标"。这表示每个一级交易商都必须为自己的拍卖份额进行投标，其可以提高或降低出价，但不能选择不参加竞标，每次都必须出价竞标一部分的国债。参见 "Primary Dealers" (webpage), Federal Reserve Bank of New York, www.newyorkfed.org/markets/primarydealers。

22. 这是 2019 年 8 月的实际月度赤字金额。参见 Jeffry Bartash, "U.S. Budget Deficit in August Totals $200 Billion, on Track to Post Nearly $1 Trillion Gap in 2019," Market Watch, September 12, 2019, www.marketwatch.com/story/budget-deficit-in-august-totals-200-billion-us-on-track-to-post-nearly-1-trillion-gap-in-2019-2019-09-12。

23. 通常一次竞标中包含长期债券和短期债券，包括被称为国库券等在一年或更短时间内到期的短期债券、两年至十年到期的债券以及三十年期的长期债券。更多关于竞标和日程的讨论，详见 "General Auction Timing" (webpage), Treasury-Direct, www.treasurydirect.gov/instit/auctfund/work/auctime/auctime.htm。

24. 一级市场交易商（或其代理银行）使用准备金（即其在纽约联邦储备银行的支票账户）购买政府债券。

25. 拥有固定利率政府债券的主要风险之一，就是通货膨胀。如果债券利率固定在 2%，而通货膨胀率每年稳定在 2.5%，那么这项投资的实质（即经通货膨胀调整后）收益就是负 0.5%，财政部为那些想要抵御通货膨胀风险的投资者设计和出售抗通货膨胀债券（TIPS）。参见 "Treasury Inflation-Protected Securities (TIPS)" (webpage), TreasuryDirect, www.treasurydirect.gov/instit/marketables/tips/tips.htm。

26. Stephanie Kelton, "Former Dept. Secretary of the U.S. Treasury Says Critics of MMT are 'Reaching,'" New Economic Perspectives, October 30, 2013, neweconomicperspectives.org/2013/10/former-dept-secretary-u-s-treasury-says-critics-mmt-reaching.html。

27. 在 1951 年《财政部—美联储系统协议》发布后，美联储被允许停止针对最短期限以上的收益率曲线。长期以来，美联储一直想把国债的利率（超过最短期限）留给市场，现在它终于可以这样做了。但事实上，有效的国债私人市场需要私人金融机构来交易它们。美联储为此设计了一个初级交易商系统，这些初级交易商过去和现在大多是大银行的子公司，初级交易商成为美联储操作的对手方，以便在短期利率中达到利率目标，这成为其官方政策变量。在这些操作中，美联储通过从交易商那里购买国债（黄色美元）来为银行系统增加绿色美元。为了运行其货币政策，美联储显然需要一个高效和稳定的初级交易商系统。实质上，为了做到这一点，把国债的利率留给市场，同时也做自己的货币政策，美联储必须（至少隐含地）确保交易商能够以美联储的利率目标或大致上以美联储的利率目标为他们购买国债提供资金。这就是为什么说美联储"支持"一级市场交易商，而一级市场交易商又代表美国财政部"制造市场"。

28. 联邦基金利率是银行在隔夜市场借入准备金时相互收取的利率。有准备金余额的银行不希望持有的准备金借给另一家银行。这是一个隔夜贷款，所以借出的银行在第二天就能拿回储备金以及利息。参见 Scott Fullwiler, "Modern Central Bank Operations-The General Principles," chapter 2 in ed. Louis-Philippe Rochon and Sergio Rossi, *Advances in Endogenous Money Analysis* (Cheltenham, UK: Edward Elgar, 2017), 50–87。

29. 基本上有两种方法来支持正利率：通过出售美国国债来消耗多余的储备金余额；按照美联储的目标利率支付储备金利息（IOR）。参见 Scott T. Fullwiler, "Setting Interest Rates in the Modern Money Era," Working Paper No. 34, Wartburg College and the Center for Full Employment and Price Stability, July 1, 2004, papers.ssrn.com/sol3/papers.cfm?abstract_id=1723591。

30. L. Randall Wray, "Deficits, Inflation, and Monetary Policy," *Journal of Post Keynesian Economics* 19, no. 4 (Summer 1997), 543。

31. 收益率曲线是一条显示不同期限的债务工具的利率曲线（或图形）。

32. 从前言中可以看出，我们对货币主权的定义包括那些以非固定货币，即只能由政府或其财政代理人发行的浮动汇率货币进行征税、借贷和支出的国家。

33. 如今，协调赤字支出与债券销售是标准的操作程序，但它不一定是这样的。国会总是可以重写其操作程序以改变这种做法，特别是现在美联储不再需要获得政府债券来达到其短期利率目标。一个具有技术性但真正创新的替代方案是让美联储确定其愿意为短期或长期债券或定期存款支付的利率，并允许私营部门购买任何数量的债券，而剩余的赤字则作为零利率储备金余额放置。

34. Dan McCrum, "Mario Draghi's 'Whatever It Takes' Outcome in 3 Charts," *Financial Times* (London), July 25, 2017, www.ft.com/content/82c 95514-707d-11e7-93ff-99f383b09ff9.

35. Warren Mosler and Mathew Forstater, "The Natural Rate of Interest Is Zero," Center for Full Employment and Price Stability, University of Missouri–Kansas City, December 2004, www.cfeps.org/pubs/wp-pdf/WP37-MoslerForstater.pdf.

36. Ibid.

37. Timothy P. Sharpe, "A Modern Money Perspective on Financial Crowding-out," *Review of Political Economy* 25, no. 4 (2013): 586–606.

38. William Vickrey, "Fifteen Fatal Fallacies," chapter 15 in *Commitment to Full Employment: Macroeconomics and Social Policy in Memory of William S. Vickrey*, ed. Aaron W. Warner, Mathew Forstater, and Sumner M. Rosen (London: Routledge, 2015), first published by M.E. Sharpe, 2000.

第五章　在贸易中"获胜"

1. Fox News, "Transcript of the 2015 GOP Debate," Cleveland, Ohio, August 7, 2015, CBS News website, www.cbsnews.com/news/transcript-of-the-2015-gop-debate-9-pm/.

2. Aimee Picchi, "Fact Check: Is Trump Right That the U.S. Loses $500 Billion in Trade to China?" CBS News, May 6, 2019, www.cbsnews.com/news/trump-china-trade-deal-causes-us-to-lose-500-billion-claim-review/.

3. Action News, "President Trump Visits Shell Cracker Plant in Beaver County," Pittsburgh's Action News, August 13, 2019, www.wtae.com/article/president-trump-shell-cracker-plant-beaver-county-pennsylvania/28689728#.

4. Ginger Adams Otis, "Clinton-Backing AFL-CIO Boss Trumka Visits President-elect Trump on Friday," *New York Daily News*, January 13, 2017, www.nydailynews.com/news/national/clinton-backing-afl-cio-boss-trumka-talks-trade-trump-article-1.2945620.

5. Robert E. Scott and Zane Mokhiber, "The China Toll Deepens," Economic Policy Institute, October 23, 2018, www.epi.org/publication/the-china-toll-deepens-growth-in-the-bilateral-trade-deficit-between-2001-and-2017-cost-3-4-million-u-s-jobs-with-losses-in-every-state-and-

congressional-district/.

6. Mark Hensch, "Dems Selling 'America Is Already Great' Hat," *The Hill*, October 9, 2015, thehill.com/blogs/blog-briefing-room/news/256571-dems-selling-america-is-already-great-hat.

7. Jim Geraghty, "Chuck Schumer: Democrats Will Lose Blue-Collar Whites but Gain in the Suburbs," *National Review*, July 28, 2016, www.nationalreview.com/corner/chuck-schumer-democrats-will-lose-blue-collar-whites-gain-suburbs/.

8. Wynne Godley, "What If They Start Saving Again? Wynne Godley on the US Economy," *London Review of Books* 22, no. 13 (July 6, 2000), www.lrb.co.uk/v22/n13/wynne-godley/what-if-they-start-saving-again.

9. 严格来说，山姆大叔的赤字必须超过经常项目赤字（不仅仅是贸易赤字），才能使美国私营部门保持盈余。经常项目赤字是指贸易资产加上其他一些国际付款，两者经常交替使用，但在一些国家，两者的差别可能很大。参见 William Mitchell, L. Randall Wray, and Martin Watts, Macroeconomics (London: Red Globe Press, 2019)。

10. 美国政府也可以把美元直接加到国外的桶里。例如，如果它从欧洲空客公司购买飞机，而不是从美国波音公司购买，这项支出将把美元放入外国部门的桶里，而不是美国私营部门的桶里。

11. Donald J. Trump, Tweet, December 2, 2019, twitter.com/realDonaldTrump/status/1201455858636472320?s=20.

12. Mamta Badkar, "Watch How Germany Ate Everyone Else's Lunch After the Euro Was Created," *Business Insider*, July 18, 2012, https://www.businessinsider.com/presentation-german-current-account-balance-2012-7.

13. Pavlina R. Tcherneva, "Unemployment: The Silent Epidemic," Working Paper No. 895, Levy Economics Institute of Bard College, August 2017, www.levyinstitute.org/pubs/wp_895.pdf.

14. US Department of Labor, "Trade Adjustment Assistance for Workers" (webpage), www.doleta.gov/tradeact/.

15. Candy Woodall, "Harley-Davidson Workers Say Plant Closure after Tax Cut Is Like a Bad Dream," *USA Today,* May 27, 2018, updated May 28, 2018, www.usatoday.com/story/money/nation-now/2018/05/27/harley-davidson-layoffs/647199002/.

16. Committee on Decent Work in Global Supply Chains, "Resolution and Conclusions Submitted for Adoption by the Conference," International Labour Conference, ILO, 105th Session, Geneva, May–June 2016, www.ilo.org/wcmsp5/groups/public/---ed norm/---relconf/documents/meeting document/wcms_489115.pdf.

17. Office of the Historian, "Nixon and the End of the Bretton Woods System, 1971–1973," Milestones: 1969–1976, history.state.gov/milestones/1969-1976/nixon-shock.

18. Kimberly Amadeo, "Why the US Dollar Is the Global Currency," The Balance, December 13,

2019, www.thebalance.com/world-currency-3305931.

19. Brian Reinbold and Yi Wen, "Understanding the Roots of the U.S. Trade Deficit," St. Louis Fed, August 16, 2019, medium.com/st-louis-fed/understanding-the-roots-of-the-u-s-trade-deficit-534b5cb0e0dd.

20. L. Randall Wray, "Does America Need Global Savings to Finance Its Fiscal and Trade Deficits?," *American Affairs* 3, no. 1 (Spring 2019), american affairsjournal.org/2019/02/does-america-need-global-savings-to-finance-its-fiscal-and-trade-deficits/.

21. L. Randall Wray, "Twin Deficits and Sustainability," Policy Note, Levy Economics Institute of Bard College, March 2006, www.levyinstitute.org/pubs/pn_3_06.pdf.

22. 特别是 1997 年的亚洲金融危机告诉世界，如果国家不能保持外汇储备，尤其是在没有资本控制的情况下，只盯住汇率是不明智的。参见 Wray, "Twin Deficits and Sustainability"。

23. Scott Ferguson, Maxximilian Seijo, and William Saas, "The New Postcolonial Economics with Fadhel Kaboub," MR Online, July 7, 2018, mronline.org/2018/07/07/the-new-postcolonial-economics-with-fadhel-kaboub/.

24. Noureddine Taboubi, "Strikes Overturn Wage Cuts, but IMF Blind ness Risks Ruining Tunisia," Bretton Woods Project, April 4, 2019, www.brettonwoodsproject.org/2019/04/strikes-overturn-wage-bill-but-imf-blindness-risks-ruining-tunisia/.

25. John T. Harvey, *Currencies, Capital Flows and Crises: A Post Keynesian Analysis of Exchange Rate Determination* (Abingdon, UK: Routledge, 2009).

26. Bill Mitchell, "Modern Monetary Theory in an Open Economy," Modern Monetary Theory, October 13, 2009, bilbo.economicoutlook.net/blog/?p=5402.

27. 可以预见的是，沃尔克的突然措施对美国工人造成了冲击，中西部的工厂大量关闭，美国失去了对日本等国的制造业竞争力。如果那时美国政府采取现代货币理论学者和经济学前辈的建议，或像许多美国民权活动家所建议的那样，建立一个就业保障系统，使经济自动稳定在充分就业的状态，也许可以避免这场灾难的发生。

28. Jamee K. Moudud, "Free Trade Free for All: Market Romanticism versus Reality," Law and Political Economy (blog), March 26, 2018, lpeblog.org/2018/03/26/free-trade-for-all-market-romanticism-versus-reality/#more-620.

29. 这就是 2018 年发生在土耳其的情况。当北大西洋国家开始提高利率时，土耳其因为依赖外国借贷以及随之而来的预算赤字，让整个国家经济严重受创。参见 Julius Probst, "Explainer: Why Some Current Account Imbalances Are Fine but Others Are Catastrophic," The Conversation, August 21, 2018, theconversation.com/explainer-why-some-current-account-imbalances-are-fine-but-others-are-catastrophic-101851。

30. 这往往意味着进口几乎已经完成的商品，只是完成最后的制造过程，卡布和其他经济学家将此称为低附加值内容。参见 Scott Ferguson and Maxximilian Seijo, "The New

Postcolonial Economics with Fadhel Kaboub," *Money on the Left* (podcast), Buzzsprout, July 7, 2018, 1:14:25, transcript of interview, www.buzzsprout.com/172776/745220。

31. James K. Galbraith, *The Predator State: How Conservatives Abandoned the Free Market and Why Liberals Should Too* (New York: Free Press, 2008).

32. 迪安·贝克（Dean Baker）指出，尽管特朗普虚张声势，"通用电气、波音、沃尔玛和其他企业并没有因为我们对中国的贸易逆差而有所损失。事实上，贸易逆差是这些企业努力增加利润的结果"。参见 Dean Baker, "Media Go Trumpian on Trade," Beat the Press, CEPR, August 23, 2019, cepr.net/blogs/beat-the-press/media-go-trumpian-on-trade。

33. Mitchell, "Modern Monetary Theory."

34. Pavlina R. Tcherneva and L. Randall Wray, "Employer of Last Resort Program: A Case Study of Argentina's *Jefes de Hogar* Program," Working Paper No. 41, CFEPS, April 2005, www.cfeps.org/pubs/wp-pdf/WP41-Tcherneva-Wray-all.pdf.

35. Pavlina R. Tcherneva, "A Global Marshall Plan for Joblessness?" (blog), Institute for New Economic Thinking, May 11, 2016, www.ineteconomics.org/perspectives/blog/a-global-marshall-plan-for-joblessness.

36. "World Employment and Social Outlook 2017: Sustainable Enterprises and Jobs—Formal Enterprises and Decent Work," International Labour Organization report, October 9, 2017.

37. "Mexico Trade Surplus with the US Reach Record High US$81.5 Billion in 2018," MexicoNow, March 8, 2019, mexico-now.com/index.php/article/5232-mexico-trade-surplus-with-the-us-reach-record-high-us-81-5-billion-in-2018.

38. Jeff Faux, "NAFTA's Impact on U.S. Workers," Working Economics Blog, Economic Policy Institute, December 9, 2013, www.epi.org/blog/naftas-impact-workers/.

39. Bill Mitchell, "Bad Luck if You Are Poor!," Modern Monetary Theory, June 25, 2009, bilbo.economicoutlook.net/blog/?p=3064.

第六章　你值得拥有！

1. US Senate, "Glossary Term: Entitlement" (webpage), www.senate.gov/reference/glossary_term/entitlement.htm.

2. US Social Security Office of Retirement and Disability Policy, "Beneficiaries in Current-Payment Status," *Annual Statistical Report on the Social Security Disability Insurance Program*, 2018, Social Security Administration, released October 2019, www.ssa.gov/policy/docs/statcomps/di_asr/2018/sect01.html.

3. Richard R. J. Eskow, host, *The Zero Hour with RJ Eskow*, "Shaun Castle on Social Security and Paralyzed Veterans of America," YouTube, April 22, 2019, 18:46, www.youtube.com/watch?v=

avPbNku5Qoc&feature=youtu.be.
4. PVA, "Paralyzed Veterans of America Urges Preserving and Strengthening Social Security During Hearing on Capitol Hill," Paralyzed Veterans of America, April 10, 2019, pva.org/about-us/news-and-media-center/recent-news/paralyzed-veterans-of-america-urges-preserving-and/.
5. Confronting Poverty, "About the Project" (webpage), confronting poverty.org/about/.
6. Matt DeLong, "Groups Call for Alan Simpson's Resignation over 'Sexist' Letter," *Washington Post*, August 25, 2010, voices.washingtonpost.com/44/2010/08/group-calls-for-debt-commissio.html.
7. "The Insatiable Glutton" in *Puck* magazine, December 20, 1882, mentioned in James Marten, "Those Who Have Borne the Battle: Civil War Veterans, Pension Advocacy, and Politics," *Marquette Law Review* 93, no. 4 (Summer 2010): 1410, scholarship.law.marquette.edu/cgi/viewcontent.cgi?article=5026&context=mulr.
8. EconoEdLink, Resource 6, Social Security: Visualizing the Debate, U.S. History: Lesson 3.1 in "The History of Social Security" in *Understanding Fiscal Responsibility*, Economics & Personal Finance Resources for K–12, www.econedlink.org/wp-content/uploads/legacy/1311_Social%20Security%206.pdf.
9. Nancy J. Altman, *The Truth About Social Security: The Founders' Words Refute Revisionist History, Zombie Lies, and Common Misunderstandings* (Washington, DC: Strong Arm Press, 2018).
10. 参见例如 "Polling Memo: Americans' Views on Social Security," Social Security Works, March 2019, socialsecurityworks.org/2019/03/26/social-security-polling/.
11. Franklin D. Roosevelt, "President Franklin Roosevelt's 1943 State of the Union Address," January 7, 1943, History, Art & Archives, US House of Representatives, history.house.gov/Collection/Listing/PA2011/PA2011-07-0020/.
12. Altman, *The Truth About Social Security*, 7.
13. Ibid.
14. Board of Trustees of the Federal Old-Age and Survivors Insurance and Federal Disability Insurance Trust Funds, "Letter of Transmittal," Washington, DC, April 22, 2019, www.ssa.gov/OACT/TR/2019/tr2019.pdf.
15. Marc Goldwein, "Social Security Is Approaching Crisis Territory," *The Hill*, April 29, 2019, thehill.com/opinion/finance/441125-social-security-is-approaching-crisis-territory#.XMdbf0dTNXs.
16. Social Security Administration, *Summary of Provision That Would Change the Social Security Program*, Office of the Chief Actuary, SSA, December 30, 2019, www.ssa.gov/OACT/solvency/provisions/summary.pdf.

17. Laurence Kotlikoff, "Social Security Just Ran a $9 Trillion Deficit, and Nobody Noticed," *The Hill*, May 14, 2019, thehill.com/opinion/finance/443 465-social-security-just-ran-a-9-trillion-deficit-and-nobody-noticed.
18. NCPSSM, "Raising the Social Security Retirement Age: A Cut in Benefits for Future Retirees," National Committee to Preserve Social Security & Medicare, October 30, 2018, www.ncpssm.org/documents/social-security-policy-papers/raising-the-social-security-retirement-age-a-cut-in-benefits-for-future-retirees/.
19. Steven M. Gillon, *The Pact: Bill Clinton, Newt Gingrich, and the Rivalry That Defined a Generation* (New York: Oxford University Press, 2008).
20. Stephanie A. Kelton, "Entitled to Nothing: Why Americans Should Just Say 'No' to Personal Accounts," Working Paper No. 40, Center for Full Employment and Price Stability, University of Missouri–Kansas City, April 2005, www.cfeps.org/pubs/wp-pdf/WP40-Bell.pdf.
21. Nicole Woo and Alan Barber, "The Chained CPI: A Painful Cut in Social Security Benefits," Center for Economic and Policy Research, 2012, cepr.net/documents/publications/cpi-2012-12.pdf.
22. Dean Baker, "Statement on Using the Chained CPI for Social Security Cost of Living Adjustments," Center for Economic and Policy Research, July 8, 2011, cepr.net/press-center/press-releases//statement-on-using-the-chained-cpi-for-social-security-cost-of-living-adjustments.
23. "Consumer Price Index for the elderly," Bureau of Labor Statistics, US Department of Labor, March 2012.
24. 2011 OASID Trustees Report, Table V.C3: Legislated Changes in Normal Retirement Age and Delayed Retirement Credits, for Persons Reaching Age 62 in Each Year 1986 and Later, www.socialsecurity.gov/OACT/TR/2011/V_C_prog.html#180548. See also US Bureau of Labor Statistics, "TED: The Economics Daily," Consumer Price Index for the Elderly, March 2, 2012, www.bls.gov/opub/ted/2012/ted_20120302.htm.
25. D. Rosnick and D. Baker, "The Impact on Inequality of Raising the Social Security Retirement Age," Center for Economic and Policy Research, April 2012, cepr.net/publications/reports/the-impact-on-inequality-of-raising-the-social-security-retirement-age.
26. Social Security and Medicare Boards of Trustees, "A Summary of the 2019 Annual Reports: A Message to the Public," US Social Security Administration, www.ssa.gov/oact/trsum/.
27. Ibid.
28. Transamerica Center for Retirement Studies, *18th Annual Transamerica Retirement Survey: A Compendium of Findings About American Workers*, Transamerica Institute, June 2018, www.transamericacenter.org/docs/default-source/retirement-survey-of-workers/tcrs2018_sr_18th_

annual_worker_compendium.pdf.

29. Peter Whoriskey, "'I Hope I Can Quit Working in a Few Years': A Preview of the U.S. Without Pensions," *Washington Post*, December 23, 2017, www.washingtonpost.com/business/economy/i-hope-i-can-quit-working-in-a-few-years-a-preview-of-the-us-without-pensions/2017/12/22/5cc9fdf6-cf09-11e7-81bc-c55a220c8cbe_story.html.

30. Teresa Ghilarducci, Michael Papadopoulos, and Anthony Webb, "40% of Older Workers and Their Spouses Will Experience Downward Mobility," Schwartz Center for Economic Policy Analysis Policy Note, The New School, 2018, www.economicpolicyresearch.org/resource-library/research/downward-mobility-in-retirement.

31. Alica H. Munnell, Kelly Haverstick, and Mauricio Soto, "Why Have Defined Benefit Plans Survived in the Public Sector?" Briefs, Center for Retirement Research, Boston College, December 2007, crr.bc.edu/briefs/why-have-defined-benefit-plans-survived-in-the-public-sector/.

32. Monique Morrissey, "The State of American Retirement: How 401(k)s Have Failed Most American Workers," Economic Policy Institute, March 3, 2016, www.epi.org/publication/retirement-in-america/.

33. Kathleen Romig, "Social Security Lifts More Americans Above Poverty Than Any Other Program," Center on Budget and Policy Priorities, www.cbpp.org/research/social-security/social-security-lifts-more-americans-above-poverty-than-any-other-program.

34. T. Skocpol, "America's First Social Security System: The Expansion of Benefits for Civil War Veterans," *Political Science Quarterly* 108, no. 1 (1993): 85–116.

35. "Oldest Civil War Pensioner Gets $73 a Month from VA," *Florida Today*, August 2017, www.floridatoday.com/story/news/2017/08/24/one-n-c-woman-still-receiving-civil-war-pension/594982001/.

36. Juan Williams, *Muzzled: The Assault on Honest Debate* (New York: Broadway, 2011).

37. John Light, "Déjà Vu: A Look Back at Some of the Tirades Against Social Security and Medicare," Moyers, October 1, 2013, updated August 14, 2014, billmoyers.com/content/deja-vu-all-over-a-look-back-at-some-of-the-tirades-against-social-security-and-medicare/4/.

38. John Nichols, *The "S" Word: A Short History of an American Tradition ... Socialism* (London: Verso, 2012).

39. Sarah Kliff, "When Medicare Was Launched, Nobody Had Any Clue Whether It Would Work," *Washington Post*, May 17, 2013, www.washington post.com/news/wonk/wp/2013/05/17/when-medicare-launched-nobody-had-any-clue-whether-it-would-work/.

40. Bryan R. Lawrence, "The Illusion of Health-Care 'Trust Funds,'" *Washington Post*, October 18, 2012, www.washingtonpost.com/opinions/the-illusion-of-health-care-trust-

funds/2012/10/18/844047d8-1897-11e2-9855-71f2b202721b_story.html.
41. Gail Wilensky, "Medicare and Medicaid Are Unsustainable Without Quick Action," *New York Times*, January 11, 2016, www.nytimes.com/roomfordebate/2015/07/30/the-next-50-years-for-medicare-and-medicaid/medicare-and-medicaid-are-unsustainable-without-quick-action.
42. Philip Moeller, "Medicare and Social Security Stay on Unsustainable Financial Paths, Reports Show," PBS News Hour, April 22, 2019, www.pbs.org/newshour/health/medicare-and-social-security-stay-on-unsustainable-financial-paths-reports-show.
43. Diana Furchtgott-Roth, "Medicare Is Unsustainable in Current Form," MarketWatch, December 2012, www.marketwatch.com/story/medicare-is-unsustainable-in-current-form-2012-12-06.
44. J. Adamy and P. Overberg, "Growth in Retiring Baby Boomers Strains US Entitlement Programs," *Wall Street Journal*, June 21, 2018, www.wsj.com/articles/retiring-baby-boomers-leave-the-u-s-with-fewer-workers-to-support-the-elderly-1529553660.
45. Ibid.
46. Lenny Bernstein, "US Life Expectancy Declines Again, a Dismal Trend Not Seen Since World War I," *Washington Post*, WP Company, November 29, 2018, www.washingtonpost.com/national/health-science/us-life-expectancy-declines-again-a-dismal-trend-not-seen-since-world-war-i/2018/11/28/ae58bc8c-f28c-11e8-bc79-68604ed88993_story.html.
47. Raj Chetty, Michael Stepner, Sarah Abraham, Shelby Lin, Benjamin Scuderi, Nicholas Turner, Augustin Bergeron, and David Cutler, "The Association Between Income and Life Expectancy in the United States, 2001– 2014," *Journal of the American Medical Association* 315, no. 16 (April 2016): 1750–1766, jamanetwork.com/journals/jama/article-abstract/2513561.
48. Hendrik Hertzberg, "Senses of Entitlement," *The New Yorker*, April 1, 2013, www.newyorker.com/magazine/2013/04/08/senses-of-entitlement.
49. Richard R. J. Eskow, "'Entitlement Reform' Is a Euphemism for Letting Old People Get Sick and Die," Huffpost, February 25, 2011, www.huffpost.com/entry/entitlement-reform-is-a-e_b_828544.
50. John Harwood, "Spending $1 Billion to Restore Fiscal Sanity," *New York Times*, July 14, 2008, www.nytimes.com/2008/07/14/us/politics/14caucus.html.
51. Lori Montgomery, "Presidential Commission to Address Rising National Debt," *Washington Post*, April 27, 2010, www.washingtonpost.com/wp-dyn/content/article/2010/04/26/AR2010042604189_pf.html.
52. Between 2009 and 2011, the organization America Speaks received $4,048,073 from the Peterson Foundation; see the Center for Media Democracy, "America Speaks," SourceWatch, www.sourcewatch.org/index.php/America_Speaks.
53. Dan Eggen, "Many Deficit Commission Staffers Paid by Outside Groups," *Washington

Post," November 10, 2010, www.washingtonpost.com/wp-dyn/content/article/2010/11/10/AR2010111006850.html.

54. Peter G. Peterson, "Statement by Foundation Chairman Pete Peterson on Simpson-Bowles 'Bipartisan Path Forward to Securing America's Future,'" Peter G. Peterson Foundation, April 19, 2013, www.pgpf.org/press-release/statement-by-foundation-chairman-pete-peterson-on-simpson-bowles-bipartisan-path-forward-to-securing-america%E2%80%99s-future.

55. See, for example, Alan Simpson and Erskine Bowles, "A Moment of Truth for Our Country's Financial Future," *Washington Post*, November 29, 2017, www.washingtonpost.com/opinions/a-moment-of-truth-for-our-countrys-financial-future/2017/11/29/22963ce6-d475-11e7-a986-d0a9770d9a3e_story.html; and Committee for a Responsible Federal Budget, "Bowles and Simpson Announce Campaign to Fix the Debt on CNBC's Squawkbox," The Bottom Line (blog), July 12, 2012, www.crfb.org/blogs/bowles-and-simpson-announce-campaign-fix-debt-cnbcs-squawkbox.

56. Peter G. Peterson Foundation, "Peterson Foundation to Convene 3rd Annual Fiscal Summit in Washington on May 15th" (press release), May 8, 2012, www.pgpf.org/event/peterson-foundation-to-convene-3rd-annual-fiscal-summit-in-washington-on-may-15th.

57. Michael Hiltzik, "'60 Minutes' Shameful Attack on the Disabled," *Los Angeles Times*, October 7, 2013, www.latimes.com/business/hiltzik/la-xpm-2013-oct-07-la-fi-mh-disabled-20131007-story.html.

58. Congresswoman Susan Wild, "Rep. Wild Secures Funding for Social Security Administration to Address Wait Times in House-Passed Government Funding" (press release), June 19, 2019, wild.house.gov/media/press-releases/rep-wild-secures-funding-social-security-administration-address-wait-times.

59. H. Luke Shaefer and Kathryn Edin, "Extreme Poverty in the United States, 1996 to 2011," Policy Brief no. 28, National Poverty Center, February 2012, npc.umich.edu/publications/policy_briefs/brief28/policybrief28.pdf.

60. Eduardo Porter, "The Myth of Welfare's Corrupting Influence on the Poor," *New York Times*, October 20, 2015, www.nytimes.com/2015/10/21/business/the-myth-of-welfares-corrupting-influence-on-the-poor.html.

61. Kyodo, Bloomberg, staff report, "Japan's Pension System Inadequate in Aging Society, Council Warns," *Japan Times*, June 4, 2019, www.japantimes.co.jp/news/2019/06/04/business/financial-markets/japans-pension-system-inadequate-aging-society-council-warns/#.XjQe1pNKjBI.

62. Alan Greenspan, "There is nothing to prevent government from creating as much money as it wants," Committee on the Budget, House of Representatives, March 2, 2005, posted by wonkmonk, YouTube, March 24, 2014, 1:35, www.youtube.com/watch?v=DNCZHAQnfGU.

63. C-SPAN, 2005 greenspan ryan, 02:42, March 2, 2005, www.c-span.org/video/?c3886511/user-clip-2005-greenspan-ryan-024200.

64. Ibid.

65. Robert Eisner, "Save Social Security from Its Saviors," *Journal of Post Keynesian Economics* 21, no. 1 (1998): 77–92.

66. Ibid., 80.

67. 艾斯纳并不反对这些特定的变化，但他支持这些变化的理由是公平，而不是把它们看作帮助保持系统偿付能力所需的变化。

68. "Policy Basics: Where Do Our Federal Tax Dollars Go?" Center on Budget and Policy Priorities, January 29, 2019, https://www.cbpp.org/research/federal-budget/policy-basics-where-do-our-federal-tax-dollars-go.

69. William E. Gibson, "Age 65+ Adults Are Projected to Outnumber Children by 2030," AARP, March 14, 2018, www.aarp.org/home-family/friends-family/info-2018/census-baby-boomers-fd.html.

第七章　真正重要的赤字

1. Rebecca Shabad, "Bernie Sanders Flips the Script with 'Deficit' Plan," *The Hill*, January 2015, thehill.com/policy/finance/230692-budget-ranking-member-lays-out-plan-to-eliminate-economic-deficits.

2. Sabrina Tavernise, "With His Job Gone, an Autoworker Wonders, What Am I as a Man?," *New York Times*, May 27, 2019, www.nytimes.com/2019/05/27/us/auto-worker-jobs-lost.html.

3. Robert McCoppin and Lolly Bowean, "Getting By with the Minimum," *Chicago Tribune*, February 2, 2014, www.chicagotribune.com/news/ct-xpm-2014-02-02-ct-minimum-wage-illinois-met-20140202-story.html.

4. Matthew Boesler, "Almost 40% of Americans Would Struggle to Cover a $400 Emergency," Bloomberg, May 23, 2019, www.bloomberg.com/news/articles/2019-05-23/almost-40-of-americans-would-struggle-to-cover-a-400-emergency.

5. Suresh Naidu, Eric Posner, and Glen Weyl, "More and More Companies Have Monopoly Power over Workers' Wages. That's Killing the Economy," Vox, April 6, 2018, www.vox.com/the-big-idea/2018/4/6/17204808/wages-employers-workers-monopsony-growth-stagnation-inequality.

6. Economic Innovation Group, *The New Map of Economic Growth and Recovery*, May 2016, eig.org/wp-content/uploads/2016/05/recoverygrowth report.pdf.

7. Chris Arnade, *Dignity: Seeking Respect in Back Row America* (New York: Sentinel, 2019).

8. Nicky Woolf, "Over 50 and Once Successful, Jobless Americans Seek Support Groups to

Help Where Congress Has Failed," *Guardian* (Manchester, UK), November 7, 2014, www.theguardian.com/money/2014/nov/07/long-term-unemployed-support-groups-congress.

9. Jagdish Khubchandani and James H. Price, "Association of Job Insecurity with Health Risk Factors and Poorer Health in American Workers," *Journal of Community Health* 42, no. 2 (April 2017): 242–251.

10. David N. F. Bell and David G. Blanchflower, "Unemployment in the US and Europe," Department of Economics, Dartmouth College, August 7, 2018, www.dartmouth.edu/~blnchflr/papers/revised%20%20europe%20Under employment%20paper%20august%207th%202018.pdf.

11. National Institute on Retirement Security, "New Report Finds Nation's Retirement Crisis Persists Despite Economic Recovery" (press release), September 17, 2018, www.nirsonline.org/2018/09/new-report-finds-nations-retirement-crisis-persists-despite-economic-recovery/.

12. Emmie Martin, "67% of Americans Say They'll Outlive Their Retirement Savings-Here's How Many Have Nothing Saved at All," Make It, CNBC, May 14, 2018, www.cnbc.com/2018/05/11/how-many-americans-have-no-retirement-savings.html.

13. Sean Dennison, "64% of Americans Aren't Prepared for Retirement—and 48% Don't Care," Yahoo Finance, September 23, 2019, finance.yahoo.com/news/survey-finds-42-americans-retire-100701878.html.

14. Emmie Martin, "Here's How Much More Expensive It Is for You to Go to College Than It Was for Your Parents," Make It, CNBC, November 2017, www.cnbc.com/2018/05/11/how-many-americans-have-no-retirement-savings.html.

15. FRED, "Working Age Population: Aged 15–64; All Persons for the United States" (chart), Federal Reserve Bank of Saint Louis, updated October 9, 2019, fred.stlouisfed.org/series/LFWA64TTUSM647S.

16. Alessandro Malito, "The Retirement Crisis Is Bad for Everyone- Especially These People," MarketWatch, August 2019, www.marketwatch.com/story/the-retirement-crisis-is-bad-for-everyone-especially-these-people-2019-04-12.

17. Associated Press, "Nearly One-Quarter of Americans Say They'll Never Retire, According to a New Poll," CBS News, July 2019, www.cbsnews.com/news/nearly-one-quarter-of-americans-say-theyll-never-retire-according-to-new-poll/.

18. AnnaMaria Andriotis, Ken Brown, and Shane Shifflett, "Families Go Deep into Debt to Stay in the Middle Class," *Wall Street Journal*, August 1, 2019.

19. Sarah Jane Glynn, "Breadwinning Mothers are Increasingly the US Norm," Center for American Progress, December 19, 2016, www.american progress.org/issues/women/reports/2016/12/19/295203/breadwinning-mothers-are-increasingly-the-u-s-norm/.

20. Steve Dubb, "Baltimore Confronts Enduring Racial Health Disparities," NonProfit Quarterly, November 22, 2017, nonprofitquarterly.org/baltimore-confronts-enduring-racial-health-disparities/.
21. Gaby Galvin, "87M Adults Were Uninsured or Underinsured in 2018, Survey Says," *U.S. News & World Report*, February 7, 2019, www.usnews.com/news/healthiest-communities/articles/2019-02-07/lack-of-health-insurance-coverage-leads-people-to-avoid-seeking-care.
22. Tami Luhby, "Is Obamacare Really Affordable? Not for the Middle Class," CNN, November 2016, money.cnn.com/2016/11/04/news/economy/Obamacare-affordable/index.html.
23. Boesler, "Almost 40% of Americans Would Struggle to Cover a $400 Emergency."
24. Bob Herman, "Medical Costs Are Driving Millions of People into Poverty," Axios, September 2019, www.axios.com/medical-expenses-poverty-deductibles-540e2c09-417a-4936-97aa-c241fd5396d2.html.
25. Lori Konish, "137 Million Americans Are Struggling with Medical Debt. Here's What to Know if You Need Some Relief," CNBC, November 12, 2019, ww.cnbc.com/2019/11/10/americans-are-drowning-in-medical-debt-what-to-know-if-you-need-help.html.
26. Matt Bruenig, "How Many People will Obamacare and AHCA Kill?" (blog), MattBruenig Politics, mattbruenig.com/2017/06/22/how-many-people-will-obamacare-and-ahca-kill/.
27. Catherine Rampell, "It Takes a B.A. to Find a Job as a File Clerk," *New York Times*, February 19, 2013, www.nytimes.com/2013/02/20/business/college-degree-required-by-increasing-number-of-companies.html.
28. Leslie Brody, "New York City Plans to Give More 3-Year-Olds Free Early Childhood Education," *Wall Street Journal*, January 10, 2019, www.wsj.com/articles/new-york-city-plans-to-give-more-3-year-olds-free-early-childhood-education-11547165926?mod=article_inline).
29. US Department of Education, "Obama Administration Investments in Early Learning Have Led to Thousands More Children Enrolled in High-Quality Preschool," September 2016, www.ed.gov/news/press-releases/obama-administration-investments-early-learning-have-led-thousands-more-children-enrolled-high-quality-preschool.
30. US Department of Education, "Every Student Succeeds Act (ESSA)," www.ed.gov/essa.
31. Timothy Williams, "Poor Schools Keep Getting Crushed in the Football. Is it Time to Level the Playing Field?" *New York Times*, September 2019, www.nytimes.com/2019/09/22/us/school-football-poverty.html.
32. 马丁，"计算一下，你上大学比你父母上大学要贵多少"。
33. Demos, "African Americans, Student Debt, and Financial Security," 2016, www.demos.org/sites/default/files/publications/African%20Americans%20and%20Student%20Debt%5B7%5D.pdf.

34. Alexandre Tanzi, "U.S. Student-Loan Delinquencies Hit Record," Bloomberg Businessweek, February 22, 2019, www.bloomberg.com/news/articles/2019-02-22/u-s-student-loan-delinquencies-hit-record.
35. Elise Gould, "Higher Returns on Education Can't Explain Growing Wage Inequality," Economic Policy Institute, March 15, 2019, www.epi.org/blog/higher-returns-on-education-cant-explain-growing-wage-inequality/.
36. Scott Fullwiler, Stephanie Kelton, Catherine Ruetschlin, and Marshall Steinbaum, *The Macroeconomic Effects of Student Debt Cancellation*, Levy Economics Institute of Bard College, February 2018, www.levyinstitute.org/pubs/rpr_2_6.pdf.
37. Patrick McGeehan, "Your Tales of La Guardia Airport Hell," *New York Times*, August 29, 2019, www.nytimes.com/interactive/2019/08/29/nyregion/la-guardia-airport.html?smid=tw-nytimes&smtyp=cur.
38. Irwin Redlener, "The Deadly Cost of Failing Infrastructure," *The Hill*, April 2019, thehill.com/opinion/energy-environment/437550-ignoring-warning-signs-made-historic-midwest-floods-more-dangerous.
39. ASCE, "2017 Infrastructure Report Card: Dams," Infrastructure Report Card, 2017, www.infrastructurereportcard.org/wp-content/uploads/2017/01/Dams-Final.pdf.
40. ASCE, Infrastructure Report Card, www.infrastructurereportcard.org/.
41. Lauren Aratani, "'Damage Has Been Done': Newark Water Crisis Echoes Flint," *Guardian* (Manchester, UK), August 2019, www.theguardian.com/us-news/2019/aug/25/newark-lead-water-crisis-flint.
42. Peter Gowan and Ryan Cooper, *Social Housing in the United States,* People's Policy Project, 2018, www.peoplespolicyproject.org/wp-content/uploads/2018/04/SocialHousing.pdf.
43. Richard "Skip" Bronson, "Homeless and Empty Homes-an American Travesty," Huffpost, May 25, 2011, www.huffpost.com/entry/post_733_b_692546.
44. IPCC, *Global Warming of 1.5° C*, Special Report, United Nations Intergovernmental Panel on Climate Change, 2018, www.ipcc.ch/sr15/.
45. Nathan Hultman, "We're Almost Out of Time: The Alarming IPCC Climate Report and What to Do Next," Brookings Institution, October 16, 2018, www.brookings.edu/opinions/were-almost-out-of-time-the-alarming-ipcc-climate-report-and-what-to-do-next/.
46. Umair Irfan, "Report: We Have Just 12 Years to Limit Devastating Global Warming," Vox, October 8, 2018, www.vox.com/2018/10/8/17948832/climate-change-global-warming-un-ipcc-report.
47. Brandon Miller and Jay Croft, "Planet Has Only Until 2030 to Stem Catastrophic Climate Change, Experts Warn," CNN, October 8, 2018, www.cnn.com/2018/10/07/world/climate-

change-new-ipcc-report-wxc/index.html.

48. Union of Concerned Scientists, "Underwater: Rising Seas, Chronic Floods, and the Implications for US Coastal Real Estate," 2018, www.ucs usa.org/global-warming/global-warming-impacts/sea-level-rise-chronic-floods-and-us-coastal-real-estate-implications.

49. Doyle Rice, "Hundreds Flee as Record Rainfall Swamps Northern California, but Thousands Refuse to Leave," *USA Today*, February 27, 2019, www.usatoday.com/story/news/nation/2019/02/27/california-floods-hundreds-flee-their-homes-thousands-refuse/3004836002/.

50. Dana Goodyear, "Waking Up from the California Dream in the Age of Wildfires," *The New Yorker*, November 11, 2019, www.newyorker.com/news/daily-comment/waking-up-from-the-california-dream.

51. Umair Irfan, Eliza Barclay, and Kavya Sukumar, "Weather 2050," Vox, July 19, 2019, www.vox.com/a/weather-climate-change-us-cities-global-warming.

52. Sebastien Malo, "U.S. Faces Fresh Water Shortages Due to Climate Change, Research Says," Reuters, February 28, 2019, www.reuters.com/article/us-usa-climatechange-water/u-s-faces-fresh-water-shortages-due-to-climate-change-research-says-idUSKCN1QI36L.

53. Josie Garthwaite, "Stanford Researchers Explore the Effects of Climate Change on Water Shortages," Stanford News, March 22, 2019, news.stanford.edu/2019/03/22/effects-climate-change-water-shortages/.

54. Robin Meyer, "This Land Is the Only Land There Is," *The Atlantic*, August 8, 2019, www.theatlantic.com/science/archive/2019/08/how-think-about-dire-new-ipcc-climate-report/595705/.

55. 赫尔特曼,"我们几乎没有时间了"。

56. Callum Roberts, "Our Seas Are Being Degraded, Fish Are Dying—but Humanity Is Threatened Too," *Guardian* (Manchester, UK), September 19, 2015, www.theguardian.com/environment/2015/sep/20/fish-are-dying-but-human-life-is-threatened-too.

57. Damian Carrington, "Plummeting Insect Numbers 'Threaten Collapse of Nature,'" *Guardian* (Manchester, UK), February 10, 2019, www.the guardian.com/environment/2019/feb/10/plummeting-insect-numbers-threaten-collapse-of-nature.

58. Union of Concerned Scientists, "Vehicles, Air Pollution, and Human Health" (webpage), July 18, 2014, www.ucsusa.org/resources/vehicles-air-pollution-human-health.

59. Drew Shindell, Greg Faluvegi, Karl Seltzer, and Cary Shindell, "Quantified, Localized Health Benefits of Accelerated Carbon Dioxide Emissions Reductions," Nature Climate Change, March 19, 2018, www.nature.com/articles/s41558-018-0108-y.

60. World Economic and Social Survey, "Report: Inequalities Exacerbate Climate Impacts on Poor," Sustainable Development Goals, United Nations, 2016, www.un.org/sustainabledevelopment/

blog/2016/10/report-inequalities-exacerbate-climate-impacts-on-poor/.

61. Kelsey Piper, "Is Climate Change an 'Existential Threat'—or Just a Catastrophic One?," Vox, June 28, 2019, www.vox.com/future-perfect/2019/6/13/18660548/climate-change-human-civilization-existential-risk.

62. University of Adelaide, "IPCC Is Underselling Climate Change," Science Daily, March 20, 2019, www.sciencedaily.com/releases/2019/03/190320102010.htm.

63. Irfan, "Report: We Have Just 12 Years to Limit Devastating Global Warming."

64. David Roberts, "What Genuine, No-Bullshit Ambition on Climate Change Would Look Like," Vox, October 8, 2018, www.vox.com/energy-and-environment/2018/5/7/17306008/climate-change-global-warming-scenarios-ambition.

65. MCC, "That's How Fast the Carbon Clock Is Ticking," Mercator Research Institute on Global Commons and Climate Change, December 2018, www.mcc-berlin.net/en/research/co2-budget.html.

66. Kimberly Amadeo, "The US National Debt Clock and Its Warning," The Balance, February 13, 2019, www.thebalance.com/u-s-national-debt-clock-definition-and-history-3306297.

67. WEF, *The Inclusive Development Index 2018: Summary and Data Highlights* (Geneva, Switzerland: World Economic Forum, 2018), www3.weforum.org/docs/WEF_Forum_IncGrwth_2018.pdf.

68. Quentin Fottrell, "Alone," MarketWatch, October 10, 2018, www.marketwatch.com/story/america-has-a-big-loneliness-problem-2018-05-02.

69. Children's Defense Fund, "Child Poverty" (webpage), www.childrens defense.org/policy/policy-priorities/child-poverty/.

70. Sheri Marino, "The Effects of Poverty on Children," Focus for Health, April 1, 2019, www.focusforhealth.org/effects-poverty-on-children/.

71. Christopher Ingraham, "Wealth Concentration Returning to 'Levels Last Seen During the Roaring Twenties,' According to New Research," *Washington Post*, February 8, 2019, www.washingtonpost.com/us-policy/2019/02/08/wealth-concentration-returning-levels-last-seen-during-roaring-twenties-according-new-research/.

72. Sean McElwee, "The Income Gap at the Polls," *Politico Magazine*, January 7, 2015, www.politico.com/magazine/story/2015/01/income-gap-at-the-polls-113997.

73. Sabrina Tavernise, "Many in Milwaukee Neighborhood Didn't Vote—and Don't Regret It," *New York Times,* November 20, 2016, www.nytimes.com/2016/11/21/us/many-in-milwaukee-neighborhood-didnt-vote-and-dont-regret-it.html.

74. Jake Bittle, "The 'Hidden' Crisis of Rural Homelessness," *The Nation*, March 28, 2019, www.thenation.com/article/rural-homelessness-housing/.

75. Chris Arnade, "Outside Coastal Cities an 'Other America' Has Different Values and Challenges," Guardian (Manchester, UK), February 21, 2017, www.theguardian.com/society/2017/feb/21/outside-coastal-bubbles-to-say-america-is-already-great-rings-hollow.
76. Chris Arnade, *Dignity: Seeking Respect in Back Row America* (New York: Sentinel, 2019).
77. Martin Gilens and Benjamin I. Page, "Testing Theories of American Politics: Elites, Interest Groups, and Average Citizens," *Perspectives on Politics* 12, no. 3 (September 2014): 564–581, www.cambridge.org/core/journals/perspectives-on-politics/article/testing-theories-of-american-politics-elites-interest-groups-and-average-citizens/62327F513959D0A304D4893B382B992B/core-reader.
78. Facundo Alvaredo, Lucas Chancel, Thomas Piketty, Emmanuel Saez, and Gabriel Zucman, *World Inequality Report 2018: Executive Summary*, World Inequality Lab, 2017, wir2018.wid.world/files/download/wir2018-summary-english.pdf.
79. "Federal Individual Income Tax Rates History" (chart), 1913–2013, files.taxfoundation.org/legacy/docs/fed_individual_rate_history_adjusted.pdf.
80. Robert B. Reich, *Saving Capitalism: For the Many, Not the Few* (New York: Alfred A. Knopf, 2015).
81. Robert Reich, Tweet, March 12, 2019, 5:22 p.m., available at Meme, me.me/i/robert-reich-rbreich-the-concentration-of-wealth-in-america-has-408c58b6e98d4dcf9f4969d237dd3442.
82. Era Dabla-Norris, Kalpana Kochnar, Nujin Suphaphiphat, Frantisek Ricka, and Evridiki Tsounta, *Causes and Consequences of Income Inequality: A Global Perspective*, International Monetary Fund, June 2015, www.imf.org/external/pubs/ft/sdn/2015/sdn1513.pdf.
83. Josh Bivens and Lawrence Mishel, "Understanding the Historic Divergence Between Productivity and a Typical Worker's Pay," Briefing Paper No. 406, Economic Policy Institute, September 2, 2015, www.epi.org/publication/understanding-the-historic-divergence-between-productivity-and-a-typical-workers-pay-why-it-matters-and-why-its-real/.
84. Ibid.
85. Reuters, "CEOs Earn 361 Times More Than the Average U.S. Worker—Union Report," May 22, 2018, www.reuters.com/article/us-usa-compensation-ceos/ceos-earn-361-times-more-than-the-average-u-s-worker-union-report-idUSKCN1IN2FU.
86. Alvaredo et al., *World Inequality Report 2018*.
87. Chuck Collins and Josh Hoxie, *Billionaire Bonanza 2017: The Forbes 400 and the Rest of Us*, Institute for Policy Studies, November 2017, inequality.org/wp-content/uploads/2017/11/BILLIONAIRE-BONANZA-2017-Embargoed.pdf.

第八章　建设惠民经济

1. 这次会议是由前市议员特洛伊·纳什（Troy Nash）安排的，他也与我们一起参加了这次会议。
2. 他还制订了一项很有野心的计划，以改革银行体系，这就是之前引爆金融危机的地方。
3. Congressional Budget Office, *The Long-Term Budget Outlook* (Washington, DC: CBO, June 2010, revised August 2010), www.cbo.gov/sites/default/files/111th-congress-2009-2010/reports/06-30-ltbo.pdf.
4. Ibid.
5. Warren Mosler recounts a number of similar experiences in his book. See Mosler, *The 7 Deadly Innocent Frauds of Economic Policy* (Christiansted, USVI: Valance, 2010).
6. 有许多杰出的著作分析了这些问题，例如可参见 Robert B. Reich, *Saving Capitalism* (New York: Alfred A. Knopf, 2015); David Cay Johnston, *Free Lunch* (London: Penguin, 2007); Thomas Frank, *Listen, Liberal* (New York: Metropolitan Books/Henry Holt, 2015); Richard Florida, *The New Urban Crisis* (New York: Basic Books/ Hachette, 2017); Chris Arnade, *Dignity* (New York: Sentinel, 2019); Anand Giridharadas, *Winners Take All* (New York: Vintage, 2019); and David Dayen, *Chain of Title* (New York: New Press, 2016)。
7. Center on Budget and Policy Priorities, "Policy Basics: Introduction to the Federal Budget Process," updated July 8, 2019, www.cbpp.org/research/policy-basics-introduction-to-the-federal-budget-process.
8. 当然，国会也可以改变预算的强制性支出。例如，有人呼吁增加社会保险福利，将符合资格的年龄从 65 岁降至 0 岁，并采用单一付款，即在全民医保系统下为所有人提供医疗保健服务。
9. 关于这个议题，更多讨论请参见 A. G. Hart, "Monetary Policy for Income Stabilization" in *Income Stabilization for a Developing Democracy*, ed. Max F. Millikan (New Haven, CT: Yale University Press, 1953); Simon Gray and Runchana Pongsaparn, *Issuance of Central Securities: International Experiences and Guidelines*, IMF Working Paper, WP/15/106, May 2015, www.imf.org/external/pubs/ft/wp/2015/wp15106.pdf; and Rohan Grey, "Banking in a Digital Fiat Currency Regime," in *Regulating Blockchain: Techno-Social and Legal Challenges*, ed. Philipp Hacker, Ioannis Lianos, Georgios Dimitropoulos, and Stefan Eich (Oxford, UK: Oxford University Press, 2019), 169–180, rohangrey.net/files/banking.pdf。
10. CBO 估计，净利息支出将从 2019 年占 GDP 的 1.8% 上升到 2029 年的 3.0%，到 2049 年将攀升至 5.7%。参见 Congressional Budget Office, *The 2019 Long-Term Budget Outlook* (Washington, DC: CBO, 2019), www.cbo.gov/system/files/2019-06/55331-LTBO-2.pdf。联邦预算中的这一项目可以通过放弃目前协调财政赤字和债券销售的做法来消除。国会可以不出

售债券，而是简单地将任何由此产生的储备金余额留在系统中，在那里它们将按美联储的目标利率赚取利息。大多数现代货币理论经济学家都希望看到隔夜储备金余额的利率永远保持在（或非常接近）零，但这对于执行现代货币理论的其他指示并非必要条件。

11. Charles Blahous, "The Costs of a National Single-Payer Healthcare System," Mercatus Working Paper, Mercatus Center, George Mason University, 2018, www.mercatus.org/system/files/blahous-costs-medicare-mercatus-working-paper-v1_1.pdf.

12. 两者都是基于1974年的《国会预算与扣留控制法案》所创立的。参见"History"(webpage), Congressional Budget Office, www.cbo.gov/about/history。

13. 抵销新支出的另一种方式是通过从预算的其他领域划拨资金。例如，你可能会看到有立法者提议通过减少国防预算来支付新的支出。

14. 当然，不能保证一个"像光票一样的法案"一定会获得通过。它会获得更多的选票吗？没人知道。现在的国会没有多少两党合作的机会，但有一点是肯定的：坚持提议任何支出都必须由新的收入（或从别的地方挪用）来完全抵销，这种做法在经济上是不必要的，在政治上也是无能的。最新的报告要求在十年内投入4.59万亿美元。

15. Sheryl Gay Stolberg, "Senate Passes $700 Billion Pentagon Bill, More Money Than Trump Sought," *New York Times*, September 18, 2017, www.nytimes.com/2017/09/18/us/politics/senate-pentagon-spending-bill.html.

16. Christal Hayes, "Alexandria Ocasio-Cortez: Why Does GOP Fund 'Unlimited War' but Not Medicare Program?," *USA Today*, August 9, 2018, www.usatoday.com/story/news/politics/onpolitics/2018/08/09/alexandria-ocasio-cortez-republicans-finance-war-not-healthcare-tuition/946511002/.

17. Calvin H. Johnson, "Fifty Ways to Raise a Trillion," in *Tax Reform: Lessons from the Tax Reform Act of 1986*, Hearing Before the Committee on Finance, US Senate (Washington, DC: US GPO, 2010), 76, books.google.com/books?id=e4jnhl_AkLgC&pg=PA76&lpg=PA76&dq=calvin+johnson+shelf+project&source=bl&ots=yeBPKBOXV1&sig=ACfU3U3OXXYvNQgrroi7ZBFI8jrStMJJBg&hl=en&sa=X&ved=2ahUKEwiTqekg6blAhVK11kKHXiwAtkQ6AEwEHoECAkQAQ# v=onepage&q=calvin% 20 johnson%20shelf%20project&f=false.

18. Ibid.

19. Keith Hennessey, "What Is a Vote-a-Rama?" (blog), March 25, 2010, keithhennessey.com/2010/03/25/vote-a-rama/.

20. Paul Krugman, "Deficits Saved the World," *New York Times*, July 15, 2009, krugman.blogs.nytimes.com/2009/07/15/deficits-saved-the-world/.

21. Jeff Spross, "You're Hired!," *Democracy: A Journal of Ideas* 44 (Spring 2019), democracyjournal.org/magazine/44/youre-hired/.

22. Bureau of Labor Statistics, "Most Unemployed People in 2018 Did Not Apply for Unemployment Insurance Benefits," econintersect.com, econintersect.com/pages/contributors/contributor.php?post=201910220659.

23. 在现代货币理论经济学家提出的联邦就业保障版本中，任何有合法资格工作的人，即 16 岁以上的美国公民或被允许在美国工作的合法非公民，都将自动获得就业资格。参见 L. Randall Wray, Flavia Dantas, Scott Fullwiler, Pavlina R. Tcherneva, and Stephanie A. Kelton, *Public Service Employment: A Path to Full Employment*, Levy Economics Institute of Bard College, April 2018, www.levyinstitute.org/pubs/rpr_4_18.pdf。

24. 经济学家们提出了不同版本的就业保障。本章主要介绍由领先的现代货币理论经济学家提出的版本：工人将获得每小时 15 美元的工资以及福利（医疗保健、儿童保育和带薪休假）。关于考虑到基于经验和其他因素的差别报酬的替代版本，请参见 Mark Paul, William Darity Jr., and Darrick Hamilton, "The Federal Job Guarantee-A Policy to Achieve Permanent Full Employment," Center on Budget and Policy Priorities, March 9, 2018, https://www.cbpp.org/research/full-employment/the-federal-job-guarantee-a-policy-to-achieve-permanent-full-employment。

25. 这不是一个创造工作机会的计划，这其中有许多工作可能类似于 20 世纪 30 年代新政计划时期创造的工作，例如，许多公共工程项目是通过公共事业振兴署进行的，大量的环境工作是由民间资源保护队进行的，国家青年管理局为 150 万高中生和 60 万大学生创造了兼职工作。罗斯福时代的许多新政项目将黑人和其他少数民族群体排除在外，而现代货币理论的就业保障将确保所有人都能获得就业。

26. 就业保障不是为了取代任何现有的社会保险计划。所有计划，包括失业保险在内，都可以与联邦就业保障一起实施。当然，食品券、医疗补助和其他经济状况调查项目的支出将自然减少，因为一旦许多人开始从事公共服务工作，收入被充分提高到贫困线以上，自然就不再符合补助条件。

27. 请记住，家庭（和企业）是货币使用者，一旦消费者认识到他们已经承担了太多的债务，如信用卡、抵押贷款、汽车贷款、学生贷款等，他们通常会缩减支出。当这种情况发生时，信贷周期就会逆转，企业的销售额就会下降。

28. 例如可参见 Michael J. Murray and Mathew Forstater, eds., *Full Employment and Social Justice* (New York: Palgrave Macmillan, 2018); Michael J. Murray and Mathew Forstater, eds., *The Job Guarantee* (New York: Palgrave Macmillan, 2013); Pavlina R. Tcherneva, *The Case for a Job Guarantee* (Cambridge, UK: Polity Press, 2020); and William S. Vickrey, *Full Employment and Price Stability* (Cheltenham, UK: Edward Elgar, 2004).

29. Wray et al., *Public Service Employment: A Path to Full Employment*.

30. 关于这个议题，更多讨论请参见 Pavlina R. Tcherneva, "The Job Guarantee: Design, Jobs, and Implementation," Working Paper No. 902, Levy Economics Institute of Bard College, April 2018,

www.levyinstitute.org/pubs/wp_902.pdf.

31. 每小时 15 美元的薪水，全职劳动者的年收入为 31 200 美元，计算方法为：15 美元 / 小时 × 40 小时 × 52 周 = 31 200 美元。根据美国卫生与公共服务部的最新（2019 年）指南，这足以让五口之家脱离贫困。参见 US Department of Health & Human Services, "Poverty Guidelines," ASPE, aspe.hhs.gov/poverty-guidelines。

32. 一天 8 小时 × 一周 5 天 × 1 年 50 周 × 1 200 万美元 = 240 000 万美元。

33. 民间资源保护队是由小罗斯福总统在 1933 年建立的。该计划并非对所有人开放，它只提供给 18~26 岁的失业、未婚的男性公民。黑人可以参加，但他们被安置在隔离的营地里。现在如果想要实施任何类似政策，都必须向所有希望参与的人提供。

34. 少数种族更有可能经历失业。当经济疲软时，他们往往最先失去工作，而当企业开始招聘时，他们往往是最后被雇用的人。他们既承受较高的失业率，又承受较长的失业时间。举例来说，黑人的失业率一直是白人的两倍。

35. Pavlina R. Tcherneva, "Beyond Full Employment: The Employer of Last Resort as an Institution for Change," Working Paper No. 732, Levy Economics Institute of Bard College, September 2012, www.levyinstitute.org/pubs/wp_732.pdf.

36. Ibid.

37. 三年后，该计划被淘汰，取而代之的是传统的失业保险以及更传统的福利改革计划，提供现金援助而不是就业。有趣的是，切尔涅娃发现收入是户主计划中最不受重视的方面之一。事实上，参与者将收入排在他们对在该计划中工作的重视程度的第五位（倒数第二）。在收入之前的排名是：（1）做一些有用的事情，（2）在一个良好的环境中工作，（3）帮助社区，（4）学习一个有价值的技能。其他好处包括：通勤时间短、靠近日间托育场所、与邻里之间的联系感、获得尊重，以及获得权力感等。

38. Public Works & Infrastructure, "Welcome to EPWP" (webpage), Department: Public Works and Infrastructure, Republic of South Africa, www.epwp.gov.za/.

39. Ibid.

40. Klaus Deininger and Yanyan Liu, "Heterogeneous Welfare Impacts of National Rural Employment Guarantee Scheme: Evidence from Andhra Pradesh, India," *World Development* 117 (May 2019): 98–111, www.sciencedirect.com/science/article/pii/S0305750X18304480?via%3Dihub.

41. Peter-Christian Aigner and Michael Brenes, "The Long, Tortured History of the Job Guarantee," *The New Republic*, May 11, 2018, newrepublic.com/article/148388/long-tortured-history-job-guarantee.

42. 经济权利法案还将保障受教育权、住房权、医疗保健权和安全退休权。Franklin D. Roosevelt, "State of the Union Message to Congress: January 11, 1944," Franklin D. Roosevelt Presidential Library and Museum, www.fdrlibrary.marist.edu/archives/address_text.html。

43. Martin Luther King Jr., "The 50th Anniversary of Martin Luther King, Jr.'s 'All Labor Has Dignity,'" Beacon Broadside, Beacon Press, March 18, 2018, www.beaconbroadside.com/broadside/2018/03/the-50th-anniversary-of-martin-luther-king-jrs-all-labor-has-dignity.html.
44. 我们可以用其他新型自动稳定器来增加就业保障。在预算机制上附加的无人驾驶功能越多，我们的经济旅程就会变得越顺畅。例如，将就业保障计划中的工资（或其他支出）与通货膨胀目标（而不是实际通货膨胀率）挂钩，可以在实际通货膨胀低于2%的情况下，自动增加支出。
45. Council of Economic Advisers: Walter Heller, Kermit Gordon, James Tobin, Gardner Ackley, and Paul Samuelson, recorded interview by Joseph Pechman, August 1, 1964, John F. Kennedy Library Oral History Program, www.jfklibrary.org/sites/default/files/archives/JFKOH/Council%20of%20 Economic%20Advisers/JFKOH-CEA-01/JFKOH-CEA-01-TR.pdf.
46. Space.com staff, "May 25, 1961: JFK's Moon Shot Speech to Congress," Space.com, May 25, 2011, www.space.com/11772-president-kennedy-historic-speech-moon-space.html.
47. 在约翰逊总统于1965年7月出兵越南后，通货膨胀率急剧上升。
48. Mariana Mazzucato, *The Entrepreneurial State: Debunking Public vs. Private Sector Myths* (Cambridge, MA: Anthem Press, 2014).
49. Mariana Mazzucato, "Mobilizing for a Climate Moonshot," Project Syndicate, October 8, 2019, www.project-syndicate.org/onpoint/climate-moonshot-government-innovation-by-mariana-mazzucato-2019-10.